Angers, Imprimerie de V. PAVIE. — 1844.

FRAGMENTS
DU
MAHABHARATA

traduits en français

SUR LE TEXTE SANSCRIT DE CALCUTTA

PAR TH. PAVIE

PARIS

BENJAMIN DUPRAT, LIBRAIRE DE L'INSTITUT DE FRANCE

DE LA BIBLIOTHÈQUE ROYALE DE PARIS ET DE LA SOCIÉTÉ ASIATIQUE
DE LONDRES

RUE DU CLOITRE SAINT-BENOIST, 7

1844

A

MONSIEUR EUGÈNE BURNOUF,

Membre de l'Institut, Professeur de langue et de littérature sanscrites
au Collège Royal de France, etc., etc., etc.

TÉMOIGNAGE DE RECONNAISSANCE

DE SON RESPECTUEUX ÉLÈVE

TH. PAVIE.

PRÉFACE.

Les portiques pleins de magnificence dressés à l'entrée des pagodes hindoues se composent de trois parties bien distinctes : la base, faite de colossales assises presque entièrement enfouies sous le sol et dénuées d'ornements ; l'inscription souvent à demi effacée, occupant pour ainsi dire le rez-de-chaussée de l'édifice, tracée en caractères antiques, contemporains du monument lui-même ; et enfin cette étonnante superposition d'étages sur lesquels la sculpture a illustré, dans des scènes vivantes et multipliées, l'histoire des héros et des dieux, la fable et la mythologie. Le poème dont nous publions ici des extraits présente une ordonnance analogue; il s'appuie sur des mythes dont le sens reste caché dans la poussière des temps, mythes sévères et ténébreux d'où sort à son tour la légende héroïque, altérée aussi par les siècles, rendue incertaine dans ses contours par l'effet de la distance; puis sur le tout se groupent et se rangent, selon l'ordre chronologique, dans des tableaux réguliers, les actes successifs de ce drame surhumain où le poète panthéiste, évoquant la divinité sous toutes les formes imaginables, l'a fait voir partout mêlée d'une façon active aux destinées de ses héros. Et comme dans le portique, entre le seuil à demi enfoncé sous la terre et le fronton hardiment élancé à de grandes hauteurs, s'ouvre une large porte qui conduit au sanctuaire : de même, entre ces mythes à peu près énigmatiques et les merveilleuses histoires trop embellies par l'imagination du poète, à travers la légende, on peut entrevoir le secret de l'organisation de la société hindoue, telle que l'avaient faite les brahmanes.

Effrayés de l'intervalle immense, infranchissable même par la pensée, qui sépare la créature de Dieu, les philosophes de l'Inde pour le combler ont gradué l'homme en quatre classes : immédiatement au-dessus de la brute douée d'instinct et soumise à l'intelligence plus parfaite qui la dompte, ils ont placé le *Çoudra*, serviteur, pour ainsi dire esclave né de ses semblables, chargé surtout de paître les troupeaux du *Vaicya*, lequel représente l'agriculture, le commerce, les travaux terrestres, les nécessités de la vie ; au-dessus du *Vaïcya* dont le devoir est de faire fructifier le sol, de préparer et de maintenir les relations à l'aide desquelles les peuples se civilisent et obtiennent un bien-être matériel, paraît le *Kchatrya*, le guerrier, le roi, élevé au-dessus des deux castes inférieures par le double privilège qu'il a de châtier et de défendre, de punir et de protéger; il représente la justice, portant comme elle la balance et le glaive, à lui il appartient de faire régner l'ordre dans la société ainsi organisée, il n'est grand que par l'importance des obligations qui pèsent sur lui. Donc il est sacré aux yeux de la foule; les trois personnes de la Triade suprême, comme aussi les habitants divins d'un olympe secondaire, le favorisent et entrent en communication avec lui; à condition toutefois (car son pouvoir est temporel) qu'il aime et protège par-dessus toutes choses, les brahmanes, cette famille inviolable, manifestation visible de la divinité même dont elle interprète les volontés et qui couronne l'édifice des castes, comme le sacrifice qu'elle représente couronne tous les actes de la vie humaine. Quoique séparées par une barrière éternelle, les quatre classes ont un lien qui les unit; ce lien, c'est le sacrifice, l'offrande expiatoire préparée collectivement par les unes, offerte par l'autre et retombant sur la terre en bénédictions qui émanent des dieux. De là, solidarité complète entre les castes malgré leur isolement l'une de l'autre ; équilibre sagement maintenu dans la société ; et cela une fois compris, on trouve moins arbitraire et moins insensée cette organisation, théoriquement juste peut-être, mais dont le vice capital a été, en classant l'homme par espèces, de circonscrire ses facultés morales dans un cercle absolu et restreint, et de ne pas laisser à la créature intelligente la liberté d'embrasser celle des quatre conditions à laquelle le créateur l'a prédestinée.

Tel est, en peu de mots, l'ordre de choses que proclame le Mahâbhârata à toutes ses pages; telles sont les doctrines qu'il établit, tantôt méthodiquement, d'une façon philosophique et précise, tantôt sous le voile de l'action, par les faits, par les expositions et les dénoûments. Du Véda, qui est la révélation, sont sortis les hymnes, la partie liturgique du culte basé sur la parole divine; puis, plus tard, ont été produits d'une part le livre de Manou, adaptant la loi venue d'en haut à tous les actes d'ici-bas, établissant les règles d'expiations, le châtiment de la faute, la récompense du bien accompli, en regard du précepte ; de l'autre, les histoires héroïques, les traditions primitives *(Itihâsas)*, les poèmes sacrés, les annales mythologiques *(Pourânas)*, rédigés à des époques diverses comme des preuves à l'appui des théories énoncées : cadre magnifique, qui comprend dans son ensemble toute la littérature brahmanique.

Par son étendue, par la profondeur de ses sources qui se perdent dans la nuit des temps et se cachent derrière les pics les plus reculés de l'Himalaya, ainsi que par le nombre et l'ampleur de ses ramifications qui se séparent pour se rejoindre et se confondre dans l'action principale, le Mahâbhârata l'emporte sur les autres grands poèmes de l'Inde, comme le Gange, auquel nous le comparons tout naturellement, surpasse les principales rivières de la contrée. Pareil encore à certain fruit énorme des régions tropicales, il dérobe sous une enveloppe brillante, mais épaisse et longue à enlever, la partie essentiellement savoureuse, nous voulons dire, le germe historique que renferme toute légende, sous quelque forme que nous l'ait transmise la tradition. Ajoutons aussi que chez le peuple Hindou, soumis au pouvoir spirituel de la caste sacerdotale, on doit s'attendre à trouver non des épopées purement héroïques, mais bien des récits dans lesquels les faits placés au point de vue brahmanique sont présentés, avant tout, de manière à n'élever les guerriers et les rois que pour rehausser davantage la puissance des premiers nés de la création.

Ce poème de cent mille distiques, les Pandits de Calcutta l'ont imprimé tout au long, sous la direction du Comité d'Instruction Publique, déposant ainsi, au sein même de l'Europe, entre les mains des érudits, le plus imposant morceau de leur littérature. Peut-être en retour espéraient-ils que les savants d'Europe, faisant pour le public ce qu'ils avaient fait eux-mêmes pour le petit nombre des indianistes, se hâteraient de traduire cette œuvre respectable et d'en soumettre la lecture à tous ceux que l'Orient charme et attire. Il n'en a rien été : d'autres textes plus anciens, plus difficiles, plus dignes d'exercer la critique, ont détourné à leur profit l'attention des professeurs de Londres, de Berlin, de Paris ; le Mahàbhàrata édité, sauvé des dangers que courent, particulièrement en Asie, les copies manuscrites, est resté un livre classé dans les bibliothèques des érudits, qui l'ont considéré dès-lors comme traduit à moitié.

Il y a quelques années, M. Eug. Burnouf ajouta à ses trois leçons de chaque semaine une quatrième leçon supplémentaire, destinée à l'explication de l'ouvrage qui nous occupe; le maître inspirait ainsi à ses élèves le goût de cette poésie épique et philosophique à la fois dont il a l'intelligence si parfaite, qu'il développe avec tant de lucidité et de précision, et avec laquelle il lutte si victorieusement dans sa magnifique publication du Bhàgavat Pouràna. Dans ce temps là, on pouvait s'attendre que les auditeurs assidus de ce cours, réunissant leurs efforts, donneraient bientôt la traduction complète de cette colossale épopée que quelques-uns lisaient aussi facilement que s'ils eussent eu à la main Homère ou Virgile. C'était le rêve favori de ces jeunes indianistes, mais ce noyau de condisciples anciens n'existe plus : celui-ci a été enlevé par la mort à la fleur de l'âge, au milieu de travaux distingués, quand il abordait, d'une façon supérieure, les hautes questions philosophiques et historiques de l'Inde; celui-là, voué aux études classiques dont il demandait les sources aux langues de cette partie de l'Asie, et appelé récemment, par son seul mérite, à de bien importantes fonctions, a dû renoncer à suivre la route qu'il s'était ouverte sur les pas du maître; d'autres encore ont disparu, découragés sans doute par le peu de résultats que leur offrait une carrière aride même pour les plus privilégiés. Jusqu'ici, l'enseignement consciencieux du professeur n'a pas porté en France tous les fruits qu'il était en droit d'attendre. La faute n'en est pas à lui : plus que personne nous proclamons avec joie l'encouragement et les conseils qu'il prodigue de si bonne grâce à quiconque aime la science; il faudrait donc s'en prendre au peu d'accueil que trouvent chez nous les études sanscrites, puisque le Danemark, la Belgique et surtout l'Italie s'applaudissent déjà de ce qu'ont produit des indianistes qui, venus de ces diverses contrées pour compléter leurs études, ont suivi pendant un temps plus ou moins long les leçons du collège de France.

Le petit livre que nous publions est bien peu de chose auprès des ouvrages sérieux auxquels nous faisons allusion et de ceux qui sont attendus prochainement : nous nous mettons nous-même à notre place, c'est-à-dire, bien loin derrière ces hommes éminents de l'époque passée et de l'époque présente, qui exploitent à l'envi la plus féconde des mines de l'Orient. En réunissant ces fragments du Mahâbhârata (dont plusieurs insérés déjà au Journal Asiatique reparaissent ici avec de nombreuses corrections), notre but a été de faire quelque chose comme un ouvrage élémentaire à l'usage de ceux qui, ne pouvant ou ne voulant pas aborder de front, dès le premier jour, les textes si difficiles sur lesquels doit naturellement s'exercer la rare sagacité du maître assis dans la chaire, sentent peut-être le besoin d'aider leurs lectures d'une traduction fidèle et littérale. Notre ambition se borne au désir de rendre quelque service à l'étude du sanscrit, en mettant entre les mains des commençants ce qui nous a manqué à nous et à tant d'autres, la version *française* d'un texte imprimé dans laquelle on puisse suivre, autant que le permet notre langue si exigeante, jusqu'à la construction toujours logique, mais parfois bien compliquée, de la phrase indienne. Les travaux de M. Langlois, qui a si bien le sentiment de la poésie sanscrite, sont le modèle qu'on doit se proposer en abordant de pareilles traductions.

Nous avons entrepris une tâche moins facile qu'on ne le pense et nous ne nous flattons pas d'avoir pleinement réussi : qui oserait se vanter de comprendre à fond certains passages dont les brahmanes donneraient tout au plus une explication plausible, fondée sur la tradition orale et non sur le sens que présentent les mots en eux-mêmes? Sans doute il nous sera échappé beaucoup de ces fautes, de ces imperfections blâmables sur lesquelles glisse l'esprit fatigué du traducteur et qu'il n'est pas le dernier à voir lui-même quand il se relit ensuite avec le calme d'un lecteur désintéressé. Nous savons très bien aussi le peu de cas qu'on fait dans le monde savant d'une traduction donnée sur un texte imprimé; mais l'utilité d'un texte seul ne nous est pas non plus bien démontrée, parce que les études orientales ont besoin avant tout d'être popularisées, mises à la portée du plus grand nombre, sous peine de rester frappées de stérilité.

Le voyageur que l'amour de la science conduit devant un monument chargé de détails et gigantesque dans toutes ses proportions, essaie, s'il ne peut l'esquisser dans son ensemble, d'en dessiner au moins quelques parties avec exactitude : ainsi avons-nous fait pour cet édifice littéraire après en avoir étudié une portion notable. Choisissant en dehors des morceaux déjà traduits en langues européennes, parmi ceux qui pouvaient, sans trop perdre de leur valeur, se détacher du cadre général, nous avons cru devoir suivre la marche que voici : débuter comme le poème lui-même par des récits tout brahmaniques d'où surgit peu à peu le sacrifice des serpents, mythe assurément fort ancien; soit qu'on y voie une ressouvenance du paradis terrestre et de la promesse d'un rédempteur, ou simplement une allusion aux innombrables reptiles que les brahmanes rencontrèrent dans les parties méridionales de l'Inde, quand ils s'y établirent en venant des régions supérieures; soit qu'en interprétant le nom de leur roi (Takchaka) par le sens naturel de *charpentier*, on y devine la lutte des Hindous avec les anciens habitants des forêts, sauvages et hétérodoxes; après cette histoire largement ornée d'épisodes grandioses et gracieux (tels que ceux de *Rourou* et de *Garouda*) insérer une légende de la forêt, moins surhumaine, circonscrite dans des limites moins vastes, laquelle conduit au *Swayambara*, à cette cérémonie primitive dont les épopées antiques offrent plus d'un exemple, et où l'on retrouve les héros cachés sous un déguisement, mais se trahissant par leurs exploits aux yeux des divinités penchés sur eux pour les protéger ; de cette situation dramatique et simplement exposée, passer à la légende poétique et merveilleuse de la *Gangá*, revenant ainsi à la fable, thème favori des conteurs orientaux; rentrer dans l'action par le *Goharana* qui peint la cour d'un roi de cette époque et montre combien les Hindous honoraient le courage, les vertus guerrières qu'on leur refuse si gratuitement; enfin, terminer par le *Saôptika*, épisode terrible, sombre comme ce drame où les passions vont grandissant toujours, catastrophe décisive au-delà de laquelle il faut aborder les chants funèbres et les apothéoses. En un mot, nous avons tâché de mettre entre les mains du lecteur un échantillon des divers genres de poésie contenus dans le Mahàbhàrata, comme aussi, en posant de lointains jalons, de lui montrer les principaux points de cette immensité dans laquelle on est souvent près de perdre sa route.

La guerre des *Asouras* contre les *Souras*, ou si l'on veut des Titans contre les Dieux, a été publiée déjà par Wilkins à la suite de la Bhâgavatguîtâ; cette traduction, faite sur les manuscrits et remarquable à tous égards, a le mérite très grand d'être élégante et agréable à lire; parce que l'écrivain a eu soin de retrancher les épithètes trop abondantes, les images multipliées qui embarrassent le récit : nos langues modernes sont ainsi faites, que ce qui constitue le plus bel ornement d'une langue ancienne et lui fournit nuances et couleurs pour tout ce que veut peindre le poète, est pour elles une entrave, un poids trop pesant sous lequel la phrase plie et se rompt comme la branche trop chargée de fruits. Cependant nous avons cru pouvoir reproduire en français ce passage inclus dans l'*Astîkaparva*, non dans l'espoir de faire mieux, mais afin de donner une version textuelle, comme le reste, de ce combat rapporté dans presque toutes les théogonies anciennes, et digne, par conséquent, de fixer l'attention d'une manière particulière.

Dans tout le cours de ce travail, dans les trois premiers chapitres surtout et dans le dernier, il se trouve plus d'un passage obscur, plus d'une hymne védique ou au moins de date fort reculée, où le sens se cache et fuit sous des mots absents des lexiques, qu'il faut rendre d'une façon intime, en creusant, pour ainsi dire, sous l'interprétation que donne le dictionnaire d'un radical voisin : on sait que les Pandits employés par Wilson se sont bien gardés de lever le voile mystérieux qui couvre tant de choses aux yeux des Européens. C'est donc avec une extrême timidité que nous avons abordé la traduction de ces morceaux difficiles : il nous eût peut-être fallu y renoncer, si nous n'avions eu la ressource de consulter en toute occasion le savant professeur auquel nous dédions ce mince volume.

FRAGMENTS
DU MAHABHARATA.

PAOCHYAPARVA.

PAOCHYAPARVA.

(Vol. 1.er, p. 23, vers 664--850.)

Saôti parle.

Djanamedjaya fils de Parikchit est avec ses frères dans le *Kouroukchetra*, occupé à célébrer le long sacrifice (Dîrghasatram) : ses trois frères sont Çroutaséna, Ougraséna, et Bhîmaséna. Or, comme ils étaient occupés à la célébration du sacrifice, survint Sàraméya qui, maltraité par les frères de Djanamedjaya, courut en larmes près de sa mère. La mère dit à son fils qui se lamentait : « Pourquoi pleures-tu, qui t'a maltraité? »

Ainsi interpellé par sa mère, il lui répondit : « Ce sont les frères de Djanamedjaya qui m'ont frappé. » Sa mère reprit : « Sans doute tu as commis une offense pour laquelle tu as été ainsi maltraité? » Sàraméya répondit : « Non, je n'ai commis aucune offense, je n'ai pas regardé ni goûté les offrandes avec ma langue. »

A ces mots, Saramà sa mère, souffrant de la douleur de son fils, alla vers le lieu du sacrifice, là où Djanamedjaya, avec ses frères, est occupé à célébrer le *Dírghasatram*; et dans sa colère elle dit au roi : « Mon fils que voilà n'a commis aucune faute, il n'a pas regardé, il n'a pas touché de sa langue les offrandes; pourquoi a-t-il été rudement repoussé par toi ? » Et comme ils ne répondaient rien, elle ajouta : « Parce qu'il a été maltraité sans avoir commis de faute, un danger invisible te menacera. »

A ces paroles de Saramà la chienne divine, Djanamedjaya grandement effrayé tomba dans l'abattement, et quand le sacrifice fut achevé, étant allé à Hàstinapoura, il apporta tous ses soins à la recherche d'un *pouróhita* (prêtre de la famille) qui pût (pensait-il) le tranquilliser sur les suites du péché dont il s'était rendu coupable.

Comme il était allé chasser par hasard, Djanamedjaya fils de Parikchit aperçut en un certain endroit de son royaume, un ermitage dans lequel vivait un *richi* (solitaire), du nom de Çroutaçrava; il a un fils appelé Somaçrava, livré tout entier à des pratiques austères. S'étant avancé vers le fils du solitaire, Djanamedjaya fils de Parikchit le choisit pour remplir les fonctions de prêtre de la famille, et après avoir salué, il dit au richi : « O bienheureux ! que ton fils ici présent soit mon *pouróhita*! » Et celui à qui s'adressaient ces paroles répondit au roi :

« O Djanamedjaya, mon fils que voici, voué à de grandes austérités, avancé dans la lecture du véda, fruit de ma dévotion et de ma force, est né d'une mère de la race des serpents, dans le sein de laquelle j'ai déposé le germe dont elle est restée imprégnée : il est capable de tranquilliser ton esprit sur toutes les fautes que tu as pu commettre, excepté celles qui seraient contre Mahadéva ; mais il a une dévotion particulière par laquelle tout ce que demande un brahmane quelconque, pour quelque cause que ce soit, il le lui accorde. Si tu acceptes cette condition, emmène-le. »

A ces paroles, Djanamedjaya répondit : « Bienheureux, il en sera ainsi. »

Alors, ayant choisi le fils du solitaire pour son *pouróhita*, il retourna vers ses frères et leur dit : « Voilà celui que j'ai choisi pour mon précepteur spirituel ; tout ce qu'il vous dira vous devez le faire sans hésiter. » Ainsi avertis par ces paroles, ses frères se conformèrent (à ses volontés) ; et après leur avoir laissé ses instructions, Djanamedjaya se rendit dans Takchacila (ville du Pendjab), et il plaça ce pays sous son autorité.

Or, dans ce même temps vivait un *richi* nommé Ayôda Dhaômya, lequel avait trois disciples : Oupamaniou, Arouni et Véda. Ce disciple Arouni qui était Pendjabien, il l'envoya en lui disant : « Va, bouche la (fissure qui s'est faite à la) digue de l'étang. » Et sur cet ordre du précepteur, Arouni le Pendjabien, alla (vers l'étang), mais il ne put boucher (la fissure) de la digue. Il était fort affligé ; puis il vit un moyen et dit : « Bien! voici ce que je vais faire. » Et il entra dans la fissure de la digue (comme) dans un lit ; alors l'eau cessa de couler.

Cependant le précepteur Ayôda Dhaômya demanda à ses disciples : « Arouni le Pendjabien, où est-il donc allé? » Ils répondirent : « Bienheureux, toi-même tu l'as envoyé en disant : « Va, bouche la digue de l'étang ; » et à ces mots s'adressant aux disciples, il reprit : « Et bien, allons tous dans le lieu où il est allé. » Puis ils se rendirent à l'endroit convenu. Et là, il cria en faisant retentir son nom : « O Arouni le Pendjabien, mon fils, où es-tu ? » Dès qu'il entendit la voix de son précepteur, Arouni se leva bien vite de derrière cette digue, et dit : « Je suis ici d'après tes ordres ; j'étais dans la digue où je suis entré pour fermer toute issue à cette eau que rien ne pouvait empêcher de couler ; mais j'ai entendu ta voix, ô maître ! et en déchirant cette partie de la digue, je me lève devant toi ; je te salue, ô bienheureux, ordonne, que désires-tu ? je suis prêt à le faire. »

Le précepteur répondit à ces paroles : « Parce que, en te levant tu as causé un déchirement à cette digue (que tu fermais en te tenant couché), à cause de cela ton nom sera désormais Ouddalaka (qui cause une large fissure), nom qui t'est accordé par la faveur de ton maître spirituel ; et parce que tu as accompli ma parole, tu obtiendras le souverain bien : tous les védas ouvriront leurs mystères à tes yeux, comme aussi tous les livres de la loi. »

Après que le précepteur lui eut ainsi parlé, Arouni s'en alla où il désirait aller. Or cet Ayôda Dhaômya avait un autre disciple appelé Oupamaniou, et le maître lui donna aussi ses ordres en disant : « Mon fils Oupamaniou, va garder les vaches. »

Et sur l'ordre de son précepteur, il gardait les vaches ; et après les avoir gardées tout le jour, le soir, de retour à la maison du maître, il se tenait respectueusement devant lui et le saluait.

Cependant le maître vit qu'il était très gras, et il lui dit : « Mon fils Oupamaniou, par quelle nourriture soutiens-tu ton existence ? car tu es gras et même fort gras. » Et il répondit au précepteur : « Maître, c'est par l'aumône que je me nourris. » Le précepteur reprit. « Il n'est pas convenable que tu reçoives des aumônes sans les déposer entre mes mains.—C'est vrai », répondit le disciple ; et ayant recueilli des aumônes, il les déposa (entre les mains) de son précepteur.

Le maître lui prit donc tout ce qui lui avait été donné, et celui-ci ayant dit : « Cela est bien ! » alla de nouveau garder les vaches; et après les avoir gardées le jour, revenant à l'entrée de la nuit dans la famille du maître, il se tint respectueusement devant lui et le salua.

Cependant le précepteur ayant vu qu'il était encore fort gras, lui dit. « Mon fils Oupamaniou, toutes les aumônes sans exception je te les prends, par quoi donc soutiens-tu cette santé? » A ces paroles du précepteur spirituel, il répondit : « Après vous avoir donné, ô bienheureux, la première aumône, je vais en chercher une seconde ; c'est ainsi que je soutiens mon existence. »

Le précepteur reprit : « Ce moyen d'existence, propre au maître spirituel, ne te convient pas ; tu fais tort aux ressources des autres qui doivent vivre d'aumône ; et en agissant ainsi tu te montres cupide. »

« Cela est vrai », répondit le disciple, et il alla de nouveau garder les vaches; et de retour dans la maison du précepteur, il se tint respectueusement devant lui et le salua.

Mais le précepteur, ayant vu encore son disciple dans un état de santé très florissant, lui dit de nouveau : « Mon fils Oupamaniou, je te retire toutes les aumônes, tu n'en recueilles plus d'autres (pour toi), et te voilà cependant fort gras, par quel moyen soutiens-tu ton existence? » Et à ces paroles du précepteur spirituel, il répondit. « C'est par le

lait de ces vaches que je soutiens ma vie. » Le maître reprit :
« Cela ne convient pas non plus, tu ne dois pas prendre ce lait sans mon consentement. »

« Cela est vrai, » dit le disciple avec obéissance, et il alla garder les vaches ; de retour dans la maison du maître, il se tint respectueusement devant lui et le salua.

Cependant le précepteur, ayant vu qu'il était toujours fort gras, lui dit : « Oupamaniou, mon fils, tu ne te nourris plus des aumônes (qui me reviennent), tu ne mendies plus pour toi, tu ne bois plus le lait, et tu es encore fort gras, par quel moyen soutiens-tu donc ton existence ? » A ces paroles du précepteur, il répondit : « Maître, je bois l'écume que les veaux en buvant aux mamelles de leurs mères font jaillir hors de leur bouche. » Et le précepteur reprit : « C'est par pure compassion que ces veaux, doués de qualités, font jaillir pour toi une si abondante écume, et tu fais tort aux moyens d'existence de ces animaux en agissant ainsi ; cette écume même tu ne dois pas la boire. — Cela est vrai, » dit le disciple, et il alla garder les vaches.

Ainsi, après cette défense, il ne se nourrit plus de l'aumône (due au maître), et ne va plus tendre la main pour lui ; il ne boit plus de lait, et n'a plus recours à l'écume (que font jaillir les veaux). Un jour, dans la forêt, pressé par la faim, il mangea les feuilles du *calotropis* ; quand il eut mangé ces feuilles au jus amer, au suc âcre, rudes et piquantes au goût, il en ressentit aux yeux l'effet nuisible et devint aveugle ; comme il marchait ainsi quoique privé de la vue, il tomba dans un trou.

Et il ne revenait pas ; quand le soleil descendit derrière la montagne de l'ouest, le précepteur dit à ses disciples : « Oupamaniou ne vient pas. » — Et ceux-ci répondirent : « Il est allé garder les vaches. » Le précepteur reprit : « J'ai imposé des défenses à Oupamaniou touchant toutes les choses (dont il faisait sa nourriture), assurément il est en colère et voilà pourquoi il ne revient pas ; bien vite il faut le chercher. »

Et ayant ainsi parlé, il se rendit dans la forêt en compagnie de ses élèves ; là il fit entendre le nom du disciple en criant : « Oupamaniou, mon fils, où es-tu ? » Et lui, ayant entendu la voix du précepteur spirituel, il répondit bien haut : « Me voici, je suis tombé dans ce trou ! » Le précepteur lui demanda : « Comment es-tu tombé dans ce trou ? » Il répondit : « Après avoir mangé des feuilles de *calotropis*, je suis devenu aveugle et je suis tombé dans ce trou. »

Le précepteur dit alors : « Chante les louanges des deux Açwins; eux qui sont les médecins des Dieux, ils te rendront la vue. » A ces paroles du maître, Oupamaniou se mit à chanter les louanges des deux Açwins qui sont Dieux, par ces stances tirées du Rigvéda (1).

Etant donc ainsi loués et invoqués par Oupamaniou, les deux Açwins arrivèrent et lui dirent : « Nous sommes satisfaits ; ce gâteau est pour toi, mange-le. » Mais à ces paroles il répondit : « O bienheureux! vous ne m'avez pas fait entendre une parole dictée par le mensonge, cependant je n'ose approprier ce gâteau à mon usage, sans l'avoir présenté au gourou. » Alors les Açwins reprirent : « Nous deux, déjà précédemment loués et invoqués par ton précepteur spirituel, nous lui avons donné un gâteau et il s'en est servi;

---

(1) Cette ode, qui a besoin de développements particuliers, a dû être reportée à la fin du volume.

donc, sans lui présenter celui-ci, fais-en autant, fais ce qu'a fait ton gourou lui-même. »

Le disciple répondit encore : « J'accueille vos instructions avec respect, ô bienheureux Açwins ! mais je n'ose, sans le présenter à mon gourou, employer ce gâteau à mon usage. » Les Açwins reprirent : « Nous sommes satisfaits de cette pieuse docilité envers ton précepteur spirituel ; ses dents seront de fer noir et les tiennes seront d'or ; tu recouvreras la vue et tu obtiendras le souverain bien. »

Après avoir entendu ces paroles, le disciple, qui avait recouvré la vue par la puissance des Açwins, retourna vers son précepteur spirituel, le salua, puis fit connaître (ce qui s'était passé). Le maître en éprouva de la joie, et dit : « Ainsi que les Açwins l'ont annoncé, tu obtiendras la félicité suprême ; tous les védas brilleront à tes yeux, comme aussi tous les livres de la loi. » Telle fut l'épreuve d'Oupamaniou.

Or, cet Ayôda Dhaômya avait encore un autre disciple ; c'était Véda. Le maître lui donna ainsi ses ordres : « Mon fils Véda, tu dois rester dans ma maison un certain temps, pendant lequel il faut que tu écoutes avidement mes leçons ; puis tu obtiendras le souverain bien. »

« Qu'il en soit ainsi ! » répondit le disciple ; et pendant long-temps il habita dans la maison du gourou, appliqué à écouter les leçons, employé par son maître à porter comme un bœuf de lourds fardeaux, souffrant le froid et le chaud, la faim et la soif, et ne se refusant à aucune de ces choses ; pendant ce long temps, il se conduisit de manière à donner de la satisfaction au gourou ; en récompense de cette satisfaction, il obtint le souverain bien et la connaissance de tout ce qu'il avait à apprendre. Telle fut l'épreuve de Véda.

Ayant obtenu de son gourou la permission de se retirer, arrivé à l'état de disciple dont les études sont achevées, il passa de la résidence dans la maison du maître à la retraite dans son propre ermitage; et quand il habita chez lui comme maître de maison, il eut trois disciples; mais à ces disciples il ne dit jamais : « Vous devez faire ce travail ; ou bien, ce service rentre dans les devoirs du pupille. » Car il connaissait la peine de celui qui habite sous le toit du gourou, et il ne voulait pas lier ses disciples (sous le joug) de la vexation.

Or, en un certain temps, ce brahmane Véda fut abordé par Djanamedjaya et Paôchya, tous deux Kchatryas; ceux-ci l'ayant choisi en firent leur précepteur spirituel. Le maître étant donc parti pour aller accomplir un devoir qui lui était imposé comme sacrificateur, laissa à son disciple Outanka cette injonction : « Tout ce que je laisse (par mon absence) non accompli dans ma maison, je désire que tu l'exécutes; c'est à toi de l'accomplir. » Et après avoir laissé cette instruction à Outanka, le brahmane Véda partit pour aller où il devait résider temporairement.

Alors, Outanka, disciple docile, ferme dans les devoirs que lui avait imposés son maître, habita dans la famille du gourou ; et comme il habitait avec les femmes de son précepteur, celles-ci l'appelèrent et lui dirent : « L'épouse de ton maître se trouve dans ses jours favorables, et l'époux est absent; fais donc en sorte que cette époque ne soit pas stérile pour elle, car elle se consume de tristesse. »

Aux femmes qui lui parlaient ainsi, le disciple répondit : « Je ne dois point, sur la parole des femmes, faire cette action infaisable, car le précepteur ne m'a pas laissé un ordre qui m'autorise à faire même ce qui est illicite. » Et à quelques jours de là le maître revint dans sa maison après ce voyage; ayant appris toute la conduite du disciple, il en éprouva de la joie. « Mon fils Outanka, lui dit-il, que ferai-je d'agréable pour toi ? car tu as été docile à mes leçons autant que l'exige la loi ; par là s'est accrue de part et d'autre l'affection qui nous lie, voici ce que je t'accorde : Tu obtiendras tous les bonheurs que tu peux désirer. Ainsi, va ! »

Mais le disciple répondit : « Que ferai-je pour toi d'agréable ? car (les sages) ont dit : celui qui promettrait une chose contraire à la loi et celui qui demanderait une chose illicite, de ces deux là, l'un mourrait, l'autre encourrait la haine. Ainsi, moi qui ai reçu de toi la permission de me retirer, je veux t'offrir le présent désiré dû au gourou. »

A ces paroles le précepteur répondit : « Mon fils Outanka, habite ici quelque temps (encore). » Et un jour Outanka dit à son maître spirituel : « Ordonne, que t'offrirai-je d'agréable comme présent dû au gourou. » Et celui-ci répondit : « Mon fils Outanka, tu me presses beaucoup en disant : je veux t'offrir le présent d'usage ; va donc vers l'épouse de ton maître, et étant entré dans sa demeure, demande-lui ce que tu peux lui offrir d'agréable; et ce qu'elle désignera, tu le lui donneras en présent. »

A ces mots, il alla vers l'épouse de son gourou, et lui dit : « O bienheureuse ! le précepteur m'a congédié (après mes études terminées), et je désire aller dans ma propre maison; mais je veux aussi t'offrir le présent dû au gourou, afin de partir d'ici avec ma dette payée : ordonne, ô femme de mon maître ! que te donnerai-je pour m'acquitter de ce que je dois à mon précepteur? »

L'épouse du brahmane répondit à ce disciple Outanka :

« Va vers le roi Paôchya, lui demander les anneaux qui ornent les oreilles de la reine son épouse, femme de Kchatrya; apporte-les-moi; dans quatre jours il y a une fête : embellie de ces pendants attachés à mes oreilles, je veux me présenter dans l'assemblée des brahmanes ; obtiens-les pour moi, et en faisant ainsi tu arriveras au souverain bien : par quel autre moyen arriveras-tu à la félicité suprême? »

Et sur ces paroles de la brahmanî, Outanka partit : en marchant dans la route il aperçut un beau taureau énorme, et sur son dos un homme aussi gigantesque. L'homme dit à Outanka : « O Outanka, mange les excréments de ce taureau. » Et lui ne voulant pas, l'homme lui dit de nouveau : « Mange, Outanka, sans hésiter, car cette matière a été mangée auparavant par ton précepteur spirituel lui-même.—Soit, » répondit Outanka, et il avala les excréments de ce taureau ; puis, après avoir mangé à la hâte et debout, il fit ses ablutions et reprit sa route vers le lieu où habite le Kchatrya.

Le roi Paôchya s'étant approché de lui, il vit cet Outanka assis ; Outanka ayant abordé le Kchatrya en le réjouissant par des bénédictions, lui dit : « C'est pour te demander quelque chose, ô roi ! que je suis venu vers toi. » Et Paôchya l'ayant salué, lui dit : « O bienheureux ! moi-même qui suis précisément Paôchya, que ferai-je (pour toi)? » Outanka répondit : « Je suis venu te demander deux pendants d'oreille dont je ferai à mon maître spirituel le présent d'usage ; et les pendants d'oreille portés par la reine ton épouse, sont ceux que tu dois me donner. » Alors Paôchya dit : « Entre dans l'appartement des femmes, il faut que tu fasses ta demande à la reine. » Et lui, d'après les paroles du Kchatrya, il entra, mais ne vit pas la femme. S'adressant à Paôchya, il lui dit . « Cela n'est pas juste d'agir faussement avec moi ; la reine ton épouse ne se trouve pas dans l'appartement des femmes, et je ne la vois pas. »

A ces mots, Paôchya ayant réfléchi un instant, répondit à Outanka : « Assurément, il te reste dans la bouche quelque parcelle d'aliment ; rappelle-toi bien : une femme de Kchatrya ne doit pas se montrer à un homme impur, qui a dans la bouche quelque reste de nourriture ; à cause de son dévouement à son mari, elle ne consent point à paraître devant celui qui n'a pas bien fait ses ablutions. »

En entendant ces paroles, Outanka se souvint et dit : « Cela est vrai ; c'est debout et à la hâte, en continuant ma route, que j'ai passé de l'eau dans ma bouche. » Et Paôchya répondit : « Voilà la transgression ; on ne doit pas faire ses ablutions debout, ni à la hâte, ni en marchant. »

Outanka convint de la justesse de son observation; s'étant accroupi, la face tournée vers l'est, il lava ses mains, ses pieds, sa bouche avec soin, avala trois fois en silence une eau sans écume, non chauffée, appropriée à son intention, fit deux fois une ablution complète, aspergea ses organes creux, puis entra dans l'appartement des femmes.

Alors il vit l'épouse du Kchatrya, et celle-ci ayant aperçu Outanka se leva devant lui, le salua et dit : « Sois le bienvenu, ô bienheureux, ordonne, que dois-je faire ? » Outanka répondit : « Ces pendants d'oreille qui me sont demandés pour en faire le présent du gourou, tu dois me les donner. »

Contente de voir en lui cette pieuse disposition (à l'égard

de son précepteur), elle se dit : « C'est un homme digne (de recevoir ce don) et qu'il ne faut pas traiter sans respect. » Puis ayant décroché ses pendants d'oreille, elle les lui remit en disant : « Ces anneaux, Takchaka, le roi des serpents, désire ardemment de les avoir, et tu dois bien veiller sur eux en les emportant. » La femme du Kchatrya lui ayant ainsi parlé, il répondit : « Sois sans aucune inquiétude; ce Takchaka, roi des serpents, ne peut avoir l'avantage sur moi. »

Ayant ainsi parlé et fait ses adieux à la femme du Kchatrya, il se présenta devant Paôchya et lui dit : « Paôchya, je suis satisfait de ta conduite. » Et le Kchatrya répondit : « O bienheureux, c'est de loin en loin qu'on rencontre un homme digne; or tu es un hôte doué de toutes les qualités, aussi je désire faire un Çraddha; attends donc un instant. » Outanka reprit : « Je prendrai ce temps, mais bien vite je veux voir servir une nourriture convenable (à ce festin). » Et le Kchatrya ayant consenti, lui présenta à manger les mets appropriés à la circonstance.

Cependant Outanka, ayant vu un mets froid dans lequel il y avait un cheveu, se dit à lui-même : ceci est impur! et il adressa à Paôchya ces paroles : « Parce que tu m'as donné une nourriture impure, à cause de cela tu deviendras aveugle. » Et Paôchya lui répondit : « Parce que tu condamnes comme souillé un mets qui n'est pas impur, à cause de cela tu seras privé de postérité. » Outanka reprit : « Il ne te convient pas, après m'avoir servi des mets impurs, de me rendre malédiction pour malédiction, aussi assure-toi de l'état de ces mets. »

Paôchya, ayant bien vu que ce mets était souillé, rechercha attentivement d'où provenait ce défaut de pureté.

« Cette nourriture toute froide a été préparée par ma femme ayant les cheveux déliés ; voilà pourquoi elle est souillée de ce corps étranger, et par conséquent impure. » Ainsi pensa-t-il, et il dit au richi Outanka, en cherchant à le calmer. « C'est par ignorance, ô bienheureux, que ce mets a été servi malpropre et froid ; excuse donc cette faute et que je ne devienne pas aveugle. »

Outanka répondit « Je ne parle point en vain, tu seras aveugle, (seulement) peu après tu recouvreras la vue. Cette malédiction lancée contre moi par ta bouche qu'elle soit aussi sans effet. » Et Paôchya dit : « Ni moi non plus, je ne puis retirer ma malédiction, et ma colère de tout à l'heure n'est pas encore apaisée. Est-ce que tu ne connais pas ces paroles qui disent : le cœur du brahmane est tendre comme le beurre, sa parole est un couteau acéré et pointu ; ces deux choses sont le contraire chez le Kchatrya, sa parole est tendre comme le beurre, mais son cœur est (un glaive) tranchant. Cela étant ainsi, par cela même que le cœur du Kchatrya est (un glaive) tranchant, je ne puis prévenir l'effet de mon imprécation. Ainsi, va ! »

Outanka répondit : « En signalant la souillure du mets, je me suis attiré une réponse à cette attaque, et tu m'as dit d'abord : parce que tu condamnes comme impurs des mets qui ne le sont pas, à cause de cela tu seras privé de postérité. Puisque la souillure existe réellement, la malédiction lancée par moi ne cesse pas de subsister. Restons-en là. » Et à ces mots Outanka se leva.

Ayant pris les pendants d'oreille, il aperçut dans la route un mendiant nu qui venait vers lui, tantôt visible, tantôt invisible. Alors Outanka, abandonnant à terre les pendants d'oreille, fit quelques pas en avant pour chercher de l'eau; or, dans cet intervalle, le mendiant s'approcha en toute hâte, et après avoir pris les anneaux il s'enfuit. Outanka revint de ce côté après avoir fini ses ablutions et s'être bien purifié; puis ayant salué les dieux et les gourous, il se mit à suivre (le mendiant) avec une grande rapidité. Takchaka est tout près de lui, et il le saisit; mais abandonnant cette forme qu'il n'avait fait que prendre (un instant), Takchaka redevenu serpent entra précipitamment dans un grand trou qui s'ouvrait sous la terre.

Quant il eut pénétré dans le monde des serpents, il alla dans sa demeure; et alors Outanka, se rappelant les paroles de la femme du Kchatrya, se mit à la poursuite du serpent; avec le bout de son bâton il fouille l'entrée du trou, mais ne peut l'ouvrir; et Indra, voyant (le richi) désolé, envoya la foudre en disant : « Va, prête assistance à ce brahmane. » Alors la foudre s'étant glissée au bout du bâton, ouvrit en la déchirant l'entrée du trou. Outanka pénètre par ce moyen; s'avançant dans la cavité, il voit la région des serpents (monde) sans bornes, qui offre un immense et confus assemblage de diverses espèces de temples, de palais, de pavillons, de portiques, une foule d'édifices grands et petits destinés aux jeux; là, il célébra les louanges des serpents par les distiques qui suivent :

« Les serpents qui ont pour roi Erâvata, qui brillent
« dans les combats, marchent comme des nuages chassés
« par un vent plein d'éclairs, (ces êtres) beaux et doués
« de formes multiples, portant des pendants d'oreille
« blancs et noirs, étincellent comme le soleil au revers de
« la voûte des cieux, (sous les douze manifestations cor-
« respondant aux douze mois), eux qui tirent leur origine
« d'Erâvata. Il y a bien des habitations de serpents aussi

« à l'ouest des rives du Gange ; je célèbre également les
« grands serpents qui habitent cet (autre) lieu. Qui vou-
« drait marcher au milieu de l'armée des rayons du soleil,
« si ce n'est Erâvata? 36,000 serpents marchent comme
« les rênes du char (ou comme les rayons de l'astre).

« Dhritarâchtra (l'un des grands Nagas) brille (au milieu
« d'eux); les uns se glissent auprès de lui; les autres vont
« dans une route éloignée. Moi, je salue humblement les
« frères aînés de l'excellent Erâvata. Sa demeure fut jadis
« dans la forêt Khandava, au Kouroukchétra; et moi, j'ai
« loué le roi des serpents Takchaka, pour avoir les pen-
« dants d'oreille. Takchaka et Açwaséna marchent toujours
« ensemble; ils habitent tous les deux dans le Kourouk-
« chétra, le long de la rivière Ikchoumati : Takchaka est
« le plus jeune d'entre ses frères, et son fils est Çroutaçéna;
« doué d'une grande puissance, il doit être honoré; j'ai sol-
« licité ce qu'il y a d'éminent parmi les serpents, et je dois
« m'incliner toujours aussi devant cet être magnanime. »

Après avoir chanté cet hymne à la louange des meilleurs
d'entre les serpents, Outanka le deux fois né, le richi, ne
reçut pas encore les pendants d'oreille, et il se mit à songer.
Or, comme même après avoir loué les serpents, il ne rece-
vait pas encore les pendants d'oreille, il vit deux femmes
qui, ayant placé une fine toile sur un métier à belle trame,
s'occupaient à tisser; il aperçut sur ce métier des fils blancs
et noirs, une roue à douze rayons, mise en mouvement par
six jeunes gens; il aperçut aussi un homme et un très beau
cheval; et lui il célébra tout cela par les distiques suivants,
qui sont un chant sacré :

« Trois cent soixante (rayons) sont placés ici, au milieu,
« sur un axe tournant toujours et éternel, dans une roue

« divisée en vingt-quatre *yogas* que des jeunes gens meuvent
« circulairement par six fois; deux jeunes filles, aux formes
« diverses, tissent cette trame; éternellement occupées à
« ce travail, elles font passer et repasser l'un sur l'autre les
« fils blancs et les fils noirs, les êtres et les mondes dans
« une continuelle succession. Celui qui porte la foudre (le
« dieu) protecteur du monde, destructeur du démon Vitra,
« destructeur du démon Namoukchi, revêtu d'un vêtement
« noir, celui qui plein de magnanimité sépare dans le monde
« ce qui est juste de ce qui est injuste; celui qui aborde
« pour (en faire) sa monture, Vaïçwanara l'ancien fruit des
« eaux, c'est celui que je célèbre par ces louanges; salut
« à lui (à Indra), le maître de l'univers, le roi des trois
« mondes, le destructeur des villes. »

Alors l'homme lui répondit : « Je suis content des louanges que tu m'adresses ; que puis-je faire qui te soit agréable? » Outanka dit : « Que les serpents soient soumis à ma domination ! » Et l'homme lui répondit : « Souffle au derrière de ce cheval. »

Alors il fit ce qui lui avait été prescrit : de ce cheval, dans lequel il avait soufflé, sortirent, par tous les organes à la fois, des flammes et de la fumée. Le monde des serpents en est suffoqué; et aussitôt tout ému, frappé de stupeur et de crainte par l'éclat du feu, Takchaka ayant pris les pendants d'oreille, partit bien vite de la demeure (des serpents), et dit à Outanka : « Prends ces pendants d'oreille. » Outanka les reçut, et, après les avoir repris, il se dit à lui-même : « Me voilà bien loin (du lieu où est) la femme de mon précepteur spirituel. C'est aujourd'hui la fête; comment pourrai-je y être présent? » Et le voyant dans cette pensée, l'homme lui dit : « Outanka, monte sur le cheval que voici ;

en une minute il te fera arriver dans la maison de ton gourou. »

Il accepta l'offre, et étant monté sur le cheval, il retourna près de son précepteur spirituel; la femme du maître, après s'être baignée, peigne ses cheveux; elle est assise, et dit : « Outanka n'arrive pas! » Et, dans son esprit, elle allait le maudire.

Sur ces entrefaites, Outanka, entrant dans la maison du précepteur spirituel, salua l'épouse de son maître. Il lui remit les pendants d'oreille, et elle dit au disciple : « Te voilà arrivant dans le temps et au lieu voulus, sois le bien venu, ô mon fils! Tu n'as pas péché, et tu n'es pas maudit par moi; le plus grand bien t'est réservé, et tu obtiendras la félicité (fruit de tes œuvres). »

Ensuite Outanka salua le gourou, et le gourou lui dit : « Mon fils Outanka, sois le bien venu! Qui t'a retenu si longtemps? »

Outanka lui répondit : « Maître, Takchaka, roi des serpents, a mis un obstacle à mon entreprise, et, à cause de cela, je suis allé dans le monde des Nagas. Là, j'ai vu deux femmes qui, ayant placé une fine toile sur un métier, s'occupent à tisser; il y a des fils noirs et des fils blancs; que signifie cela? Là aussi, j'ai vu une roue à douze rayons, mise en mouvement par six jeunes gens; et cela, qu'est-ce donc? J'ai vu aussi un homme; quel est-il? Et un cheval gigantesque; quel est-il? Et comme j'allais dans la route, j'ai vu un taureau et un homme monté (sur son dos); il m'a parlé pour me rendre service, et il m'a dit : Mange les excréments de ce taureau, car ton gourou lui-même en a mangé. Alors, conformément à ses paroles, j'ai mangé les excréments du taureau; cet homme quel est-il? Or, je désire entendre ton avis sur ces choses : qu'est-ce que tout cela? »

Ainsi interrogé, le gourou répondit : « Ces deux femmes sont Dhata et Vidhata; ces fils noirs et blancs sont les nuits et les jours; cette roue à douze rayons, mue par six jeunes gens, ce sont les six saisons; la roue, c'est l'année; l'homme, c'est Indra; le cheval, Agni; et le taureau, vu par toi dans le chemin, c'est Erâvata, roi des serpents; l'homme monté sur le taureau, c'est encore Indra; et les excréments de cet animal, que tu as mangés, c'est l'ambroisie, par l'effet de laquelle, à n'en pas douter, tu n'as pas été anéanti dans le monde des Nagas. Car ce bienheureux Indra est mon ami; par compassion pour toi, il t'a fait cette faveur de pouvoir, après avoir pris les pendants d'oreille, revenir ici. Ainsi, ô toi qui es pur, tu dois partir, je te congédie, tu obtiendras le souverain bien. »

Congédié par son précepteur spirituel, le bienheureux Outanka en colère, désireux de se venger de Takchaka, se rendit à Hâstinapoura. Arrivé en peu de temps à Hâstinapoura, l'excellent brahmane alla trouver Djanamedjaya, ce roi qui habitait jadis Takchaçila, attentif à veiller sur ses sens, invincible, victorieux sur tous les points; il le vit entouré de ses conseillers; après lui avoir souhaité la victoire, il lui témoigna convenablement son respect, et lui dit ces paroles d'une voix dont le ton était approprié à sa démarche.

Outanka dit : « Quand il y a une œuvre qui doit être accomplie par toi, ô le meilleur des rois, comme par ignorance, tu t'occupes à faire autre chose, ô le meilleur des princes. »

Saôti parle.

Ainsi interpellé par le brahmane, le roi Djanamedjaya lui ayant témoigné son respect comme il convient, répondit au meilleur des deux fois nés.

Djanamedjaya dit : « En veillant attentivement à la défense de mes sujets, je veille aussi à l'accomplissement du devoir propre au Kchatrya. Dis-moi ce que je dois faire aujourd'hui, et quelle œuvre tu viens me proposer. »

Saôti parle.

A ces paroles du roi, le meilleur des brahmanes, le plus choisi d'entre les hommes vertueux, dit à Djanamedjaya dont les qualités sont grandes et éminentes : « fais, ô prince, une œuvre qui t'est propre. »

Outanka dit : « Takchaka, ô roi des rois! est celui qui a tué ton père ; rends la pareille à ce serpent dont l'ame est méchante. Je crois le temps opportun pour cette œuvre recommandée par les préceptes sacrés; accomplis ce sacrifice par lequel tu honoreras, ô roi, ton père magnanime! Il n'avait commis aucune offense, quand mordu par ce pervers, il est retourné dans les cinq (éléments), comme un arbre frappé de la foudre. Enflé de l'orgueil de sa puissance, Takchaka, le plus vil d'entre les serpents, a commis une action condamnable, le pécheur, lui qui a mordu ton père, (ce roi) pareil aux immortels, protecteur des familles de Kchatryas les plus saintes, et ce pervers a empêché (d'aller à son secours) le sage Kaçypa. Tu dois faire périr ce coupable dans un sacrifice où le feu soit employé, ô grand roi! C'est dans le sacrifice du serpent que (cette vengeance) doit être vite accomplie. Ainsi tu témoigneras du respect à ton père, et cet acte me sera aussi grandement agréable à moi-même, ô roi! Car, ô gardien de la terre! ce pervers a apporté un obstacle à mon œuvre, quand j'allais chercher le présent dû au gourou, ô toi qui es pur!

Saôti parle.

Ayant entendu ces paroles, le roi s'irrita contre Takcha-ka, enflammé par le récit d'Outanka, qui (l'anime) comme le beurre du sacrifice redouble l'activité du feu. Djanamedjaya interrogea ses conseillers dans sa douleur, en présence d'Outanka, sur le départ de son père pour les demeures célestes. Puis le grand roi resta plongé dans le chagrin et la tristesse, quand il entendit (de la bouche d'Outanka) toute cette histoire.

PAOLOMAPARVA.

PAOLOMAPARVA.

(Vol. 1er, p. 31, vers 852-1049.)

I.

Le fils de Lomaharchana, Ougraçrava descendant de Soûta, versé dans la lecture des Pouranas, s'approcha des richis, arrivés dans la forêt Naimicha pour le sacrifice de douze ans (que fait célébrer) le maître de maison, Çaônaka; ce brahmane habile dans les histoires pouraniques, et qui s'est fatigué à la lecture de ces légendes, croisa ses bras sur sa poitrine et dit : « Que désirez-vous entendre, que vous raconterai-je? »

Les richis répondirent : « D'abord, ô fils de Lomaharchana, nous allons te parler, et tu nous répondras, à nous qui désirons entendre une histoire qui soit en rapport avec la circonstance qui nous réunit pour écouter un récit. Car voilà le bienheureux chef de famille Çaônaka assis dans la demeure du feu (dans l'enceinte du sacrifice). Les histoires divines, agréées par les dieux et les souras, c'est le Véda; les histoires (concernant) les hommes, les serpents, les Gandharvas, tout cela, c'est le Véda. D'ailleurs, dans ce sacrifice, ô fils de Soûta, ce chef de famille, ce brahmane instruit, habile (dans ses œuvres), ferme dans les austérités, sage, capable d'enseigner les livres saints sur tout ce qui regarde les actes à accomplir dans la forêt, véridique, indifférent aux passions humaines, voué à des pratiques pieuses, attentif à réprimer ses sens, ce brahmane vénérable doit être pour nous tous un objet de respect. Dans cette (réunion), il est assis à la place grandement honorable du gourou; ainsi tu diras ce que te demandera ce meilleur d'entre les brahmanes. »

Saôti dit : « Qu'il en soit ainsi. Ce magnanime gourou, ayant pris place dans l'assemblée, quand je serai interrogé par lui, je raconterai des histoires pures, et qui touchent à plusieurs sujets. »

Alors, ce chef des deux fois nés, ayant accompli son œuvre selon la loi, rendu les dieux propices par des prières, et apaisé les mânes des ancêtres par des libations, arriva (dans l'assemblée), où les chefs des brahmanes, parvenus à un degré de vertu supérieure, assis dans le repos, fermes dans leurs austérités, sont venus prendre place au lieu du sacrifice, ayant à leur tête le fils de Soûta. Alors, assis au milieu des prêtres de la famille, de tous ceux qui assistent à la cérémonie, assis eux-mêmes (tout à l'entour), le maître de maison, Çaônaka, prit la parole et dit :

11.

Çaônaka dit : « Ce Pourana, ô ami! ton père l'a lu tout entier autrefois; peut-être toi aussi tu l'as lu complètement, ô fils de Lomaharchana! Dans ce Pourana il y a des histoires divines, et qui traitent des premières familles; elles ont été racontées par les (anciens) sages, et jadis nous les avons entendues (de la bouche) de ton père. Maintenant je désire entendre la généalogie de Bhrigou, tout d'abord; fais donc le récit de cette histoire, car nous sommes disposés à l'écouter. »

Saôti parle.

Ce qui a été lu jadis complètement par les excellents et magnanimes brahmanes, ce qui a été aussi raconté par Vaiçampayana et par les chefs des deux fois nés, ce qui a été lu en entier par mon père et par moi aussi, cela écoutez-le donc. Cette famille choisie de Bhrigou est honorée des dieux, d'Indra, des richis et des troupes de Marouts, ô toi qui es la joie de Bhrigou! Cette généalogie qui a sa source dans les Pouranas, je te la conterai, ô grand solitaire, ainsi qu'il convient.

Le grand richi, le bienheureux Bhrigou est né du Feu, dans le sacrifice de Varouna, par Brahma Swayambhou; voilà ce nous avons appris. Le fils bien-aimé de Bhrigou fut Tchyavana, dont le nom patronymique est Bhârgava; Tchyavana eut pour héritier Pramati, doué de justice; Pramati eut de son épouse Ghritatchî, un fils dont le nom fut Rourou; il naquit aussi un fils à Rourou (à savoir) : Çounaka, versé dans la lecture du Véda, qu'il eut de Pramadvarâ. Ce fut ton aïeul, ce pieux richi, voué à de grandes austérités, glorieux, très versé dans le Véda et dans la connaissance de Brahme, vertueux, véridique, maître de ses passions, attaché à l'abstinence.

Çaônaka dit : « Fils de Soûta, explique-moi ce qui valut le surnom de Tchyavana au magnanime enfant de Bhrigou, voilà ce que je te demande. »

Saôti parle.

La femme bien-aimée de Bhrigou fut connue sous le nom de Poulomà. En elle il y eut un fruit produit par la force du solitaire (son époux). Or, cette conception ayant eu lieu, ô fils de Bhrigou! à une époque convenable, dans (le sein de) Poulomà, épouse vertueuse, célèbre (dans l'histoire), légitimement choisie dans la caste de son mari, et Bhrigou, le meilleur d'entre les pieux richis, étant sorti pour faire ses ablutions, un Rakchas nommé Pouloman s'approcha de son ermitage. Dès qu'il fut entré dans l'ermitage, dès qu'il vit l'épouse irréprochable de Bhrigou, l'amour pénétra en lui, et il demeura tout troublé.

Poulomà, belle à voir, présenta alors à ce Rakchas, venu vers elle, des fruits et des racines (cueillis) dans la forêt, et le Rakchas tourmenté par l'amour, ayant vu cette femme, fut tout hors de lui, ô brahmane! Il désira de l'enlever, ô maître! elle qui était irréprochable. Voici une chose qui se présente à faire, se dit-il dans son trouble, et dans son désir d'enlever cette belle femme; car Poulomà, au beau sourire, avait été précédemment choisie par ce même Pouloman, mais son père l'avait ensuite donnée conformément à la loi, au brahmane Bhrigou; et l'offense qui a été commise contre lui reste toujours au cœur du Rakchas. Voilà l'occasion, pensa-t-il, et il eut l'intention de la saisir; mais, dans la demeure du Feu (dans le lieu où le solitaire entretenait le feu domestique), il aperçut Agni lui-même tout enflammé, le dieu de la bouche de qui est sorti le Véda. »

Alors le Rakchas interrogea le feu brûlant (et lui dit) : « Fais-moi connaître de qui elle est femme, ô Agni! je te le demande sincèrement; car tu es la bouche des dieux, parle, ô Feu! à celui qui t'interroge. En vérité elle a été choisie par moi pour épouse, cette femme; puis son père l'a donnée à Bhrigou, qui a commis une injustice (en l'acceptant). Si cette femme élégante, retirée ici dans la solitude, est épouse de Bhrigou, dis-le moi avec sincérité, car je veux l'enlever de cet ermitage. Voici que la colère est comme un feu dévorant dans mon cœur, parce que Bhrigou a obtenu cette femme à la taille élégante, qui auparavant devait être à moi! »

Saôti parle.

Ainsi le Rakchas sollicita Agni enflammé et incertain de ce qu'il devait répondre; à plusieurs reprises il l'interrogea touchant la femme de Bhrigou, en disant : « Toi, Agni, tu pénètres incessamment dans tous les êtres, tu es comme le témoin des bonnes actions et des péchés, dis-moi la vérité, ô toi qui sais tout! Elle fut jadis à moi, cette femme que Bhrigou a prise en commettant une injustice; si c'est bien elle, tu dois me le dire avec sincérité. Quand je l'aurai entendu de toi, j'enlèverai de l'ermitage la femme de Bhrigou, ô Agni! (toi de la bouche de qui est sorti le Véda), je te regarde, dis-moi une parole véridique. »

Saôti parle.

En entendant les paroles de ce Rakchas, le dieu aux sept flammes, Agni fut attristé, craignant (à la fois) de mentir et (de s'attirer) la malédiction de Bhrigou; il dit d'une voix lente.

Agni dit : « C'est là cette Poulomà choisie par toi auparavant, ô fils de Dânava, mais pourquoi ne l'avais-tu pas alors choisie d'après la loi, ainsi que l'indique le Véda? Son père l'a donnée à Bhrigou, cette Poulomà renommée; et parce qu'il convoitait le présent d'usage (non donné par toi), il ne t'a pas accordé cette fille grandement célèbre par sa beauté. Alors, par une œuvre conforme au Véda et à la loi, Bhrigou le richi l'a obtenue, et après m'avoir honoré, ô Dânava! Voilà ce que je sais touchant cette femme, et je n'oserais dire quelque chose de contraire à la vérité; car la vérité est toujours respectée dans le monde, ô toi le meilleur des Dânavas! »

III.

Ayant entendu ces paroles d'Agni, le Rakchas, sous la forme d'un sanglier, enleva Poulomà avec la rapidité du vent et de la pensée, ô brahmane! Et ce fruit, qui était contenu dans le sein de la mère, ô fils de Bhrigou, tomba de la place qu'il occupait par l'effet de l'indignation (que causa le Rakchas à Poulomà); voilà pourquoi il fut *Tchyavana* (glissant en bas); et dès qu'il vit l'enfant tombé du ventre de sa mère, étincelant comme Aditya, le Rakchas tomba réduit en cendres, après avoir laissé échapper Poulomà. Cette femme, à la taille élancée, s'enfuit, tenant dans ses bras ce Tchyavana, fils de Bhrigou, toute désolée, et Brahma lui-même la vit, lui qui est l'aïeul de tous les mondes; il la vit sanglotant et les yeux pleins de larmes, cette irréprochable épouse de Bhrigou.

Le bienheureux Brahma, père de tous les êtres, voulut consoler cette femme ; des larmes de la pieuse épouse il se forma une grande rivière, coulant dans la direction du chemin (qui conduit à la demeure) de l'austère Bhrigou; alors ayant vu la rivière produite par Poulomâ, et coulant dans la route, le créateur des mondes, le bienheureux Brahma l'appela *Badhousara* (rivière de la femme); et elle se dirigeait vers l'ermitage de Tchyavana.

Ainsi vint au monde ce Tchyavana, fils de Bhrigou, doué d'une grande splendeur; le mouni vit alors son enfant et sa mère excellente parmi les femmes; plein de colère, il interrogea son épouse Poulomâ.

Bhrigou dit : « Par qui as-tu été dénoncée à ce Rakchas, désireux de t'enlever? Car assurément il ne savait pas, ce Rakchas, que tu étais ma femme, ô toi dont le sourire est gracieux ! Dis-moi la vérité, car aujourd'hui même je veux maudire dans ma colère (le dénonciateur). Est-il quelqu'un qui ne tremble pas devant mes imprécations ! Par qui cette offense a-t-elle été commise ?

Poulomâ dit : « C'est Agni, ô bienheureux! qui m'a dénoncée au Rakchas, et le Rakchas m'a enlevée malgré mes cris, comme une brebis. Par l'éclat de ce fils (naissant), j'ai été délivrée, et le Rakchas réduit en cendres m'ayant lâchée, est tombé (anéanti). »

Saôti parle.

Ayant entendu ces paroles de Poulomâ, Bhrigou, transporté de colère, maudit le Feu dans sa fureur, en disant : « Tu seras celui qui dévore tout! »

IV.

Ainsi maudit par Bhrigou, (Agni) qui présente l'offrande aux dieux fut irrité, et dit cette parole : « Quel châtiment m'as-tu infligé, ô brahmane! Moi dont l'esprit s'applique à remplir les devoirs et qui parlais avec une entière sincérité, si j'ai répondu à des questions en disant la vérité, en quoi ai-je mal agi? Certes, le témoin que l'on interroge et qui donnerait un témoignage contraire à la vérité, détruirait ainsi dans sa propre famille sept générations d'ancêtres et de descendants; et celui qui, connaissant dans sa réalité le but d'une action, s'abstiendrait de le déclarer, celui-là, par cela même, s'entacherait aussi d'un péché : il n'y a là aucun doute. Je pourrais, moi aussi, te maudire; mais les brahmanes doivent être respectés par moi, et quoique tu le saches, ô brahmane, je te le dirai, écoute bien : par l'application (de mon être à beaucoup d'objets), m'étant fait multiforme, je me tiens dans les corps visibles, dans le perpétuel sacrifice du Feu, dans les sacrifices (en général), dans ceux qui ont lieu après la mort, et dans toutes les offrandes. Le beurre clarifié, répandu en oblation dans moi-même (sur le feu), d'après la loi prescrite par le Véda, c'est par lui que les dieux et les mânes des ancêtres sont réjouis; les eaux même sont des troupes de dieux; les eaux sont aussi les troupes des mânes.

Les sacrifices faits par ceux qui entretiennent le feu éternel à la nouvelle et à la pleine lune sont pour les Dévas et les Pitris. Les dieux sont des Pitris, et à cause de cela, les Pitris (les mânes des ancêtres) sont des dieux : confondus en une seule nature, ils se montrent aussi dans leur individualité aux jours de fêtes (qui leur sont propres). Or, les dieux et les mânes se nourrissent de ce qui est jeté en moi sous forme d'oblation ; pour cela, j'ai été dit bouche des dieux et des mânes. Car les Pitris à la nouvelle lune, les dieux à la pleine lune, reçoivent l'offrande et mangent le beurre clarifié présenté en oblation par ma bouche. Comment donc deviendrai-je *mangeant toute chose*, moi qui suis la bouche des divinités! »

Saôti parle.

Alors ayant réfléchi, Agni se contracta lui-même et (se retira du milieu) des sacrifices perpétuels offerts par les brahmanes, de toutes les autres cérémonies où l'on apporte l'offrande; par la cessation des sacrifices dans lesquels on prononce les mots mystiques *Om* et *Vachat*, par l'absence de ceux où l'on prononce les paroles *Swadhá* et *Swáhá*, que causa l'abandon d'Agni, les créatures furent toutes plongées dans une grande douleur. Alors aussi les richis attristés, étant allés vers les dieux, leur dirent :

« Par l'anéantissement d'Agni, d'où résulte la chute des sacrifices, les trois mondes sont en désordre, ô vous qui êtes sans péchés! Apprenez ce qu'il faut faire en cette occurrence pour qu'il n'y ait pas une destruction (générale causée) par la mort. »

Puis les richis, et (avec eux) les dieux, s'étant rendus près de Brahma, lui racontèrent la malédiction jetée sur Agni et sa retraite (du milieu) des sacrifices; ils disaient :
« C'est Bhrigou, ô bienheureux! qui a maudit Agni au milieu de ses œuvres; comment donc, étant la bouche des dieux, ayant sa part dans les sacrifices, mangeant les prémices et l'offrande, comment pourra-t-il être, dans les trois mondes, celui qui mange toute chose ? »

A ces mots, ayant appelé Agni, le créateur de l'univers lui dit cette parole douce, pleine de tendresse pour les êtres, et impérissable : « Les mondes ici-bas sont animés et détruits aussi par toi; tu soutiens les trois mondes; tu es l'agent principal dans les sacrifices; fais donc en sorte que les offrandes ne soient pas supprimées, ô maître du monde! Pourquoi, étant régulateur suprême des êtres, as-tu pu te troubler à ce point, ô toi dont les offrandes sont la nourriture! Tu es ce qui est pur, tu circules éternellement dans tous les êtres sur la terre. Non, tu ne seras pas celui qui mange toute chose, dans tout ton corps. Les étincelles (qui sortent) de la partie inférieure (de ta personne) dévoreront tout, ô Agni; ce corps (que tu possèdes), qui se nourrit de chair, celui-là dévorera tout; de même que toute chose touchée par les rayons du soleil devient pure, ainsi tout ce qui sera brûlé par tes flammes deviendra pur aussi. Toi, Agni, tu es l'éclat suprême, manifesté par sa propre puissance ; par l'éclat que tu tires de ton être, rends véridique cette malédiction du brahmane, ô immortel! prends par ta bouche l'offrande qui est la part propre des dieux. »

Saôti parle.

« Qu'il en soit ainsi : » répondit Agni au père des créatures, et il alla accomplir l'ordre du dieu suprême. Les dieux et les richis satisfaits s'en allèrent comme ils étaient venus, et les richis, comme auparavant, s'occupèrent à la célébration de tous les sacrifices. Dans le ciel, les dieux se réjouirent; les réunions d'êtres inférieurs (se réjouirent) sur la terre. Agni, délivré de (la malédiction attirée par) sa faute, éprouva aussi une grande joie.

Ainsi le bienheureux Agni fut frappé jadis d'une malédiction de la bouche de Bhrigou. C'est là l'ancienne légende historique composé à l'occasion de la malédiction d'Agni, de la destruction du Rakchas Pouloman, et de la naissance de Tchyavana.

V.

Saôti parle.

Ce Tchyavana, fils de Bhrigou, ô brahmane, eut à son tour de Soukanyà (son épouse) un fils magnanime, à l'éclat redoutable, nommé Pramati; ce Pramati eut de Ghritatchî un fils nommé Rourou, lequel aussi (par son mariage) avec Pramadvarà, donna le jour à Çounaka. Cette histoire de Rourou plein d'éclat, ô brahmane! je vais la raconter en détail; écoute-la donc complètement.

Il y avait autrefois un grand richi, austère et savant dans les livres saints, nommé Sthoulakéça, attentif au bien de tous les êtres; dans ce même temps, Ménakà eut commerce avec le roi des Gandharvas, nommé Viçwâvasou, ô richi! et l'Apsaras Ménakà abandonna, ô descendant de Bhrigou! l'enfant qu'elle avait mis au jour, à l'époque attendue, près de l'ermitage de Sthoulakéça. Or, après l'avoir laissé là, la courtisane céleste alla au bord de la rivière, ô brahmane! sans pitié et sans honte. La petite fille qui venait de naître, pareille à l'enfant d'un immortel, et comme brillante des dons de Lakchmî (qui préside à la fortune), le grand solitaire la vit abandonnée sur le bord de la rivière. Sthoulakéça, doué d'un grand éclat, ayant vu cette petite fille délaissée par ses parents dans la solitude, Sthoulakéça, le grand mouni, la prit, touché de compassion, et la nourrit.

Elle grandit et devint une belle femme dans le joli ermitage du brahmane.

Les calculs astronomiques qui ont lieu à la naissance et les autres cérémonies furent faites selon la loi, accomplies successivement (à mesure que l'enfant avançait en âge), par Sthoulakéça, le très vertueux et très célèbre richi; et comme elle était belle entre les plus belles femmes, douée de qualités morales et extérieures, le grand solitaire la nomma Pramadvarâ (excellente entre les belles). Rourou vit Pramadvarâ dans l'ermitage du solitaire, et il fut aussitôt blessé par l'amour, lui dont les actions sont vertueuses. Il fit déclarer ses intentions à son père, descendant de Bhrigou, par ses amis; et Pramati la demanda (pour son fils) au célèbre Sthoulakéça qui, (tenant lieu de) père à la jeune Pramadvarâ, l'accorda à Rourou. Puis on fixa le mariage au premier astérisme de la mansion de la lune, divinité qui préside à l'hyménée.

Or, à quelques jours de l'époque fixée pour le mariage, cette belle et vertueuse jeune fille, jouant avec ses compagnes, ne vit pas un serpent qui dormait profondément, étendu en travers devant elle, et elle posa le pied dessus, comme si elle eût été désireuse de mourir, poussée par le dieu de la mort!

Le serpent, excité aussi par ce dieu fatal, appliqua fortement ses dents tout imprégnées de poison sur le corps de la jeune étourdie. Mordue par ce reptile, elle tomba bien vite à terre, sans couleur, abandonnée par la fortune (qui lui souriait), privée de son éclat et sans vie; elle n'est plus un objet de joie pour les siens; elle est là, les cheveux épars, inanimée : ils ne peuvent la regarder, elle qui était si belle à voir! Elle est là comme endormie sur la terre, blessée (à mort) par le poison du serpent ; elle est plus ravissante encore, elle dont la taille est si délicate.

Son père l'aperçut, lui et les autres (richis) austères, sans vie, étendue sur le sol, pareille à un lotus : alors tous ces excellents brahmanes s'approchèrent, émus de compassion; c'étaient Swastyatréya, Mahadjanou, Kouçika, Çankhamékhala, Ouddalaka, Katou, Çwéta, Mahàyaças, Bharadwadja, Kaônakoutsya, Archtichéna, Gaôtama.

Pramati, son fils et les autres (anachorètes) retirés dans la forêt, ayant vu la jeune fille sans vie, tuée par le poison du serpent, pleurèrent émus de compassion; mais, dans sa douleur, Rourou s'en alla loin de ces lieux.

VI.

Saôti parle.

Ces brahmanes magnanimes étant assis là, Rourou se lamentait dans la forêt impénétrable, où il s'en était allé accablé de tristesse. Frappé de douleur, il exhale sa peine par des cris de désolation; se rappelant sa chère Pramadvarâ il dit dans son chagrin : « Elle dort sur la terre, cette jeune fille au corps délicat, qui cause ma douleur ! Quelle plus grande peine (peut-il y avoir) pour tous les siens ! Si j'ai fait l'aumône, si je me suis mortifié par des austérités, si mes gourous ont été convenablement respectés par moi, en récompense de ces actions que ma bien-aimée revienne à la vie; si j'ai été, depuis ma naissance, maître de mes sens et fidèle à mes observances, que Pramadvarâ se relève à l'instant! » Pendant qu'il se lamentait ainsi, accablé (de la mort) de sa fiancée, un envoyé céleste, s'approchant de Rourou au milieu de la forêt, lui dit :

L'envoyé céleste dit : « Les paroles que tu prononces dans ta douleur, ô Rourou! sont vaines, car la vie n'est plus, ô vertueux brahmane, dans le défunt dont les jours sont écoulés, et la somme des jours est finie pour cette pauvre fille du Gandharva et de l'Apsaras. Ainsi ne plonge pas ton esprit dans la douleur, en aucune manière; mais un moyen a été établi jadis par les dieux magnanimes, si tu veux l'employer, tu obtiendras de nouveau Pramadvarâ! »

Rourou dit : « Quel est ce moyen trouvé par les dieux? dis-le-moi sincèrement, ô toi qui marches à travers les cieux; après l'avoir appris, je l'emploierai; il faut que tu viennes à mon secours! »

L'envoyé céleste dit : « Cède la moitié de ta vie à cette jeune femme, ô fils de Bhrigou, et par là, se relèvera Pramadvarâ ton épouse, ô Rourou! »

Rourou dit : « Je donne la moitié de ma vie à la jeune fille, ô toi le meilleur de ceux qui vont dans les airs ! Tout ornée d'amour et de beauté, qu'elle se relève ma bien-aimée. »

Saôti parle.

Alors le roi des Gandharvas et l'envoyé céleste, tous deux excellents, s'approchèrent (du dieu de la mort Yama), roi de la justice, et lui dirent cette parole : « O Yama! que Pramadvarâ, femme de Rourou, ressuscite pleine de beauté avec la moitié de la vie (de son époux), bien qu'elle soit morte, si tu y consens! »

Yama dit : « Cette Pramadvarâ, femme de Rourou, si tu le désires pour elle, ô envoyé céleste! qu'elle se relève, ayant à vivre la moitié des jours de son époux. »

Saôti parle.

Cela étant dit, la jeune fille Pramadvarâ se releva comme endormie, elle qui est belle, avec la moitié de la vie de

Rourou, et l'on vit, dans la suite des temps, la moitié de l'existence de Rourou, doué d'un grand éclat et devenu très vieux, retranchée à cause (du sacrifice) fait pour sa femme.

Ensuite, au jour désiré, les parents des deux (fiancés) célébrèrent le mariage avec joie; et ceux-ci se réjouirent désirant d'être agréables l'un à l'autre; mais Rourou ayant eu enfin son épouse, difficile à obtenir, et belle comme les filaments qui ornent la fleur du lotus, fit un vœu touchant la destruction des serpents, lui dont les vœux sont justes. Tous les serpents qu'il a vus, dans sa colère mordante, il les tue autant que possible, portant sans cesse une arme avec lui.

Un jour, le brahmane Rourou alla dans une grande forêt, et il y vit un serpent de l'espèce Doundoubha, plein de jeunesse et endormi. Alors levant son bâton, pareil au sceptre du dieu de la mort, le brahmane désira le tuer dans sa fureur; mais le Doundoubha lui dit : « Je ne t'ai fait tout à l'heure aucune injure, ô toi riche en mortifications ! pourquoi, plein de colère et d'indignation, voudrais-tu me tuer? »

VII.

Rourou dit : « Ma femme, dont la vie ne fait qu'une avec la mienne, a été mordue par un serpent; à cette occasion, j'ai fait un vœu terrible dans mon aversion pour les serpents. Il faut que je tue chacun de ceux que je verrai; ainsi, je vais te donner la mort, et tu seras à l'instant délivré de la vie. »

Le Doundoubha dit : « Ce sont d'autres serpents, ceux

qui mordent, ô fier brahmane! Tu ne dois pas, à cause de la parenté, tuer les Doundoubhas qui ont un inconvénient commun (à tous les serpents) et l'avantage particulier (de ne pas mordre), qui souffrent d'un malheur commun (à toute leur famille, bien qu'ils aient) des qualités particulières, tu ne dois pas, en te conformant à la justice, les mettre à mort. »

Saôti parle.

Ayant entendu ces paroles du serpent, le richi Rourou réfléchit et ne tua pas le Doundoubha, tout agité par la frayeur. Le bienheureux brahmane lui dit presque en le flattant : « Qu'il te plaise me faire connaître qui tu es, toi qui as subi ce changement de nature? »

Le Doundoubha dit : « Jadis j'étais, ô Rourou! un richi nommé Sahasrapàt (aux mille pieds); par l'effet de la malédiction d'un brahmane, je suis descendu à la condition de serpent. »

Rourou dit : « Pourquoi t'a-t-il maudit dans sa colère, ce deux fois né? ô toi le meilleur des serpents! Et combien de temps ce corps de reptile sera-t-il le tien? »

VIII.

Le Doundoubha dit : « Jadis j'eus pour compagnon un brahmane comme moi, appelé Khagama; il était attentif à ses paroles, et doué d'une grande puissance par l'effet des mortifications. Dans mon enfance, en jouant je fis un serpent avec de l'herbe, et lui qui était occupé à maintenir le feu sacré, effrayé à la vue du reptile, il s'évanouit. Après qu'il eut repris ses sens, il me dit ce brahmane, riche en

mortifications, comme tout brûlant de colère, véridique
dans ses paroles, attentif aux observances religieuses : « Autant tu t'es efforcé de faire ce serpent pour me causer de la
frayeur, autant je m'efforce à te faire devenir serpent par
ma malédiction! »

Et moi, connaissant la puissance que lui donnait la pratique des mortifications, ô brahmane, puissant par tes observances! je sentis un grand trouble dans mon cœur, et je
lui dis, tout courbé vers lui par l'effet de l'abattement, les
mains jointes et debout : « Tu es mon ami; je voulais rire
quand je t'ai fait cette plaisanterie! Tu dois me la passer, ô
brahmane! Tu dois rétracter ta malédiction. » Et, voyant le
trouble de mon esprit, l'ascète épouvanté lui-même poussa
un soupir long et brûlant; puis il me dit : « En aucune
façon ce que j'ai dit ne sera sans effet; mais écoute les paroles que je te ferai entendre, ô toi dont les mortifications
sont abondantes! et, après les avoir entendues, qu'elles
soient toujours présentes à ton souvenir, ô toi qui es pur!
Il sortira de Pramati un fils, un brahmane sans souillure du
nom de Rourou; quand tu l'auras vu, la délivrance de la
malédiction aura lieu pour toi, et cela ne tardera pas. » Toi,
tu es précisément ce Rourou, le fils de Pramati; moi, quand
j'aurai recouvré la forme qui m'est propre, je te dirai une
parole utile.

Alors le brahmane, quittant sa forme de Doundoubha,
reprit sa forme brillante, lui dont la renommée est grande,
et dit ces paroles à Rourou doué d'un éclat incomparable :
« Ne pas tuer est le premier devoir, ô toi le meilleur des
êtres vivants! Ainsi, qu'un brahmane ne tue aucune créature vivante! le brahmane sera doux aussi; tel est l'axiome
suprême des préceptes révélés! Qu'il ait lu les Védas et les

Védangas, qu'il se garde d'être un sujet de crainte pour aucun être; ne pas tuer, dire la vérité, être patient....., telles sont les règles invariables. Le premier devoir du brahmane est la ferme pratique du Véda; que le devoir du Kchatrya, (chargé de la guerre) ne soit pas envié par toi! Tenir le sceptre (pour régner et punir), être terrible, veiller avec soin à la garde des sujets, c'est là le devoir du Kchatrya; écoute-moi bien, ô Rourou! Jadis dans le sacrifice fait par Djanamedjaya, la destruction des serpents (était arrêtée), mais la protection des Nagas épouvantés vint d'un brahmane, doué de puissance et d'énergie par suite de ses austérités, versé dans la lecture des Védas et des Védangas, (elle vint) d'Astîka, chef des deux fois nés, à l'occasion du sacrifice des serpents, ô toi le meilleur de brahmanes! »

IX.

Rourou dit : « Pourquoi détruisait-il les serpents, le roi Djanamedjaya ? pour quelle cause les serpents périssaient-ils dans le sacrifice, ô toi le meilleur des deux fois nés? Pourquoi les serpents furent-ils délivrés par le prudent Astîka, ô excellent brahmane ? Je désire entendre toutes ces choses complètement. »

Le Doundoubha, redevenu richi, dit : « Tu entendras le grand récit des actions d'Astîka, ô Rourou! lequel a été fait par les brahmanes. » Et à ces mots, il disparut.

Saôti parle.

Rourou alors se mit à parcourir la forêt en tous sens ; il chercha ce richi perdu, et épuisé de fatigue, il tomba à terre.

Dans cet évanouissement profond, il était comme privé de ses sens, et réfléchissait sans cesse aux véridiques paroles du richi : puis ayant repris connaissance, Rourou alla vers son père, et lui raconta ce qui s'était passé; et son père, interrogé (par lui), répéta toute cette histoire.

ASTIKAPARVA.

ASTIKAPARVA.

(Vol. 1.er, p. 37--80, vers 1020--2197.)

I.

Çaônaka dit : « Pourquoi le puissant roi Djanamedjaya voulut-il faire périr les serpents dans le sacrifice des serpents? fais-moi-le connaître complètement, ô Saôti, dans la réalité, sans en rien omettre ; et Astîka, le meilleur des brahmanes, de ceux qui récitent les prières, pourquoi délivra-t-il les serpents du feu tout enflammé? De qui était fils le roi qui entreprit ce *sarpasatra*, et ce solitaire, le meilleur d'entre ceux qui appartiennent aux castes régénérées, de qui était-il fils? Explique-moi tout cela. »

Saôti dit : « Cette grande légende d'Astîka, telle qu'elle est racontée, ô deux fois né, écoute-la (de ma bouche), tout entière et jusqu'au bout, ô toi le meilleur de ceux qui parlent! »

Çaônaka dit : « Je désire entendre en son entier cette agréable histoire d'Astîka, brahmane (cité dans) les pouranas et célèbre (dans le monde). »

Saôti parle.

« Cette légende antique qui circule parmi les brahmanes a été racontée par Krichnadwaïpâyana (Vyasa) aux (sages) retirés dans la forêt Naïmicha; autrefois pressé de questions, mon père Soûta, fils de Lomaharchana, disciple de Vyasa, surnommé Medhavi, en a fait le récit aux brahmanes; et moi, l'ayant recueillie de sa bouche, je raconterai cette légende d'Astîka telle qu'elle est, à toi qui me la demandes, ô Çaônaka! Je raconterai, sans en rien omettre, cette histoire qui détruit les péchés. »

Le père d'Astîka fut un homme éminent, pareil au maître des créatures, pur, sobre dans sa nourriture, toujours plongé dans de rudes austérités, vivant dans une chasteté perpétuelle, voué à de grandes mortifications, nommé Djaratkâroû. Ce sage, le plus excellent des Yàyàvaras (de ceux qui conservent le feu domestique) instruit dans ses devoirs, ferme dans ses vœux, comblé des dons de la fortune, doué d'une grande puissance par l'effet de ses austérités, marcha par toute la terre (et vint) là où est le mouni Sayamgriha (dont la demeure est à l'ouest); se baignant à tous les étangs consacrés, il erre partout et accomplit toutes les pratiques et les austérités difficiles à ceux qui n'ont pas dompté leurs sens, acquiérant par là un grand éclat. Vivant d'air, s'imposant des jeûnes, tout desséché (par l'abstinence), ce mouni, les yeux ouverts et immobiles, erre çà et là pareil à un feu brûlant;

marchant au hasard, il rencontra dans un certain endroit ses propres aïeux suspendus en un grand trou, les pieds en haut, la tête en bas; et ayant aperçu ses aïeux, Djarathkârou dit: « Qui êtes-vous, vous qui êtes suspendus dans cette grande cavité la tête en bas, attachés à un faisceau d'herbe *vîrana*, que ronge complètement tout autour un rat caché, habitant toujours dans ce trou? »

Les aïeux répondirent : « Nous sommes les Yâyâvaras, (nous sommes) des richis affermis dans les pratiques pieuses, et par l'effet de la destruction de notre postérité, ô brahmane! nous allons en bas sous la terre. Nous avons un descendant connu sous le nom de Djaratkârou, nous qui sommes abandonnés au malheur, un fils misérable uniquement occupé de mortifications. Il ne veut pas, dans sa folle ignorance, prendre une femme pour donner le jour à des enfants; et nous voilà suspendus dans ce trou, par l'anéantissement de notre postérité, comme des malfaiteurs, à cause de celui qui devrait nous secourir et qui ne vient pas à notre aide. Qui es-tu, ô excellent homme! toi qui prends intérêt à notre peine, comme un parent? Nous désirons savoir qui tu es, toi qui te tiens ici près de nous, et pourquoi tu prends pitié de nos souffrances, ô homme excellent! »

Djaratkârou dit : « Vous êtes vous-mêmes mes pères et mes aïeux ! Dites, que dois-je faire, je suis Djaratkârou lui-même! »

Les aïeux dirent : « Fais tous tes efforts pour tâcher de donner une descendance à notre famille, dans ton propre intérêt et dans notre intérêt à nous; tel est ton devoir, ô brahmane! car ce n'est ni par les fruits des observances religieuses, ni par des mortifications bien accumulées que l'on obtient d'aller là où parviennent ceux qui ont des enfants.

Occupe-toi donc attentivement de prendre une femme et d'avoir une postérité, ô notre fils, et cela d'après notre injonction; car ce sera pour nous la chose la plus désirable. »

Djaratkàrou dit : « Je ne prendrai point une femme ; je ne (chercherai) point la richesse dans l'intérêt de mon existence; mais dans votre intérêt à vous (qui êtes morts), je choisirai une épouse. C'est à une condition que je le ferai, après avoir accompli les ordres de la loi, et, si je puis réussir, je le ferai, et non autrement : c'est à condition que ce sera une femme du même nom que moi, et accordée de bon cœur par ses parents. Je recevrai cette jeune fille comme une aumône, d'après les rites; à moi, qui suis pauvre, qui donnera jamais une épouse? Je l'accepterai donc comme une aumône, si quelqu'un me la présente. Ainsi je m'appliquerai à la recherche d'une femme, ô mes aïeux! et c'est de cette façon que je suis décidé à le faire, et non autrement : par là sera produit un être qui puisse vous faire traverser (au-delà de cette série de malheurs), et alors, occupant une place éternelle (et meilleure), vous serez réjouis, ô mes aïeux! »

II.

Saôti parle.

Ensuite le brahmane, ferme dans ses observances ainsi que dans sa conduite, marche dans le monde à la recherche d'une femme, et il n'y en trouve pas; étant allé en une certaine forêt, le richi plein du souvenir des paroles de ses ancêtres, se met à crier trois fois et lentement, demandant l'aumône d'une femme. Vâsouki se leva et lui offrit sa sœur, mais il ne l'accepta pas, se disant à lui-même : « Elle n'a pas le même nom que moi; si l'on m'offre une femme ayant le même nom que moi, je la prendrai »; car la pensée du magnanime Djaratkârou était fixe sur ce point. Cependant le richi, avancé dans l'étude et les austérités, dit à Vâsouki : « Quel est le nom de cette jeune fille, ta sœur, dis-le-moi avec sincérité, ô serpent! »

Vâsouki dit : « O Djaratkârou! Djaratkârou est aussi le nom de ma jeune sœur que voici; prends-la pour épouse, cette femme à la taille élégante, donnée par moi; elle t'a été réservée d'avance; nous le désirons, ô excellent brahmane! »

Ayant ainsi parlé, il lui donna la belle femme pour épouse, et lui la prit, accomplissant ainsi une œuvre recommandée par la loi.

III.

Saôti parle.

Les serpents jadis avaient été maudits par leur mère, ô toi le meilleur de ceux qui lisent le Véda! (elle avait dit) : « Dans le sacrifice de Djanamedjaya, (le Feu), qui a le vent pour cocher, vous dévorera. » Afin de calmer l'effet de cette malédiction, le roi des serpents (Vâsouki) donna sa sœur à ce richi magnanime, dont les observances religieuses sont bien remplies; et lui, il la reçut en s'acquittant ainsi d'une œuvre commandée par la loi. De cette femme naquit un fils du nom d'Astîka, à l'esprit élevé, puissant par ses austérités, magnanime, versé dans la lecture des Védas et des Védangas, le même à l'égard de tous les êtres, et né pour faire cesser la crainte de ses aïeux.

Alors, après un long temps, le roi, fils de Pândou, entreprit le grand sacrifice des serpents, ainsi dit l'écriture. Or ce sacrifice ayant lieu dans le but de la destruction des Nagas, Astika, dont les mortifications sont très grandes, délivra ceux-ci; (il sauva) ses frères, ses oncles maternels, et les autres serpents; et ses aïeux, il les fit passer (dans une condition meilleure), en leur donnant une descendance et par l'effet des austérités (qui furent la source de sa puissance). Il s'acquitta de toutes ses dettes (envers le ciel et la terre) par des observances diverses et par la lecture des livres saints, ô brahmane! Il réjouit les dieux par des sacrifices accomplis dans diverses intentions, les richis par la manière dont il se livra aux études religieuses, et ses ancêtres en leur donnant une postérité. Ayant soulevé le poids pesant (sous lequel gémissaient les mânes) de ses aïeux, Djaratkârou, fidèle à ses vœux, alla dans le ciel avec ses ancêtres : le mouni Djaratkârou, ayant obtenu un fils qui était Astîka et le mérite suprême, fruit de ses œuvres pieuses, arriva au ciel, après (avoir vécu) très longtemps.

« Voilà quelle est la légende d'Astika, racontée par moi; dis, ô descendant de Bhrigou! quelle autre te ferai-je entendre? »

IV.

Çaônaka dit : « O Saôti! raconte de nouveau et en détail cette histoire du sage Astîka, chantre inspiré; car nous avons un grand désir de l'entendre; car tu dis des stances dont les syllabes sont douces et coulantes, ô (conteur) agréable. Nous sommes grandement satisfaits; tu racontes comme ton père, et ton père a toujours montré de l'empressement à nous conter ce qui nous était agréable; répète-nous donc cette légende telle que te l'a apprise ton père. »

Saôti parle.

« O vieillard! cette légende d'Astîka, je te la **raconterai** telle que je l'ai entendue de la bouche de mon père. »

Dans un âge divin, antérieur à celui-ci, Pradjâpati, (le maître des créatures), ô brahmane! eut deux filles fortunées ; les deux sœurs étaient douées d'une grande beauté, et toutes deux merveilleuses, ô homme sans péché! Kadroû et Vinatâ (ce sont leurs noms) devinrent épouses de Kacyapa; l'époux, pareil au maître des créatures, Kacyapa, plein d'affection pour ses deux femmes légitimes et grandement réjoui par elles, leur fit un don (a chacune); et quant elles eurent appris le don généreux et excellent accordé par Kacyapa, ces deux femmes choisies en conçurent, par l'effet de la joie, une extrême tendresse pour lui.

Kadroû choisit (d'avoir) pour fils mille serpents pareils entre eux; Vinatâ demanda pour sa part deux fils supérieurs en force à ceux de Kadroû (sa sœur), supérieurs aussi par l'éclat, la forme du corps et la puissance d'action. Kacyapa lui accorda le don, la progéniture ardemment désirée.

« Qu'il en soit ainsi, » dit alors Vinatâ à son époux ; et, après avoir obtenu le don demandé, elle fut réjouie.

Vinatâ, dont les désirs étaient remplis, ayant donc obtenu deux enfants doués de forces supérieures, et Kadroû mille serpents égaux entre eux, Kacyapa, voué à de grandes austérités, dit : « Que les fruits (que vous portez) soient gardés avec soin! » Ainsi dit-il aux deux femmes satisfaites de leur partage, et il entra dans forêt.

Saôti parle.

Après un long temps, Kadroû mit au jour mille œufs, ô brahmane! et Vinatà en eut deux. Les suivantes très joyeuses déposèrent les œufs des deux femmes dans des vases chauffés par dessous, durant cinq cents ans. Après les cinq cents ans écoulés, les enfants de Kadroû sortirent, mais le double œuf de Vinatà ne produisait rien. Alors, dans son désir d'avoir des enfants, la divine et austère Vinatà toute honteuse brisa l'œuf et vit un fils ayant la partie supérieure du corps bien formée, mais la partie inférieure ne se montrait pas.

Ce fils, transporté de fureur, la maudit, ainsi le rapporte la tradition, en disant : « Puisque, par l'effet de ton impatient désir, j'ai été ainsi fait, ô ma mère! avec un corps incomplet, tu deviendras esclave pendant cinq cents ans de celle que tu désirais surpasser, mais ton autre fils te délivrera de l'esclavage, ô ma mère! si tu ne le rends pas, en brisant l'œuf, semblable à moi, privé de ses membres et imparfait, lui (qui doit être) glorieux. L'intervalle de temps (d'ici à l'accomplissement) des cinq cents années jusqu'à sa naissance, doit être patiemment respecté par toi qui désires pour lui une force toute particulière. »

Ayant ainsi maudit sa mère Vinatà, ce fils s'en alla dans l'espace; c'est Arounà, ô brahmane! qui paraît toujours à l'aurore; assis devant le char du soleil, il remplit là le rôle de cocher. Ensuite naquit en son temps Garouda qui mange les serpents; dès l'instant de sa naissance, ayant abandonné sa mère Vinatà, il entra dans les airs, et y mangea la nourriture qui devait être dévorée par lui, celle que lui avait assignée le créateur, ô fils de Bhrigou ! lui toujours affamé, lui le roi des oiseaux.

V.

Saôti parle.

En ce même temps, ô brahmane riche en mortifications ! les deux sœurs virent auprès d'elles Outchtchaïçravas, (le cheval d'Indra, aux longues oreilles), qui s'avançait, et les troupes des divinités inférieures honoraient cet animal beau à voir, cette excellente perle des chevaux née du barattement de l'ambroisie, ce cheval sans égal dans les trois mondes, aux forces actives, exempt de vieillesse, fortuné, divin, respectable par tous les signes (de perfection).

Çaônaka dit : « Raconte-moi comment et en quel endroit avait été barattée par les dieux cette ambroisie dans laquelle naquit ce roi des chevaux, doué d'une grande force et d'une grande splendeur ? »

Saôti parle.

Sur le mont Mérou enflammé, tout environné d'éclat, sans égal dans le monde, qui fait honte à la lumière du soleil avec ses pics étincelants d'or, ayant l'or pour ornement, varié dans son aspect, recherché des dieux et des Gandharvas, incommensurable, que ne peuvent dompter les hommes chargés de beaucoup d'actions perverses, traversé par des bêtes terribles, tout illuminé de plantes (aux vertus) divines; immense montagne s'élevant dans sa hauteur au milieu du ciel qu'elle remplit, qu'aucune autre ne surpasse même par la pensée, recélant des rivières et des forêts, résonnant du chant de troupes d'oiseaux divers agréables à entendre ; sur le sommet du mont Mérou, (sur ce sommet) fortuné, couvert de nombreux diamants, presque sans bornes, lancé dans l'espace, tous les Souras, doués d'une grande puissance, montèrent ensemble. Les habitants des cieux, attachés aux observances et aux austérités, étant assemblés et assis sur le Mérou, se mirent à délibérer touchant l'ambroisie.

Alors le dieu Nârâyana dit à Brahma : « Réfléchis et tiens conseil avec tous les Souras ensemble; la mer, réceptacle des eaux, doit être barattée par les dieux et les Asouras, et l'ambroisie se trouvera dans l'océan baratté. Toutes les plantes annuelles et toutes les pierres précieuses (de la montagne) étant rassemblées en un même point, alors, ô dieux, barattez la mer, et vous saurez (ce qu'est) l'ambroisie. »

VI.

Saôti parle.

Ensuite cette montagne, la meilleure de toutes, embellie de sommets aigus que l'on prendrait pour ceux des nuages, le Mandara, rendu impénétrable par une foule de plantes rampantes, et bruyant par les cris de divers oiseaux, troublé (dans son silence) par bien des bêtes féroces, recherché des Kinnaras (serviteurs de Kouvéra), des Apsaras, (courtisannes célestes), et des dieux même, élevé jusqu'à onze mille *yodjanas*, enfoncé sous terre de onze mille mesures pareilles; les troupes de Dévas réunies ne purent le soulever; et étant allés trouver Vichnou qui était avec Brahma assis (dans le ciel), ils lui dirent : « Vous deux, ayez une pensée dont le but sera la béatitude finale, faites effort, dans notre intérêt, pour soulever le mont Mandara. »

« Il en sera ainsi : » répondit Vichnou qui était avec Brahma, ô fils de Bhrigou ! et le dieu aux yeux de lotus, aux conceptions immenses, suscita le roi des serpents, Ananta. Alors le puissant Ananta se leva excité par (la voix) de Brahma et appelé pour cette œuvre par Nârâyana; le serpent, doué d'une grande force, ô brahmane! saisit par sa vigueur la reine des montagnes avec les forêts et les habitants des forêts. Aussitôt les Souras se tinrent avec le mont Mandara au-dessus de l'océan, et ils dirent à Ananta : « Nous allons agiter l'eau dans le but de produire l'ambroisie. »

Le dieu des eaux, Varouna dit : « Qu'il y en ait une part pour moi; car c'est moi qui supporte l'immense frottement produit par le mouvement circulaire de la montagne. » Les Souras et les Asouras dirent aussi à la reine des tortues (habitant) dans la mer : « O toi, tu dois être le point d'appui sur lequel posera la montagne. » Et la tortue ayant consenti, Indra agita violemment, au moyen de cette disposition, le Mandara placé sur le dos de la tortue, et appuyé sur elle.

Ayant donc fait un bâton à baratter de cette montagne et une corde du serpent Vâsouki, les dieux se mirent à battre le réceptacle des eaux.

Ainsi jadis, ô brahmane! les Souras et les Dânavas, pour obtenir l'ambroisie, s'attachèrent ensemble à l'une des extrémités du roi des serpents, et les immortels réunis sont tous là où est la queue; Ananta se tenait où est le bienheureux et divin Nârâyana (Vichnou), qui attirant la tête du serpent Vâsouki, la lâcha ensuite à plusieurs reprises. De la tête de Vâsouki, ainsi tirée rapidement par les Souras, il sortit à pleine bouche un vent mêlé de fumée et de flammes. Cette masse de vapeurs devint une masse de nuages pleins d'éclairs, tombant en pluie sur les Souras harassés de fatigue et de chaleur. De la pointe du sommet de la montagne se répandirent des pluies de fleurs qui couvrirent entièrement les troupes des Souras et des Asouras. Il y eut aussi un grand bruit pareil à celui d'un gros nuage (où la foudre éclate) dans l'océan que les Souras et les Asouras barattaient, au moyen du mont Mandara ; là aussi bien des animaux habitants des eaux, broyés par la grande montagne, s'en allèrent ensemble dans la destruction, par centaines, à travers l'océan, et les êtres d'espèces diverses, soumis à Varouna, la montagne, posée sur le sol de l'enfer, les envoya dans l'annihilation.

Dans cette secousse imprimée à la montagne, les grands arbres qui supportent les oiseaux roulèrent du haut des cîmes, se broyant l'un l'autre; et le feu, produit par leur frottement, éclatant en flammes multipliées, enveloppa, comme sous des éclairs, le mont Mandara aux nuages bleus. Il consuma les éléphants et les lions cherchant à fuir, et tous les êtres quelconques en proie au vertige; ce feu qui dévorait tout çà et là, le meilleur des immortels, Indra l'apaisa complètement avec la pluie produite par les nuées.

Alors coulèrent dans le réceptacle de l'océan les sucs divers des grands arbres et les nombreuses exsudations des plantes; par ce lait (produit) des sucs, ayant la puissance de former l'ambroisie (amrita), les Souras acquirent la qualité d'immortels (amaratwam), comme aussi par l'écume de l'or (liquéfié, coulant des cimes de la montagne) : ainsi l'eau produite par cette mer (barattée) fut un lait qui, mêlé aux sucs les plus excellents, de lait devint un liquide pareil au beurre clarifié.

Alors les dieux dirent à Brahma, dispensateur des dons, assis (dans le ciel) : « Nous sommes bien fatigués, ô Brahma! et l'ambroisie n'est pas encore produite. Tous les dieux et les Dânavas (sont las), à l'exception du dieu Nârâyana, et il est depuis bien longtemps commencé, ce travail (qui consiste à) baratter l'océan. »

Brahma dit aussitôt au dieu Nârâyana (Vichnou) : « Ajoute ta force dont dépend le succès (de l'entreprise) à celle des autres (divinités), ô Vichnou! »

Vichnou dit : « Je donne ma force pour l'œuvre à laquelle ils sont tous occupés; l'océan doit être baratté par nous tous, et le mont Mandara agité dans un mouvement circulaire. »

Saôti parle.

Ayant entendu les paroles du dieu Nârâyana, pleins de force, tous ensemble ils se mirent à battre de nouveau et avec violence le lait de l'océan. Alors, de la mer ainsi barattée, sortit Soma (la lune) aux cent mille rayons, dont l'essence est la placidité et qui illumine avec un éclat sans chaleur. Ensuite de ce liquide naquit la déesse Lakchmî (la fortune), vêtue de jaune; Sourâdévi naquit, et après elle le cheval Pândara (de couleur jaunâtre); le divin joyau, nommé Kaostoubha, sortit aussi, formé de ce lait, (diamant) fortuné qui répand des rayons brillants, et est allé se placer sur la poitrine de Nârâyana; Lakchmî, Sourâdévi, Soma et le cheval rapide comme la pensée s'en allèrent ensuite du côté des dieux, s'étant dirigés vers la route que suit le soleil.

Le divin Dhanwantari (médecin des dieux) revêtu de la forme humaine, parut enfin, tenant un pot blanc dans lequel est l'ambroisie; à la vue de ce merveilleux prodige, il s'éleva un grand bruit parmi les Dânavas qui criaient à l'occasion de l'ambroisie : « Elle est pour moi! »

Ensuite le grand éléphant Aïrâvana, au corps énorme, naquit avec ses quatre dents blanches, lui qui supporte (le dieu, maître de) la foudre; après lui sortit de cette excessive agitation de la mer barattée le poison Kalakoûta, (capable de détruire le dieu de la mort), enveloppant le monde tout d'un coup, comme un feu brûlant mêlé de fumée; mais les trois mondes étant troublés, après en avoir senti l'odeur, à la voix de Brahma, Civa l'avala pour conserver les êtres (menacés). Le bienheureux Mahadéva, qui a pour expression le *Mantra*, (l'hymne et la prière), déposa ce poison dans sa gorge, et depuis lors il est appelé *Nilakandha* (à la gorge bleue); ainsi le rapporte la tradition.

A la vue de ces prodiges, les Dânavas là présents, tout désespérés, conçurent une grande haine (contre les dieux) à l'occasion de Lakchmî et de l'ambroisie (retirées vers eux); mais Nàrâyana, se cachant sous une forme illusoire propre à fasciner, et ayant fait une merveilleuse image de femme, alla prendre place du côté des Dânavas; alors cette ambroisie, les Dânavas et les Daïtyas, troublés par la passion, la donnèrent tous à cette femme, eux dont les pensées se tournaient vers elle.

VII.

Saôti parle.

Aussitôt, ayant pris leurs meilleures cuirasses et leurs armes diverses, les Daïtyas et les Dânavas coururent tous ensemble contre les Dévas; mais saisissant cette ambroisie, le divin Vichnou plein de puissance, aidé de l'esprit impérissable répandu dans les mondes, l'arracha au chef des

Dânavas. Alors les troupes entières des Dévas burent cette ambroisie regagnée par Vichnou, durant le tumultueux désordre; et pendant ce temps, tandis que les dieux buvaient l'ambroisie désirée, le Dânava Râhou, (caché) sous la ofrme d'un Déva, vint boire aussi. Mais l'ambroisie étant arrivée en descendant jusqu'à la gorge du Dânava, Tchandra et Soûrya (la lune et le soleil) le dénoncèrent, dans le but de plaire aux dieux.

Aussitôt le bienheureux Vichnou coupa la tête embellie d'ornements du Dânava qui buvait l'ambroisie, avec le *tchakra* qui est son arme, avec le disque qui est sa splendeur; la grande tête du Dânava, pareille à la cime des montagnes, tranchée par le disque, bondit vers le ciel, avec un bruit épouvantable : le corps colossal du Daïtya tomba sur la terre, l'ébranlant tout entière, avec les montagnes, les forêts et les îles. Dès lors s'établit une grande et éternelle inimitié entre la tête de Râhou et les deux divinités, le soleil et la lune ; même encore aujourd'hui il les ronge l'une et l'autre (au temps des éclipses); et le bienheureux Nârâyana ayant abandonné la figure de femme incomparable (sous laquelle il était caché) fit trembler les Dânavas par diverses armes redoutables.

Alors eut lieu près de l'océan un grand combat, le plus terrible de tous, entre les Souras et les Asouras ; des javelots dentelés, énormes et acérés tombèrent par milliers, ainsi que des lances aiguisées et des armes diverses; les Asouras, percés par les disques, vomirent du sang en abondance ; blessés et meurtris par les glaives, les piques et les massues, ils roulèrent sur la terre; tranchées par des haches terribles dans la mêlée, leurs têtes, ornées d'un or brûlant, tombèrent sans cesse : les grands Asouras tués et le corps couvert de sang gisaient là, pareils à des sommets de montagne rougis par les métaux.

Là aussi il y eut par milliers des cris, des exclamations de ceux qui se faisaient les uns aux autres de larges blessures, et le soleil était ensanglanté ; dans ce combat où l'on se frappe mutuellement avec des épieux ferrés et aigus, de près avec les poings, il se fit un bruit qui se répandit partout jusque dans le ciel : « Coupe !... tranche !... cours !... marche !.. avance !.. » Tels sont les cris grandement terribles que l'on entend de tous côtés.

Tandis qu'avait lieu ce combat tumultueux et épouvantable, Nara et Nârâyana, (manifestations de Vichnou), êtres divins, arrivèrent aussi dans la mêlée ; et là, ayant vu l'arc surnaturel de Nara, le bienheureux Vichnou lui-même pensa au disque qui détruit les Dânavas. Au même instant, du haut du ciel, il lança cette arme arrivée près de lui par le seul effet de la pensée, et grandement brillante, feu qui dévore les ennemis, pareille au soleil, disque sans repos, nommé *Soudarçana* (beau à voir), et terrible à regarder dans la mêlée.

Vichnou, aux bras d'éléphant, lâcha l'arme redoutable arrivée sous sa main, semblable au dieu qui dévore l'offrande enflammée, irrésistible, éclatante, capable de détruire les villes ennemies ; lui, dieu terrible dans sa rapidité. Pareil par ses flammes au feu brûlant qui dévore (le monde à la fin d'un âge), il passe et repasse encore avec vélocité ; il déchire par milliers les enfants de Diti et de Danou, (ce disque) mis en mouvement dans la bataille par le maître des dieux ; brûlant comme une flamme ardente qui lèche sa proie, il tourmente à l'excès les troupes des Asouras ; lancé en avant dans le ciel, à plusieurs reprises, il but le sang sur la terre, dans le champ de bataille, comme un Piçatcha (vampire).

A leur tour, les Asouras exaltés déchirent, avec des montagnes (lancées contre eux), les troupes des Souras à plusieurs reprises : pleins de force et pareils aux étincelles échappées de la nue, ils escaladent le ciel par milliers. Alors du haut du ciel, de grandes montagnes effrayantes, chargées d'arbres, ayant la forme de nuages de toute espèce, se choquent les unes les autres violemment, avec bruit; les parties planes, les pics se confondent dans ce désordre universel; la terre est déviée de sa route, avec les forêts qui la couronnent, froissée de tous côtés par la chute des grands monts qui se heurtent avec un bruit pareil à la foudre et souvent répété dans cette mêlée qui en est toute sillonnée.

Nara enveloppa complètement la voie du ciel de ses larges flèches ornées d'une excellente pointe d'or, et il déchira les sommets des montagnes de ses traits ailés, dans le terrible combat contre les troupes d'Asouras. Dans la terre, dans les eaux salées de l'océan, les grands Asouras pénétrèrent, harcelés par les Souras, quand ils apprirent l'arrivée au ciel du disque, plein de colère, pareil à Agni qui dévore l'offrande dans la flamme.

Les Asouras ayant obtenu la victoire firent aller de nouveau dans sa place le mont Mandara, objet de leur respect, et, après avoir résonné dans le ciel et dans l'air, les nuages s'en retournèrent jusqu'au dernier, comme ils étaient venus.

Les Souras cachèrent bien l'ambroisie, remplis d'une grande et suprême joie, et Indra, avec les immortels, en confia le dépôt à Vichnou, le dieu qui porte une crête.

VIII.

Saôti parle.

« Je t'ai raconté en détail toute l'histoire de l'océan baratté pour l'ambroisie, dans laquelle naquit ce cheval fortuné, doué d'une force incomparable. »

Kadroû ayant appris (sa venue) dit à Vinatâ sa sœur : « Ce cheval Outchtchaïçrava, de quelle couleur est-il? dis-le-moi vite, ô bienheureuse! »

Vinatâ répondit : « Il est blanc, ce roi des chevaux ; de quelle couleur penses-tu qu'il soit? ô toi qui es belle! Dis-le vite aussi, et faisons un pari! » Kadroû reprit : « La queue de ce cheval me semble noire, ô toi dont le sourire est gracieux! fais avec moi un pari, dans lequel la perdante sera l'esclave de l'autre. »

Saôti parle.

Ayant fait cette convention de devenir (par la perte du pari) esclave l'une de l'autre, elles s'en allèrent toutes deux chez elles, en disant : « demain nous verrons. » Et alors Kadroû, désireuse de gagner (même) d'une manière illicite, donna cet ordre à ses mille fils : « Vous étant transformés en une masse de crins noirs comme la nuit, allez vite vous glisser derrière ce cheval, de manière que je ne devienne pas esclave! »

Et comme les serpents ses fils ne se disposent pas à obéir à sa voix, elle les maudit en disant : « Le Feu vous dévorera durant l'accomplissement du sacrifice fait par le grand et sage Djanamedjaya, descendant de Pândou! »

Brahma lui-même, tout-à-fait par hasard, entendit cette malédiction très cruelle lancée par Kadroû, et d'accord avec tous les dieux, il lui exprima son assentiment, dans l'intérêt du bien des créatures; car il a vu la multiplicité des serpents. « Certes (dit-il), ils sont armés d'un poison bien mordant ; ils sont pervers et doués d'une grande force ; à cause de ce venin brûlant qu'ils ont en eux, et pour le bien des êtres créés, elle est juste, la conduite de leur mère, à l'égard de ces reptiles qui recherchent le mal d'autrui; car ils ont toujours en vue de faire tort aux autres créatures douées de qualités. C'est le destin qui fait tomber sur eux un châtiment qui doit les détruire. »

Le dieu ayant ainsi parlé et honoré (de son assentiment la parole de) Kadroû, appela Kaçyapa et lui dit . « Si les serpents pervers nés de toi, ô brahmane sans péché ! si les grands Nagas gonflés de venin sont maudits par leur mère, ô toi qui est redoutable à tes ennemis! tu ne dois en concevoir aucune colère; car, dès les temps anciens, leur destruction dans le sacrifice de Djanamedjaya a été arrêtée! » Ayant ainsi parlé et apaisé (d'avance) ce saint personnage, l'un des premiers créés par lui, le dieu créateur donna au magnanime Kaçyapa une recette surnaturelle pour détruire le venin des serpents.

IX.

Saôti parle.

Cependant au crépuscule qui suit la nuit, le matin, dès le soleil levant, Kadroû et Vinatâ, ces deux sœurs passionnées et pleines de trouble à l'occasion du pari qui entraîne l'esclavage de l'une d'elles, ô brahmane riche en mortifications! allèrent voir de près le cheval Outchtchaïçrava, et elles aperçurent l'océan, trésor des eaux, incommensurable abîme, toujours agité et retentissant, tout rempli de poissons monstrueux, abondant en baleines, traversé de toutes parts par des êtres innombrables et de formes diverses; l'océan que l'on n'ose jamais affronter à cause de tant d'autres animaux effrayants, difformes, terribles, redoutables, se mouvant sous l'onde; agité par des tortues et des crocodiles; mine où reposent toutes les perles, asile de Varouna, asile des serpents, (séjour) agréable et sans égal; la mer, reine des rivières, demeure du Feu des régions inférieures, alliée des Asouras (qu'elle a recueillis), redoutable à voir, trésor sans fin des sucs dont se nourrissent les êtres; la mer divine et fortunée, source suprême de l'ambroisie des immortels, incommensurable, trop vaste pour la pensée, très pure dans ses eaux, merveilleuse, formidable, glaçant d'effroi par le bruit des êtres qu'elle recèle, rendant un son épouvantable, se tordant en des tourbillons profonds, sujet de crainte pour toutes les créatures, tirant sa force du vent et du balancement des marées, grossie par la tempête et comme sautant toujours avec ses vagues en mouvement;

La mer, remuée par ses courants gonflés, sous l'influence de la lune qui la fait croître ou diminuer, source sans égale qui produit les pierreries et la conque de Krichna; dont le bienheureux Vichnou, sous la forme de Govinda (qui obtient le ciel), à l'éclat incommensurable et sous celle d'un sanglier, troubla les flots à l'intérieur, abîme dont le fond ne put être trouvé en cent ans par Atri, le pieux brahmarchi, et qui s'appuie solidement sur le sol de l'enfer; couche sur laquelle, durant le premier temps des âges, Vichnou, à l'éclat incomparable et dont le nombril produisit un lotus, se livrait pieusement au sommeil, en union avec l'esprit

suprême (Brahme); regardée sans terreur par la montagne
Maïnaka, (située entre Ceylan et la pointe de la presqu'île),
qu'épouvante la chute de la foudre, retraite désirée des Asouras vaincus et blessés dans le combat; donnant l'offrande
de ses eaux aux flammes brûlantes du Feu sous-marin; immensité fortunée et sans fond, vaste et sans bornes, reine
des rivières; vers laquelle se rendent éternellement, et comme
à l'envi, tous les grands fleuves à la fois (1).

Les deux sœurs virent donc la mer pleine jusqu'aux bords
avec ses vagues qui semblaient danser, profonde, troublée
par de hideux monstres aquatiques, résonnant de bruits effroyables produits par les habitants des eaux; elles virent
cet abîme grand comme l'horizon, ce réceptacle des eaux,
large et sans fin.

X.

Saôti parle.

Les serpents ayant eu connaissance (de ce qui était arrivé) se dirent : « Faisons! car notre mère, dénuée de tendresse, nous a condamnés à périr par le feu, pour n'avoir
pas obtenu ce qu'elle désire; mais si elle est satisfaite, elle
nous délivrera de cette malédiction; ainsi rendons noire, sans
hésiter, la queue de ce cheval.

(1) Cette tirade, plus belle en sanscrit qu'en français, est peut-être
une interpolation; la description de l'océan se bornait sans doute
d'abord au petit alinéa suivant qui résume les images accumulées ici.
Toutefois nous avons cru devoir ne rien passer, pas même la répétition impardonnable qui se présente quelques lignes plus bas.

Comme ils s'étaient retirés dans la queue de l'animal, sous forme de crins, en ce même temps, les deux épouses avaient fait leur pari; et, après en avoir établi les conditions, ô excellent brahmane! les deux sœurs allèrent avec un grand empressement sur le bord de la mer. Kadroû et Vinatâ, descendantes de Dakcha (sorti du pouce de la main droite de Brahma), aperçurent à l'horizon l'océan, réceptacle des eaux, bien appuyé (sur l'enfer), soulevé dans un mouvement rapide par la violence du vent, produisant un grand bruit, rempli de poissons monstrueux et de baleines, rendu terrible par les mille et mille animaux de formes diverses, tous effrayants, qu'il recèle, indomptable, profond, redoutable, mine de toutes les perles, demeure de Varouna et aussi des serpents; l'océan agréable, roi des fleuves, résidence du Feu des régions infernales, refuge des Asouras, trésor éternel des sucs propres aux êtres effrayants, source fortunée, suprême, d'où sortit l'ambroisie destinée aux immortels, incommensurable, trop vaste pour la pensée, capable de renfermer les eaux les plus pures; vers lequel se dirigent çà et là par milliers tant de grandes rivières, bien pleine, dont les flots semblent danser; et vers ce profond océan, aux flots remuants dans une agitation extrême, grand comme l'horizon, immense, formé de vagues dont les cimes enflammées ressemblent au feu de l'enfer, retentissant à grand bruit; elles s'avancèrent rapidement toutes deux.

XI.

Soûta parle.

Ayant marché vers l'océan, Kadroû qui allait vite se

trouva bientôt auprès du cheval avec Vinatâ, et alors elles virent toutes les deux que cet excellent cheval, au pas rapide, pareil aux rayons de la lune (par sa blancheur), avait la queue noire. Remarquant tous les crins noirs groupés à cette queue, Kadroû soumit à l'esclavage Vinatâ (sa sœur) dont le visage exprimait l'abattement, et Vinatâ, complètement vaincue dans ce pari, consumée de douleur, fut soumise à l'état d'esclave.

Cependant, le temps arrivé, Garouda, sans sa mère, brisa l'œuf et naquit ; plein d'énergie, doué d'une grande force de corps et d'esprit, illuminant tout l'horizon, oiseau changeant de forme à volonté, allant à son gré, aussi puissant qu'il le veut, brillant et étincelant d'un éclat pareil à une masse de feu, très redoutable, dont les yeux rouges lancent des éclairs, semblable au feu qui détruit les mondes à la fin d'un âge; oiseau aux larges ailes, au grand corps, rapide en son vol, marchant dans les airs, à la voix terrible, redoutable, menaçant et semblable à un feu sousmarin.

Dès qu'ils le virent, tous les dieux s'en allèrent comme vers un refuge, vers Agni, et s'inclinant devant lui, ils dirent à ce dieu aux formes multiples, assis (dans le ciel) : « O Agni! ne te grossis pas de la sorte, ne nous consume pas. Cette masse ardente et immense qui marche (à l'horizon) est allumée par toi! »

Agni dit : « Ce feu n'est pas ce que vous pensez, ô Souras! c'est le puissant Garouda, mon égal par la splendeur! Cet être, à l'éclat suprême, est fils de Vinatâ, dont il fait la joie, et à la vue d'une telle masse de clarté, le trouble s'est emparé de vous ! Ce fils de Kacyapa, plein d'énergie, est le destructeur des serpents; il a en vue le bien des Dévas et la ruine des Daïtyas et des Rakchas; vous n'avez rien à craindre, regardez-le tous avec moi! »

Ayant entendu ces paroles et étant allés vers Garouda, les Dévas et les troupes des richis abordèrent de loin le grand oiseau et le louèrent par des paroles (que voici).

Les Dévas dirent : « Tu es un richi, tu es grand en ver-
« tus, tu es un dieu, le souverain des oiseaux, tu es le
« seigneur, tu es Soûrya (le soleil), tu es (Brahma) celui
« qui trône au ciel, tu es le maître des créatures, tu es Indra,
« tu es le dieu à la face de cheval, tu es une essence divine,
« tu es le maître des mondes, tu es le Véda, Brahma
« sorti du lotus, tu es le brahmane, tu es le feu, le vent,
« tu es Dhatà et Vidhatà, tu es Vichnou, ô excellent
« Soura! tu es grand, invincible, tu es encore l'ambroisie,
« tu es la splendeur suprême, tu es la lumière éclatante,
« tu es l'objet des désirs, tu es la protection par excellence
« vers laquelle nous dirigeons nos pensées; tu es, en ton
« mouvement, pareil aux vagues de l'océan; tu es pur,
« doué de bien des qualités, grossissant toujours, irrésis-
« tible; toi dont la gloire est établie, tu vas en toute chose,
« tu atteins même jusqu'à l'inconnu, toi, être supérieur,
« tu illumines les mondes animés et inanimés de tes rayons,
« comme le soleil; tu jettes çà et là l'éclat du soleil à di-
« verses reprises; pareil au dieu de la mort, tu brûles les
« créatures, comme le dieu du feu, dans sa colère, consu-
« merait tous les êtres mobiles et immobiles, ô toi égal à
« Agni qui dévore l'offrande! tu es terrible comme le feu
« destructeur des mondes à la fin d'un âge, qui se lève et
« anéantit (les êtres), en mettant un terme au renouvel-
« lement d'un Youga.

« Nous cherchons un refuge en toi, roi des oiseaux, à

« l'éclat immense, étincelant comme la flamme; nous étant
« approchés de toi, Garouda, plein de puissance, pareil à
« l'éclair, qui chasses les ténèbres, vis dans les nues et
« marches dans le ciel; toi qui es éternel, toi qui accordes
« les bienfaits, et dont la force est invincible. Tout ce
« monde à moitié consumé par ton éclat brûlant, ô maître !
« soutiens-le au contraire par ta splendeur éclatante, lui et
« tous les Dévas magnanimes. Dans le ciel, tout épouvantés
« et privés de gloire, les êtres divins, qui siègent sur des
« trônes, marchent dans une voie fâcheuse. Maître, roi des
« oiseaux, tu es le fils du miséricordieux et magnanime richi
« Kacyapa! Arrête ta colère, prends pitié du monde, ô être
« céleste, calme-toi, protège-nous. Par l'effet du bruit ef-
« frayant, pareil au tonnerre, sorti tout-à-coup de toi, les
« points de l'horizon, le ciel où Brahma, Vichnou et Civa
« se réjouissent, la terre aussi et nos propres cœurs, ô oi-
« seau! s'en vont comme anéantis. Comprime ton corps
« pareil à Agni; en voyant cette ardente splendeur, pareille
« à Yama en colère, notre esprit se trouble. O roi des oi-
« seaux, sois-nous propice, à nous qui t'invoquons dans
« notre détresse! Sois-nous favorable, ô toi qui donnes le
« bonheur, ramène-nous la félicité ! »

Ainsi loué et invoqué par les Dévas et les troupes des richis, le grand oiseau comprima son éclat et tout son être.

XII.

Ayant entendu ces louanges, le grand oiseau regarda son propre corps, et se mit à comprimer sa stature colossale.

Garouda dit : « Que les créatures, quelles qu'elles soient, n'aient plus peur à la vue de mon corps; puisqu'elles étaient empêchées dans leurs fonctions par l'effroi (que leur cause) ma forme, je retire en dedans de moi mon éclat. »

Saôti parle.

Alors l'oiseau, dont le vol et l'énergie atteignent tout ce qu'il désire, enlevant Arouna de la maison de son père, l'emporta en croupe et alla près de sa mère, sur la rive opposée du grand océan; Arouna, doué d'une grande splendeur, fut déposé là sur la rive orientale, et Soûrya (le soleil dont il était le cocher) se mit à brûler les mondes par l'éclat insupportable de ses rayons.

Rourou dit : « Pourquoi le bienheureux Soûrya brûlat-il ainsi les mondes ? Quel tort lui avaient fait les dieux pour qu'une telle colère entrât en lui ? »

Pramati dit : « Comme Râhou, buvant l'ambroisie, avait été dénoncé par Tchandra et Soûrya, il conçut contre eux deux une inimitié profonde, ô pur brahmane! La colère s'empara du dieu du jour, condamné à périr par une éclipse ; c'est à cause du mal (que lui ont fait les Souras) que cette colère contre le soleil est née dans l'esprit de Râhou.

Alors le soleil se dit: « Je vais me charger seul d'un crime dont les effets seront sentis par beaucoup, puisqu'ayant eu des complices dans l'œuvre, je n'ai pas de compagnon dans l'expiation; les habitants des cieux me voient rongé et restent calmes ; à cause de cela, je vais me mettre à détruire les mondes, la chose est certaine ! »

Ayant ainsi pensé, Soûrya s'en alla vers la montagne de l'ouest (derrière laquelle il se couche), et de là, le dieu du jour darde ses rayons pour consumer les mondes.

Alors, après être allés trouver les dieux, les grands

richis dirent : « Au milieu de cette nuit, il va s'élever un grand incendie, terrible pour toute la création, et qui détruira les trois mondes. » A ces mots, les Dévas se joignant aux richis se rendirent vers le père des créatures, Brahma, et lui dirent: « Quel est donc ce grand danger d'incendie qui nous menace aujourd'hui ? Soûrya ne paraît pas encore au-dessus de l'horizon, et le feu destructeur se manifeste déjà? Quand l'astre sera levé, alors, ô bienheureux ! que sera-ce donc ? »

Brahma dit : « Ce dieu du jour va s'appliquer à consumer les mondes, et rien qu'en les regardant, il les réduirait en cendres; mais dès longtemps un obstacle lui a été préparé ; le fils de Kaçyapa, le prudent et célèbre Arouna, au grand corps, à la grande splendeur, se tiendra devant Soûrya; il fera pour lui l'office de cocher et diminuera son éclat : qu'ainsi soient sauvés les mondes, les richis et les dieux habitants du ciel. »

Pramati dit : « Alors Arouna fit toute chose comme il en avait reçu l'ordre de Brahma; le soleil se leva, mais masqué par Arouna. Ainsi, je t'ai raconté la colère qui s'était emparée de Soûrya, et comment Arouna devint son cocher. O roi! écoute la réponse à une autre question, faite précédemment. »

XIII.

Saôti parle.

Ensuite, le puissant oiseau, doué d'une grande énergie, qui vole au gré de ses désirs, alla près de sa mère, sur la rive opposée du grand océan, là où Vinatâ, vaincue dans le pari et réduite en esclavage, se consume de douleur. Or, ayant un jour appelé Vinatà, courbée devant elle, et se tenant auprès de son fils Garouda, Kadroû lui dit: « O belle Vinatà! conduis-moi vers la demeure des serpents, vers ce séjour délicieux et agréable à voir, situé en un lieu retiré, au sein de l'océan. »

Alors la mère de l'oiseau Garouda porta la mère des serpents, et Garouda, obéissant aux instigations de Vinatà, prit avec lui les serpents eux-mêmes. Mais l'oiseau, fils de Vinatà, vole à l'encontre du soleil, et brûlés par les rayons de l'astre, les serpents furent accablés.

Leur mère Kadroû les ayant vus dans cet état alarmant, invoqua le dieu Indra : « Salut à toi, maître de tous les
« dieux! Salut à toi, destructeur des démons! Salut à toi,
« vainqueur de Namoutchi! Salut à toi, qui a mille yeux!
« Salut à toi, époux de Çatchî! Sois par tes eaux comme
« un bain pour mes serpents, brûlés par Soûrya! Car tu es
« notre refuge suprême, ô toi, le meilleur des immortels !
« Car tu es le maître de créer une eau abondante, ô toi qui
« brises les villes ennemies! Tu es le Vent, tu es le Nuage,
« tu es le Feu, tu es l'Eclair du ciel; tu es celui qui chasse
« la masse des vapeurs, et l'on t'appelle la grande Nuée !
« Tu es la Foudre incomparable, terrible; tu es le Nuage
« retentissant comme la foudre, tu es le créateur des
« mondes, et tu en es le destructeur irrésistible !

« Tu es la lumière de tous les êtres ; tu es Aditya, dont
« la clarté est l'essence ; tu es le grand Être, tu es ce qui
« étonne ; tu es roi; tu es le meilleur des Souras ! Tu es
« Vichnou, tu es le dieu aux mille yeux, tu es un Déva, ô
« toi sur qui je m'appuie! tu es toute l'ambroisie, tu es le
« Soma vénéré par dessus tout! Tu es la 30e partie du jour,
« tu es aussi le jour lunaire, tu es la moitié d'une se-

« conde, tu es 4 minutes aussi ; tu es la quinzaine lumineuse
« et la quinzaine obscure ; tu es l'intervalle de huit secondes,
« la treizième partie de ces huit secondes ! Tu es l'atome !
« Tu es l'année et les saisons, les mois, les nuits, les jours !
« Tu es par excellence la terre, réceptacle des richesses,
« avec ses montagnes et ses forêts ! Tu es le ciel illuminant
« et sans ténèbres ! Tu es la grande mer, avec ses pois-
« sons énormes, ses baleines, ses grosses vagues remuantes,
« les monstres sans nombre qui l'agitent.

« Le dieu à la grande renommée, c'est sous ce nom que
« t'adorent les brahmanes instruits, que te réjouissent les
« grands richis ; invoqué dans les sacrifices, tu bois le So-
« ma (le jus de l'asclépiade), les offrandes jetées dans le feu
« avec l'invocation *achat*, et les oblations de beurre cla-
« rifié, faites pour obtenir la protection des êtres. A toi, les
« brahmanes offrent toujours des sacrifices pour en obtenir
« des fruits ; tu es célébré dans les Védangas, ô dieu plein
« d'énergie ! à cause de cela, les meilleurs d'entre les brah-
« manes appliqués aux sacrifices s'attachent de toutes
« leurs forces à bien posséder les Védangas. »

XIV.

Saôti parle.

Ainsi invoqué par Kadroû, le bienheureux oiseau de
Vichnou enveloppa tout le ciel de masses de nuages bleuâtres
et leur ordonna de verser une pluie favorable. Alors les
nuées où brille l'éclair laissèrent échapper une eau abondante ; comme à l'envi, elles retentirent dans le ciel ; tout

le firmament est comme encombré de gros nuages merveilleux ; de toutes parts et sans relâche une eau incomparable est formée de ces averses ainsi produites, tombant avec fracas ; le ciel semble danser. Par ces nuages, dans lesquels retentit la foudre, ébranlés par les éclairs et la tempête, par ces pluies abondantes, le ciel, où ne brillent plus les rayons de la lune ni ceux du soleil, se remplit d'abondantes averses; les serpents ressentirent une joie suprême, tandis qu'Indra pleuvait ainsi. De toutes parts la terre se remplit d'eau, et le sol, en maints endroits, fut sillonné par des torrents. Alors les serpents et leur mère pénétrèrent dans les régions inférieures, séjour agréable, rafraîchi par une eau froide et pure.

XV.

Saôti parle.

Les serpents tout joyeux, bien baignés par les nuées et invités à partir par Garouda, s'en allèrent vite vers une île. Cette île, dont les bords sont la demeure des poissons monstrueux, déposée là par le créateur, cette île, terrible, entourée d'eau salée, ils la virent devant eux, en marchant avec Garouda. C'est un charmant séjour, borné tout autour par les ondes de la mer, retentissant des cris d'une multitude d'oiseaux, couvert de fruits et de fleurs variés qui embellissent la forêt, rempli de sites agréables, d'étangs où pousse le lotus, rendu gracieux par des lacs divins dont les eaux réjouissent, tout agité de vents purs, portant des parfums célestes, orné d'arbres qui semblent monter jusqu'au ciel et de forêts de sandal qui, secoués par la brise, laissent tomber des pluies de fleurs, et de bien d'autres arbres aux touffes épanouies, balancées par les vents, s'étendant au loin et versant sur les serpents qui l'habitent des nuées de fleurs; c'est un séjour divin qui réjouit l'esprit, un lieu cher aux Gandharvas et aux Apsaras, tout brillant des productions dont le goût trouble et enivre, dont la vue donne du plaisir; délicieux, pur, fortuné, à cause de ces objets qui causent la joie des êtres, animé par le chant de divers oiseaux, agréable, chéri des enfants de Kadroû.

Arrivés dans cette forêt, les serpents avaient quitté Garouda, le roi des oiseaux, dont la force est immense, mais ils lui dirent : « Porte-nous dans une autre île agréable, aux eaux pures; car tu vois bien des pays charmants dans ta course, ô toi qui vas dans les airs! » Et ayant réfléchi, l'oiseau dit à sa mère Vinatâ : « Que dois-je faire, ô ma mère, car il faut que je mange les serpents ! »

Vinatâ dit : « Je suis devenue esclave de l'autre femme de mon époux par une occurrence fâcheuse, ô excellent oiseau! après avoir fait un pari qu'elle a faussement gagné, grâce à la fraude des serpents. » Et comme la chose était ainsi racontée par sa mère, Garouda, rempli de douleur, dit aux serpents : « Que faut-il vous apporter ou vous promettre? Quelle chose possible faut-il faire pour qu'elle soit délivrée de l'esclavage, dites-le sincèrement, ô reptiles ! »

Saôti parle.

A ces mots les serpents répondirent : « Enlève l'ambroisie par la force de ton énergique puissance, et elle sera à l'instant délivrée de l'esclavage par toi, ô oiseau!

XVI.

Après ces paroles des serpents, Garouda dit à sa mère : « J'irai prendre l'ambroisie; je veux connaître cette nourriture. »

Vinatâ dit : « Loin d'ici, au sein de la mer, est l'excellente demeure des *Nichadas*; dévore des milliers de ces Nichadas, et apporte ensuite l'ambroisie. Mais qu'il ne te vienne jamais la pensée de tuer un brahmane en aucune façon; car aucun être ne peut tuer un brahmane dont l'éclat est pareil à celui d'Agni. Le brahmane dans sa colère est Agni; il est Indra, le poison, le glaive : le brahmane est réputé le précepteur spirituel de tous les êtres; il est respecté sous ces formes diverses et dans d'autres encore en toute occasion. Donc, jamais il ne peut être tué par toi, même dans un accès de colère; jamais non plus tu ne dois molester les brahmanes ; car Agni même et Soûrya ne pourraient consumer comme consumerait dans sa fureur le brahmane ferme dans ses observances, ô toi qui es pur! Or, c'est à ces signes divers que tu reconnaîtras le meilleur d'entre ceux qui appartiennent aux castes régénérées, le brahmane est le chef des créatures, le premier entre les castes, le père, le maître! »

Garouda dit : « Quelle est l'apparence d'un brahmane? ô ma mère! quelle est sa nature, quelle est son énergie morale? a-t-il donc un éclat brûlant; a-t-il donc un aspect agréable? Afin que je le reconnaisse par des signes heureux pour lui, tu dois, ô ma mère! répondre à mes questions. »

Vinatâ dit : « Celui qui, arrivé au milieu de ta gorge, pareil à un hameçon avalé, (s'arrêterait) et te brûlerait comme un charbon ardent, celui-là, reconnais-le pour un véritable brahmane. Car jamais il ne doit être tué par toi, même dans un accès de colère; » et, par tendresse pour son fils, Vinatâ ajouta : « Celui qui resterait intact dans ton ventre, celui-là aussi, reconnais-le pour un deux fois né. » Par tendresse pour son fils, elle ajoute ces paroles, car elle connaît sa force incomparable; cette femme vertueuse, tout occupée à le bénir, contente, malgré sa grande douleur, malgré le tort que lui ont causé les serpents, dit encore :

« Garde toujours dans tes deux ailes les Vents, dans ta queue, le Soleil et la Lune; que ta tête soit toujours le Feu, et que les Vasous forment tout ton corps. Et moi, ô mon fils, je demeure toujours attachée à ton bonheur, à ta félicité; je resterai toujours ici, occupée à te souhaiter la prospérité. Va donc, dans une route fortunée, à l'accomplissement de ton œuvre, ô mon fils! »

Saôti parle.

Ayant entendu les paroles de sa mère, il déploya ses deux ailes, et s'éleva dans l'espace. Alors, le puissant oiseau, s'abattant sur les Nichadas, les dévora comme le Temps détruit les êtres à la fin d'un âge. Puis, après avoir détruit les Nichadas et secoué la poussière de ses ailes, il s'élance à travers les vastes cieux, et séchant l'eau dans le sein de la mer, il fit trembler les habitants des montagnes voisines.

Ensuite, le roi des oiseaux remonta vers la route qui conduit aux Nichadas, déploya une bouche énorme, et les Nichadas se jetèrent rapidement dans le bec de celui qui se nourrit de serpents. Comme des oiseaux à travers l'espace, ils se précipitèrent dans cette bouche immense largement ouverte, par milliers, égarés par le vent et la poussière, ainsi que dans une forêt tout agitée par le vent et la tempête.

Après cela, il rapetissa sa bouche, le puissant oiseau, terrible à ses ennemis; balancé dans l'air, semant au loin la destruction, mangeur de bien des poissons, avide de dévorer ; Garouda, le roi des volatiles.

XVII.

Saôti parle.

Arrivé au milieu de sa gorge, un brahmane, en compagnie de sa femme, le brûlait comme un charbon ardent ; l'oiseau lui dit : « O toi, le meilleur des deux fois nés ! sors vite de ma bouche entr'ouverte, car je ne dois jamais tuer un brahmane, même adonné au crime. » A Garouda parlant ainsi, le brahmane répondit : « Ma femme est une Nichadî, laisse-la sortir avec moi. »

Garouda dit : « Prends bien vite ta Nichadî et sors avec elle; vois comme je suis déjà étouffé par cet éclat qui te fait rester au milieu de mon corps. »

Saôti parle.

Alors le brahmane sortit avec la Nichadî hors de Garouda dont il gonflait le corps, et s'en alla où il désirait aller. Le brahmane étant sorti avec sa femme, le grand oiseau, rapide comme la pensée, étendit ses deux ailes et remonta vers le ciel. Alors le magnanime Garouda aperçut son père qui l'interrogea sur ce qu'il avait fait; il lui raconta tout convenablement, et le grand richi lui dit :

Kacyapa dit : « Es-tu heureux, jouis-tu toujours d'une nourriture abondante, ô mon fils? Dans le monde des hommes, y a-t-il pour toi une pâture suffisante? »

Garouda dit : « Si ma mère est heureuse, si mon frère (Arouna) est heureux, je le suis aussi, car mon bonheur n'est pas toujours dans l'abondance de ma nourriture. Je suis envoyé par les serpents à la recherche de l'ambroisie suprême, et pour délivrer ma mère de l'esclavage, je l'enleverai dès aujourd'hui. Ma mère m'a donné ce conseil : mange des Nichadas ! Mais je n'ai pas été satisfait, même après en avoir avalé des milliers; ainsi, ô bienheureux ! indique-moi une autre nourriture qui me donne, après l'avoir prise, assez de force pour enlever l'ambroisie; indique-moi ce que je dois manger et boire pour chasser la faim et la soif. »

Kacyapa dit . « Il y a une rivière très pure, renommée même dans le monde des dieux, dans laquelle un éléphant, la tête en bas, attire toujours à lui son frère aîné, qui est une tortue. Jadis, dans une naissance antérieure, il y eut entre eux une inimitié dont je te conterai tous les détails ; apprends de moi cette histoire véritable et quels furent leurs motifs à tous les deux.

Il y avait un grand richi très colère, du nom de Vibhâvasou; son jeune frère, voué à de sévères observances, s'appelait Soupratîka. Celui-là ne veut pas que l'argent soit commun entre son frère et lui; au contraire, le grand mouni Soupratîka veut en faire un partage égal. Alors Vibhâvasou dit à son frère Soupratîka : « Bien des gens, troublés par l'avarice, désirent incessamment partager, puis, dans leur cupidité, ils restent ennemis après le partage fait. Quand ils ont vu des insensés, épris de leurs intérêts propres, attachés chacun à leur richesse particulière, des gens ennemis, avec les dehors de l'amitié, les séparent; d'autres les ayant vus ainsi divisés surviennent à l'improviste dans les occasions favorables; la ruine de ceux qui se séparent ainsi est complète et rapide; ainsi les sages n'approuvent pas le partage entre deux frères qui ne sont point attachés aux devoirs enseignés par le gourou, et ont peur l'un de l'autre. Tu ne sais pas te modérer, et tu désires la possession de ce qui appartient à celui qui se séparerait de toi. A cause de cela tu prendras la forme d'un éléphant, ô Soupratîka! »

Ainsi maudit par son frère, Soupratîka dit à Vibhâvasou: « Et toi, tu deviendras une tortue qui marche au milieu des eaux. »

Ainsi les deux frères se maudirent l'un l'autre; Soupratîka et Vibhâvasou sont passés à l'état d'éléphant et de tortue. L'esprit troublé par l'intérêt, la haine et la colère les ont fait descendre à la condition d'animaux; pleins d'inimitié l'un contre l'autre, fiers de la puissance dont ils ont fait preuve, ces deux grands animaux sont là, dans cette rivière, continuant d'obéir aux sentiments de leur ancienne haine.

L'un est le fortuné Samoupa, ainsi nommé sous sa forme d'éléphant; au bruit effroyable qu'il fait, la tortue se cache au fond des eaux; le quadrupède au grand corps se lève et agite toute la rivière, et dès qu'il voit la tortue, il tombe stupide et sa trompe s'arrête. Des dents, du bout de la trompe, de la queue, des pieds, l'éléphant, plein de vigueur, bat, dans un mouvement rapide, la rivière troublée par leur grande haine; la grosse tortue, la tête levée, s'avance aussi pour combattre; l'éléphant s'élève à une hauteur de six *yodjanas* et sa longueur est du double; la tortue est haute de trois *yodjanas* et large de dix dans la circonférence de son écaille : tous deux sont acharnés à combattre et avides de se donner la mort.

Entreprends vite et achève cette œuvre qui te sera utile; après avoir mangé cet éléphant, pareil aux eaux étendues du grand océan, gros comme une montagne, et épouvantable à voir, tu apporteras l'ambroisie. »

Saôti parle.

Après avoir ainsi parlé, Kacyapa souhaita du bonheur à Garouda : « Quand tu combattras avec les dieux, puisses-tu être heureux! Que les brahmanes, dont le pot est plein de riz donné en aumône, que les vaches et tout ce qu'il y a de meilleur au monde te soient favorables, et que la route où tu t'engages te soit propice, ô oiseau! quand tu combattras avec les dieux. Que le Rig et le Yadjou Véda, que le Sama-véda, les invocations, les offrandes, toutes les prières secrètes et tous les livres saints deviennent ta force! »

Après que son père lui eut adressé ces paroles, Garouda s'en alla près de ce lac et vit une eau pure animée par divers oiseaux aquatiques; se rappelant les paroles de son père, le grand volatile, doué d'une effrayante rapidité, saisit d'une serre l'éléphant et de l'autre la tortue; puis le grand oiseau s'élança au haut des airs, et se réfugiant vers un petit étang sacré, il s'abattit sur de beaux arbres qui, dans leur frayeur, tremblèrent, secoués par le vent de ses ailes. « Qu'il ne nous casse pas » se dirent ces arbres divins, aux branches fleuries. Mais lui, voyant ces rameaux couverts de fruits ravissants et leurs troncs agités, il alla dans son vol se poser sur d'autres arbres d'une beauté incomparable aux branches de lapis-lazuli, chargées de fruit d'or et d'argent, tous entourés des eaux de la mer, étincelants et immenses.

Là, un beau tronc de bois de sandal d'une colossale grandeur dit à cet oiseau extraordinaire, qui s'abattait d'un vol rapide comme la pensée : « Cette grosse branche que tu me vois est longue de cent yodjanas; places-y ces deux animaux, l'éléphant et la tortue (que tu apportes) du haut des airs. »

Alors il ébranla l'arbre habité par des milliers d'oiseaux, et pareil à une montagne, Garouda, en s'abattant au milieu des branches dans sa course rapide, brisa cette masse de feuilles solides.

XVIII.

Saôti parle.

A peine touché par les pattes du puissant oiseau, le rameau se rompit, et (Garouda) le fit tomber à bas tout brisé; puis, après avoir cassé la branche, il regarda tout surpris et aperçut des Balikhilyas suspendus la tête en bas. Alors il se dit : « Voilà ici des richis attachés (aux branches), je ne les tuerai pas. » Et ayant considéré ces brahmanes adonnés à la mortification et suspendus là, il fit cette réflexion : « Peut-être en tombant cette branche leur ferait du mal. »

Puis l'héroïque Garouda saisit dans ses pattes, avec une très grande force, l'éléphant et la tortue; et dans la crainte de causer la mort des Balikhilyas, le roi des oiseaux passant près d'eux, prit la branche dans son bec et regarda bien.

Les richis (Balikhilyas) ayant vu l'action vraiment divine de Garouda, le cœur rempli de surprise et d'émotion, ils saluèrent de leur voix le grand oiseau ; lui, l'être ailé, le meilleur des volatiles, qui dévore les serpents, il se balançait sur ses ailes avec son lourd fardeau; il plane çà et là doucement, secouant les branches par le mouvement de ses plumes : ainsi il arriva dans bien des pays (qu'il dépassait), avec l'éléphant et la tortue (suspendus à ses serres); et, dans sa compassion pour les Balikhilyas, il ne trouve pas un endroit où se poser.

Allant donc au plus vite sur une belle montagne aux parfums enivrants, il vit là son père Kacyapa occupé à une austère pénitence, et Kacyapa vit aussi l'oiseau à la forme divine, doué de force et d'éclat, rapide comme la pensée, comme les dieux des vents, égal en stature aux pics des monts, debout et droit comme le triple bâton d'un ascète, trop immense pour être embrassé par la pensée, pour être nommé, sujet d'effroi pour tous les êtres, plein d'une grande vigueur, redoutable, terrible à regarder en face comme Agni, impossible à affronter et à vaincre, même par les Rakchas, les Dànavas et les dieux, pourfendeur de montagnes, par excellence, capable de sécher (en les absorbant) les eaux de la mer, jetant le trouble dans les mondes, pareil à Yama, dieu de la mort; l'ayant vu arriver, le bienheureux Kacyapa, instruit de la manière dont il venait d'agir, lui dit cette parole.

Kacyapa dit : « Mon fils, ne te presse pas, ne te hâte pas, il t'arriverait quelque malheur. Prends garde que les Balikhilyas, chefs des Marîtchis ne te consument dans leur colère. »

Saôti parle.

Alors, à cause de son fils, Kacyapa chercha à se rendre propices les Balikhilyas grandement fortunés dont les souillures ont été détruites par les mortifications. Kacyapa dit : « Le bien des créatures est le premier but de Garouda, ô vous qui êtes riches en austérités ! Il désire accomplir une grande œuvre, permettez-le-lui ! »

Saôti parle.

A ces paroles du bienheureux Kacyapa, les mounis ayant quitté la branche (à laquelle ils étaient attachés), s'en allèrent sur la montagne pure et neigeuse, eux riches en mortifications; et comme ils se retiraient, le fils de Vinatâ, agitant la branche dans son bec, dit à Kacyapa, son père, en l'interrogeant : « Bienheureux, où jetterai-je ce rameau de l'arbre, indique-moi un endroit dénué d'êtres humains. »

Alors Kacyapa lui désigna une montagne inhabitée, remplie de cavernes fermées par la neige, que d'autres ne peuvent franchir par la pensée même; et le grand oiseau Garouda ayant aperçu cette montagne au large sein, alla vers elle d'un vol rapide, tenant la branche avec l'éléphant et la tortue. Une courroie de cent cuirs ne ferait pas le tour de cette branche immense, colossale, que l'oiseau tenait dans ses pattes en volant. Or, en assez peu de temps, il avait traversé un espace de cent mille *yodjanas*, Garouda, le roi des oiseaux; et arrivé sur cette montagne, selon l'ordre de son père, il y lâcha l'immense rameau qu'il tenait dans sa patte, avec grand bruit.

Frappée par le vent de ses ailes, la reine des montagnes trembla et chaque arbre tout agité laissa tomber une pluie de fleurs. De toutes parts les pics de ce mont s'écroulent et embellissent des couleurs variées des diamants et de l'or qu'ils renfermaient, l'immense montagne; bien des arbres aussi furent tués par la chute de cette branche; et par leurs fleurs étincelantes, ils brillèrent comme des nuages remplis d'éclairs; ces arbres tachetés d'or, appliqués sur la terre par leur chute, resplendirent en cet endroit de l'éclat des métaux (que contient) la montagne, réfléchissant les rayons du soleil.

S'étant donc posé sur le sommet de cette montagne, Garouda, le meilleur des oiseaux, dévora à la fois l'éléphant et la tortue; puis, après les avoir mangés tous les deux, du haut de ce pic, l'animal au vol rapide prit son essor. Alors se manifestèrent de la part des Dévas de terribles présages; la Foudre, chère à Indra, étincela de frayeur; la flamme céleste, tombée des airs, s'abattit avec du feu et de la fumée; parmi les Vasous, les Roudras, les Adityas, les Sâdhyas, les Marouts et les autres troupes célestes, les armes de chacune de ces divinités (inférieures) se frappèrent l'une contre l'autre; ce qui n'avait pas eu lieu jadis dans le combat des dieux contre les Asouras, il souffla des vents et des ouragans, il tomba des flammes par milliers. Le ciel, sans qu'il y eut de nuages, retentit de la foudre avec grand bruit, et celui même qui est le dieu des dieux (Indra) versa du sang comme une pluie; les guirlandes des divinités se fanèrent, leur propre éclat s'éteignit; des nuées terribles, pleines de présages, firent pleuvoir beaucoup de sang. Les diadèmes étincelants, placés sur le front élevé des dieux, ne brillèrent plus.

Alors le dieu auquel on offre cent sacrifices, Indra, attéré par la crainte à la vue de ces présages redoutés, alla avec tous les dieux vers Vrihaspati, et lui dit:

Indra dit: « Que signifient, ô bienheureux! les présages effrayants qui se montrent tout-à-coup? Car je ne connais aucun ennemi qui puisse arrêter nos efforts dans le combat. »

Vrihaspati dit: « A cause de l'injure que tu as commise, ô Indra, à cause de ton étourderie, ô dieu aux cent sacrifices, et par l'effet des mortifications pratiquées par les magnanimes richis, les Balikhilyas, le fils du mouni Kacyapa et de Vinatâ, l'oiseau qui prend la forme qui lui plaît, Garouda est venu pour enlever l'ambroisie. Cet être ailé, le plus puissant parmi les plus énergiques, est capable d'enlever l'ambroisie; si je considère bien toute chose, il accomplira ce (dessein qui paraît) impossible. »

Saôti parle.

Ayant entendu ces paroles, Indra dit à ceux qui gardaient l'ambroisie : « Un oiseau héroïque et puissant s'apprête à enlever l'eau d'immortalité, je vous en préviens, de peur qu'il ne l'enlève par force; car sa vigueur est sans égal, au dire de Vrihaspati. »

A ces mots, les célestes gardiens tout surpris, disposés à faire leurs efforts, se tinrent près de l'ambroisie, en l'entourant, ainsi qu'Indra, le dieu de la foudre, à l'éclat terrible. Attentifs à veiller, ils prennent sur leurs corps des cuirasses brillantes, toutes d'or, des armures d'un grand prix, rehaussées de lapis-lazuli; ils prennent à leurs bras des boucliers resplendissants et solides, et bien des armes d'espèces diverses, redoutables à voir. Ces excellents Souras préparent de tous côtés les glaives à la pointe fine et acérée, qui lancent des étincelles, des flammes et de la fumée, les disques, les épieux ferrés, les tridents, les haches, les javelots de diverses espèces, les cimeterres aigus et luisants; ils prennent chacun les formes qui leur conviennent, et les massues terribles à voir.

Avec ces armes étincelantes, embellies d'ornements divins, les Souras en troupes se tinrent debout et resplendissants, eux qui sont exempts de souillures. Doués d'une force et d'un éclat incomparable, bien attentifs à garder l'ambroisie sur tous les points, ces Souras, qui brisent les murailles des villes des Asouras, brillent avec leurs corps tout enflammés. Ainsi, avec des milliers de javelots, ils se préparent à ce grand et tumultueux combat, et le ciel paraît comme fondant par l'effet des rayons du soleil (reflétés dans leurs armes).

XIX.

Çaônaka dit : « Quelle avait été l'offense, quelle avait été l'étourderie du grand Indra, ô fils de Soûta! et comment Garouda se trouvait-il combiné avec la force, produite par les mortifications des Balikhilyas? Comment ce roi des oiseaux, fils du brahmane Kacyapa, fut-il irrésistible à tous les êtres et impossible à tuer? Comment aussi cet être ailé allait-il où il voulait et était-il doué d'une force qui lui faisait tout accomplir au gré de sa volonté? Je désire apprendre ces choses, si elles sont écrites dans le Pourana. »

Saôti parle.

« Ce que tu me demandes fait le sujet d'une légende pouranique; écoute-moi, je vais te la dire tout entière en abrégé, ô Brahmane ! »

Lorsque le Pradjâpati Kacyapa, désireux d'avoir un fils, officiait au sacrifice, les richis, les Dévas et les Gandharvas lui prêtèrent appui. Là, Indra avait été chargé par Kacyapa d'entretenir le feu, avec les mounis, les Balikhilyas et les autres Dévatas; or, Indra ayant recueilli une masse de combustibles très considérable, en harmonie avec sa propre force, l'apportait sans trop de fatigue, lui qui est le maître des dieux; alors il aperçut des richis tout petits (les Balikhilyas), le ventre gros comme le pouce, portant une mélongène verte et marchant ensemble dans la route, comme détruits dans leurs corps, réduits par le jeûne, voués à de rigides mortifications, plongés dans la détresse, et les forces épuisées; il les vit dans le trou fait par le pied d'une vache, tout rempli d'eau.

Frappé d'étonnement, Indra, qui brise les villes, tout enivré de sa force, alla bien vite vers tous ces petits êtres, en souriant, en sautant, sans leur témoigner de respect ; mais ceux-ci, pleins de rage et singulièrement animés par la colère, se mirent à entreprendre une œuvre qui épouvanta Indra; très avancés dans les mortifications, ils sacrifièrent à Agni d'après la loi, avec des prières mystérieuses prononcées à haute voix; dans quel dessein? apprends-le.

« Qu'il existe un autre Indra doué de la force qu'il veut, allant où il veut, capable d'effrayer le roi des dieux, un autre (Indra) dieu des dieux! » Voilà ce que dirent ces petits êtres, fidèles à leurs observances religieuses : « Qu'il soit cent fois supérieur à Indra en énergie, en puissance; qu'il soit rapide comme la pensée et redoutable ; et cela, par le fruit de nos austérités! »

Ayant connu cette invocation, le roi des dieux, Indra, plein de fureur, alla chercher un refuge près de Kaçyapa, fidèle à ses vœux; et Kaçyapa le Pradjàpati, d'après les paroles du roi des dieux, alla trouver les Balikhilyas, et leur souhaita l'accomplissement de leur œuvre.

« Puisse notre dessein réussir, » répondirent ces petits richis dont la parole ne trompe pas, et le Pradjàpati Kaçyapa leur tint ce discours plein de sens : « Cet Indra sera créé par le pouvoir de Brahma, dans les trois mondes, et vous, qui êtes riches en mortifications, c'est dans l'intérêt de cet Indra que vous unissez vos efforts. Vous ne devez pas rendre vaine la parole d'un brahmane, ô êtres excellents! elle ne doit pas être vaine non plus l'entreprise que vous désirez accomplir. Qu'il existe donc, cet Indra des oiseaux, doué d'une extraordinaire puissance physique et morale ; il faudra accorder à ce roi des oiseaux la faveur qu'il demandera. »

Ainsi interpellés par Kacyapa, les Balikhilyas, riches en mortifications, répondirent à l'excellent mouni, au Pradjàpati Kacyapa, en lui témoignant un grand respect.

Les Balikhilyas dirent : « C'est dans le but de créer un Indra que nous entreprenons tous cette œuvre, ô Pradjàpati! Notre entreprise a pour but de te donner une progéniture, à toi qui la désires. Tu dois accepter de nous cette œuvre qui porte son fruit; règle-la dans cette circonstance, de manière que tu obtiennes le bien suprême. »

Saôti parle.

Or, en ce même temps, la divine Vinatà, fille de Dakcha, fortunée, belle, désireuse d'avoir des enfants, célèbre dans le monde, vouée aux austérités, fidèle à ses devoirs, étant allée vers son époux après le bain, toute purifiée, à la fête qui célèbre les premiers symptômes de grossesse, Kacyapa lui dit : « L'œuvre commencée porte le fruit que tu désirais, ô divine Vinatà! Tu mettras au jour deux fils pleins d'énergie, rois des trois mondes. Par l'effet des austérités des Balikhilyas, ces deux fils formés de moi deviendront grandement fortunés et vénérés dans les trois mondes. »

Puis, le bienheureux Kacyapa lui dit encore : « Il faut veiller avec beaucoup de soin à la conservation de ce fruit destiné à une très grande fortune. Ces deux fils auront parmi tous les oiseaux le rang d'Indra parmi les dieux, ces deux beaux oiseaux héroïques, respectés dans les mondes ! »

Alors le Pradjàpati satisfait dit à Indra, le dieu aux cent sacrifices : « Ces deux frères, doués d'une grande puissance, seront tes amis; tu ne dois pas leur montrer de haine, ô toi qui détruis les villes de tes ennemis ! Que l'esprit de mortification entre en toi, et tu seras encore Indra! Que ceux qui récitent le Véda ne soient plus méprisés par toi;

que, dans ton orgueil, tu ne manques plus de respect à ceux dont la parole est (aussi) la foudre, quand la colère les enflamme! »

Après ces paroles, Indra rassuré s'en alla au ciel, et Vinatâ, désireuse d'obtenir ce qu'elle demandait, fut très joyeuse. Elle mit donc au jour deux fils, Arouna et Garouda; Arouna qui n'a que la moitié du corps marcha devant le soleil; Garouda fut investi de la royauté sur les oiseaux.

« Maintenant, ô fils de Bhrigou, écoute les exploits de celui-ci. »

XX.

Saôti parle.

Cependant, excellent brahmane, tandis que cette œuvre s'accomplissait selon la loi, le roi des oiseaux, Garouda, s'était disposé à attaquer les immortels; en le voyant si puissant, les Souras (gardiens de l'ambroisie) frémirent; ils heurtèrent leurs armes les unes contre les autres; là aussi il y eut un immense éclair pareil au Feu lui-même, multiple, doué d'une très grande force et qui protégeait l'ambroisie tout autour.

Blessé par les ailes, le bec et les serres du roi des oiseaux, après avoir livré quelque temps un combat sans égal, l'éclair fut vaincu dans la lutte; soulevant une masse énorme de poussière avec le vent de ses ailes, Garouda changea ainsi le ciel lumineux en ténèbres et harcela les dieux. Par cette poussière semée (dans l'espace), les Souras furent troublés ; les gardiens de l'ambroisie ne virent plus rien, enveloppés dans le tourbillon. Ainsi Garouda met le désordre dans la demeure des trois grandes divinités; avec ses ailes, avec son bec, qui sont ses armes, il frappe et déchire les Dévas.

Cependant Indra qui a mille yeux se hâta de donner cet ordre au Vent : « Disperse ce nuage de poussière, c'est là ton office, ô Marout! » Et le vent par sa force balaya bientôt cette épaisse vapeur ; les ténèbres étant en allées, les dieux (à leur tour) harcelèrent l'oiseau. Il fit un grand bruit, ce puissant Garouda, comme un nuage qui résonne dans les cieux ; frappé par les troupes des Souras, il effrayait tous les êtres. Il prit son vol en haut, l'héroïque souverain des oiseaux qui détruit les héros ennemis ; il s'éleva dans les cieux jusqu'au-dessus de la place occupée par les Dévas.

Couverts de leurs cuirasses, tous les dieux le harcelèrent avec leurs armes diverses, avec des haches, avec des épieux, avec des tridents, avec des massues, ayant Indra à leur tête; les flèches en fer à cheval, les disques enflammés, pareils à des soleils, et bien des armes lancées contre lui, le blessent de toutes parts. Mais en soutenant ce tumultueux combat, le roi des oiseaux ne tremblait pas ; le fils de Vinatâ brillait dans le ciel d'un éclat terrible, pareil à un feu brûlant; avec ses deux ailes et sa poitrine, il dispersait au loin tous les Souras.

Ainsi mis en désordre, les Dévas se prirent à fuir ; serrés de près par Garouda, frappés par son bec et ses serres, ils répandirent beaucoup de sang. Les Sâdhyas se retirèrent dans l'est, les Gandharvas et les Vasous dans le sud avec les Roudras, tous honteusement chassés par l'Indra des oiseaux ; les Adityas se dirigèrent vers l'ouest ; les deux

Açwins vers le nord, combattant toujours sans tourner le dos, comme de braves guerriers. Contre le héros Açwakranda, contre Rénouka et Krathana, contre le terrible Çoura, contre Tapana, Oulouka, Çwasana, et Nimécha, contre Praroudja et Poulina, le roi des volatiles soutint la lutte. Le fils de Vinatâ, qui consume ses ennemis, les déchire de la pointes de ses ailes, de ses serres, de son bec, pareil à l'arc de Çiva en colère, détruisant les mondes à la fin d'un âge. Les grands guerriers célestes, pleins d'énergie, brisés de mille coups, devinrent rouges comme les nuées du ciel, tant ils versaient de ruisseaux de sang.

Après les avoir tous mis presqu'en dehors des limites de la vie, le roi des oiseaux, s'étant surpassé lui-même pour avoir l'ambroisie, aperçut de toutes parts le dieu du Feu qui enveloppait le ciel entier de flammes dévorantes, brûlant par l'éclat de ses rayons piquants et faisant souffler dans l'espace un vent qui étouffe. Mais le magnanime Garouda, rapide en ses actions, ayant multiplié 90 fois ses 90 bouches, avala par chacune d'elles des rivières, et revint d'un vol précipité. L'oiseau terrible à ses ennemis, qui combat sur ses ailes comme sur un char, enveloppa complètement de ces rivières Agni enflammé; puis il prit un autre corps très petit, désireux de pénétrer plus loin, après avoir apaisé le Feu.

XXI.

Saôti parle.

S'étant transformé en (une petite masse) d'or dont l'éclat repoussait les rayons d'Agni, l'oiseau pénétra par un mouvement violent (dans le Feu), comme le courant d'un ruisseau dans la mer; il aperçut auprès de l'ambroisie le disque tranchant tout autour, errant au hasard et sans cesse (dans les rangs ennemis), bien aiguisé, fait de fer, pareil au soleil brûlant, terrible (dans ses effets), déchirant ceux qui enlèvent l'ambroisie, épouvantable à voir; cette machine extraordinaire fabriquée avec soin par les dieux.

Or, ayant trouvé l'occasion favorable, l'oiseau en fit le tour, puis, rapetissant son corps, il se glissa à l'angle d'un des rayons, tout d'un coup, en bas du disque, et là même s'offrirent à sa vue deux gros serpents pareils à des éclairs enflammés, d'une très grande force, ayant des langues de feu, des gueules brûlantes et des yeux semblables à des charbons ardents; animaux effroyables dont les regards lancent le venin, toujours en colère, rapides en leurs mouvements, qui sont préposés à la garde de l'ambroisie. Leurs yeux sont toujours pleins de fureur; ils ne les ferment pas un instant; celui qui tomberait sous le regard de l'un d'eux serait aussitôt réduit en cendres.

Mais l'oiseau obscurcit rapidement avec la poussière les yeux des deux monstres, et lui-même caché sous une forme qui le dérobe à leur vue, il les harcèle de tous côtés : se glissant près d'eux, le fils de Vinatà, qui vole dans l'espace, saisit l'ambroisie entre les deux gardiens, et s'enfuit. L'héroïque oiseau enleva donc l'eau d'immortalité, puis, d'une aile légère, il prit sa course élevée en secouant le vase, lui qui est doué d'une grande force; sans avoir bu lui-même l'ambroisie, mais l'ayant seulement emportée, l'oiseau parti s'en alla rapidement et sans fatigue, couvrant l'éclat du soleil.

7

Alors, tandis qu'il s'en allait (dans les airs), le dieu Vichnou Nàràyana loua le fils de Vinatà de cette action surhumaine, et il dit à l'oiseau : « Je suis le dieu immortel *Varada*, (celui qui accorde les dons)! » Celui qui va dans l'espace demanda (pour faveur) qu'il lui fût permis par Vichnou d'habiter en haut. Puis il dit encore au dieu cette parole. « Que je sois exempt de vieillesse et immortel, même sans avoir bu l'ambroisie! »

« Qu'il en soit ainsi, » répondit Vichnou au fils de Kaçyapa, et après avoir reçu cette double faveur, Garouda dit au dieu : « Tu dois encore m'accorder un don, choisis toi-même ! » Et le bienheureux Vichnou se détermina à faire du puissant oiseau sa propre monture; il en fit son attribut en disant : « Tu te tiendras en haut! — Qu'il en soit ainsi, » répondit l'oiseau à Vichnou, et il s'envola avec une grande rapidité, avec une vitesse à rendre le vent jaloux.

Indra harcela avec colère des coups de la foudre le meilleur des oiseaux, l'héroïque Garouda qui s'envolait en emportant l'ambroisie, et dans cette lutte acharnée, le meilleur des volatiles, Garouda, assailli de tous côtés par la foudre, dit à Indra en souriant et d'une voix adoucie : «Je réduirai la foudre aux proportions d'un richi; je lui donnerai un corps formé d'os, à ce tonnerre qui t'appartient, ô dieu à qui l'on offre cent sacrifices ! Je laisserai tomber cette seule plume dont tu ne pourras obtenir la destruction; jamais, en aucune façon, les coups de la foudre ne peuvent me nuire. »

Ayant ainsi parlé, le roi des oiseaux lâcha une plume, et quand ils virent tomber cette plume incomparable, sortie de Garouda, tous les êtres, pleins d'allégresse, célébrèrent le roi des oiseaux; en regardant cette magnifique plume, ils dirent : « Qu'elle devienne un Garouda ! »

A la vue de ce grand prodige, Indra aux mille yeux, qui brise les villes ennemies, fit cette réflexion : cet oiseau est un être supérieur! Puis il lui dit.

Indra dit : « Je désire (mieux) connaître ta force suprême, incomparable; et je veux lier avec toi une amitié éternelle, ô excellent oiseau ! »

XXII.

Garouda dit : « Soit, que je devienne ton ami, redoutable Indra! Sache que ma force est grande et incommensurable. Les sages n'approuvent pas volontiers cette louange que l'on fait soi-même de sa puissance, ni non plus cette manière de célébrer ses propres qualités, ô Indra aux cent sacrifices ! Puisque nous voilà liés d'intimité, je répondrai à tes questions, ô ami ; car pour ce qui regarde les choses dites à mon avantage, je ne dois pas te parler faussement.

« Cette terre (que tu vois) avec ses montagnes, ses forêts et l'eau de ses mers, je la porterais sur mon aile, ô Indra! et toi aussi suspendu dessous ; tous les mondes serrés ensemble, avec les êtres mobiles et immobiles, je les porterais sans fatigue ; vois ma grande force ! »

Saôti parle.

Quand il eut entendu la parole (prononcée par) l'héroïque (oiseau), le dieu orné d'une tiare, le meilleur des immortels, le divin Indra, cher à tous les mondes, dit à Garouda, ô Çaônaka! « Puisqu'il en est ainsi, puisque tout est en toi, tu dois accepter mon amitié sans bornes et parfaite ; si tu n'as rien à faire de l'ambroisie, il faut me la donner ; car ceux-là deviendraient pour nous de cruels ennemis, à qui tu la donnerais, ô maître! »

Garouda dit : « C'est dans un certain but que j'ai été envoyé à la recherche de l'ambroisie; je ne donnerai point (à un autre) ce dépôt que je dois livrer à quelqu'un ; mais là où je le déposerai moi-même, ô Indra aux mille yeux, cours vite et enlève-le, ô roi des cieux! »

Indra dit : « Je suis satisfait des paroles que tu viens de prononcer, ô toi qui es né d'un œuf! Le don qu'il te plaira me demander, reçois-le de moi, ô excellent oiseau! »

Saôti parle.

A ces mots, se rappelant les serpents, fils de Kadroû, se ressouvenant du tort qu'ils ont fait à sa mère, et qui fut cause de l'esclavage (dans lequel elle gémit), Garouda répondit : « Je suis certes le maître de toutes choses, mais je ferai ce qui t'est utile. Les serpents pleins d'énergie, ô Indra! doivent être dévorés par moi. » Et après qu'il eut ainsi parlé, le destructeur des Dânavas (Indra) s'en alla vers le dieu des dieux, le magnanime Hari (Civa), le maître des ascètes ; il se le rendit propice et lui répéta plusieurs fois les paroles de Garouda; et le maître des dieux s'écria : « J'enlèverai l'ambroisie du lieu où elle sera déposée! »

Après qu'il lui eut ainsi parlé, l'oiseau s'en alla rapidement près de sa mère, et donna aux serpents assemblés cette joyeuse nouvelle : « L'ambroisie apportée pour vous, je vais la déposer sur des tas d'herbe *kouça.* » Alors les serpents s'occupant à faire des oblations en signe de joie, et se disposant à se baigner, il leur dit : « Cette promesse faite par vous tous ici présents, à savoir : que ma mère cessera dorénavant d'être esclave; qu'elle soit accomplie, car de mon côté j'ai tenu ma parole. »

Les serpents allèrent se baigner après avoir dit : « Il en

sera ainsi! » Et alors Indra ayant pris l'ambroisie dans le lieu où elle était déposée, retourna au ciel. Cependant les serpents, avides de boire l'eau d'immortalité, se rendirent à l'endroit indiqué, purifiés par le bain, pleins de joie, et s'étant acquittés des prières et des oblations qui célèbrent leur réjouissance. Mais cette ambroisie déposée sur un lit d'herbe *kouça*, ils s'aperçurent qu'elle avait été enlevée ; il y avait eu fraude. « Voilà le lieu où était l'ambroisie, » dirent-ils, et ils léchèrent cette herbe.

C'est alors que la langue des serpents est devenue double (bifurquée à la pointe), et c'est par suite du contact avec l'eau d'immortalité que l'herbe *kouça* est devenue pure et propre aux sacrifices. Ainsi l'ambroisie fut apportée et emportée par le magnanime Garouda, et par lui les serpents eurent une double langue.

Ensuite, rempli d'une joie extrême, l'oiseau se retira avec sa mère dans la forêt, et là le mangeur de serpents, respecté de tous les volatiles et plein de gloire, réjouit Vinatâ (délivrée de l'esclavage).

Celui qui aura entendu lire cette histoire, ou bien qui la récitera toujours au milieu d'une assemblée des chefs des brahmanes, sans aucun doute il ira droit au ciel, ce vertueux mortel, pour avoir célébré la louange du magnanime Garouda, roi des oiseaux.

XXIII.

Çaônaka dit : « Tu nous as raconté, ô Saôti, la cause de la malédiction prononcée contre les serpents par leur mère et par Garouda ; le don accordé par Kacyapa à ses deux femmes; tu nous as dit aussi les noms des deux oiseaux fils de Vinatà ; mais tu n'as pas fait entendre les noms des serpents ; nous désirons tout d'abord connaître ceux des principaux d'entre eux. »

Saôti parle.

« A cause de leur grand nombre, ô brahmane riche en austérités, je ne ferai pas connaître les noms de tous les serpents, mais apprends de moi ceux des principaux. »

Cécha (celui qui désigne l'espèce) est né le premier; après lui Vâsouki (celui dont la tête est une perle), puis Aïravata (né des nuages ou de l'océan), Takchaka (le charpentier), Karkotaka (au corps moucheté), Danamdjaya (qui conquiert les richesses), Kàliya (noirâtre), Maninàga (le serpent au diamant), Apourana (qui n'est pas vieux), Pindjaraka (jaunâtre), Elàpatra (pareil aux feuilles du cardamon), Vàmana (le nain), Nila et Anila (bleu et brun), Kalmàcha (tacheté de blanc et de noir), Çavala (moucheté), Aryaka (digne respect), Ougraka (terrible), Kalaçapotaka (vase de terre), Sourâmoukha (bouche qui boit le vin), Dhadimoukha (bouche qui boit le lait de beurre), Vimalapindaka (au corps exempt de taches), Apta (recommandable), Karotaka (au crâne proéminent), Çankha (conque marine), Bàlicikha (queue de singe), Nichthânaka (ferme en sa marche), Hémagouha (dont la caverne est dans une mine d'or), Nahoucha (qui aime enlacer), Pingala (jaunâtre), Vâhyakarna (oreille de bœuf), Hàstipadas (pied d'éléphant), Moudgarapindaka (dont le corps est en forme de massue), Kambala (couvert d'une peau épaisse), Açwatara (rapide comme un cheval), Kàliyaka (couleur de bois de Sandal foncé), Vrittasambartaka (qui s'occupe à des œuvres déterminées), les deux serpents connus sous le nom de Padma (lotus);

Çankhamoukha (bouche en forme de conque), Kouchmandaka (fait comme une gourde), Kchémaka (fortuné), Pindâraka (qui suit les troupeaux ou va en troupes?), Karavîra (fait comme un cimeterre), Pouchpadanchtra (aux dents fleuries), Vilvaka (pareil aux fruits de l'ægle marmelos), Mouchakâda (mangeur de rats), Çankaciras (tête de conque), Pournabhadra (dont le bonheur est accompli), Haridraka (couleur de Turmeric), Aparâdjita (invincible), Djyôtika (astronomique), Crivaha (monture de Lachmî), Koumouda (lotus blanc), Kaumoudâkcha (mangeur de lotus blanc), Kaoravya (du pays de Kourou), Dhritarâchtra (qui a bien soin de son royaume), Çankhapinda (dont le corps est en forme de conque), Viradjas (sans passions), Soubahou (aux bras solides), Çâlipinda (bouchée de riz), Hastipinda (au corps d'éléphant), Pitharaka (bâton à baratter), Soumoukha (beau), Kaonapâçana (mangeur de cadavres), Koutara (morceau de bois auquel on attache la corde du bâton à baratter), Koundjara (qui a des défenses), Prabhâraka (très pesant), Tittiri (dont le cri imite celui du francolin), Halika (qui ondule comme le sillon), Karddama (qui beugle), Bahoumoûlaka (qui a beaucoup de racines, chevelu?), Karkara (dur comme la pierre), Akarkara (tendre, mou), Koundôdara (au ventre en forme de pot), Mahodara (au gros ventre) (1).

Tels sont ceux qui sont réputés les principaux d'entre les serpents, ô excellent brahmane! à cause de leur grand nombre, les noms des autres ne sont pas mentionnés. La descendance des premiers et des enfants de leurs enfants

---

(1) Nous avons cru devoir joindre la signification du nom sanscrit de ces nombreux serpents, pour rendre l'énumération plus supportable en français.

me semble tout à fait incalculable ; ainsi, je n'en parlerai pas, ô austère brahmane! Il y en a des milliers, des millions, et ils sont impossibles à compter, ô toi qui es riche en mortifications !

XXIV.

Çaônaka dit : « Les serpents que tu viens de nommer, pleins de force et difficiles à aborder, quand ils encoururent la malédiction (lancée contre eux), que firent-ils?

Saôti parle.

Leur chef Cécha très renommé, ayant abandonné sa mère Kadroû, se livre à des austérités sévères, vivant d'air et tout occupé de ses observances : après avoir gagné le mont Gandhamâdana (à l'est du Mérou), puis le mont Vadaryà, il pratique ses mortifications à Gokarna, dans la forêt Pouchkrâra, au pied de l'Himalya ; et dans les divers endroits de pélerinage célèbres par leur pureté, dans ces lieux où l'on offre des sacrifices, il est occupé d'une seule pratique, veillant sur lui-même, toujours attentif à réprimer ses sens.

Brahma le vit plongé dans les mortifications, (devenu) terrible par ses austérités, tout desséché dans sa chair et dans sa peau, portant ses cheveux nattés et des habits déchirés, pareil à un mouni; et Brahma dit au serpent ferme dans la vérité, livré à de rigides observances : « Que fais-tu ici, ô Cécha; que les créatures avant tout soient heureuses, veille à cela! Car par l'extrême ardeur de tes mortifications, tu consumes les créatures, ô être sans tache! Dis-moi donc, ô Cécha, quelle est l'affaire qui te tient au cœur? »

Cécha dit : « Tous les serpents, mes frères, nés de la même mère que moi, sont des insensés ; je ne puis vivre avec eux, et tu dois admettre le motif (qui me fait agir) ; ils se calomnient les uns les autres, comme des ennemis, et moi je suis occupé à ces austérités pour ne pas les voir ! Ils ne peuvent supporter nos frères nés du même père, ni leur mère Vinatâ. Or, il y a en un surtout, le fils de Vinatâ, le grand oiseau, auquel ils témoignent sans cesse de la haine, et c'est le plus puissant de tous par l'effet du don que lui a accordé notre père (commun), le magnanime Kacyapa. Et moi, en pratiquant ces austérités, je me délivrerai de ce corps afin que, une fois mort, je ne sois pas confondu avec eux. »

A Cécha parlant de la sorte, Brahma répondit : « Je connais, ô Cécha, la malice de tous tes frères, et à cause de l'offense commise envers ta mère, un grand danger les menace ; mais toi, ô serpent, tu t'es retiré du milieu d'eux auparavant ; il n'est pas juste que tu partages le triste sort de tous tes frères. Choisis, ô Cécha, demande-moi un don qui te fasse plaisir ; je te l'accorderai aujourd'hui même, ce don ; car je suis très content de toi. Bonheur à toi, ta pensée est entrée dans la voie de la justice, ô le meilleur des serpents ! Que toujours, de plus en plus, ta pensée demeure invariable dans cette sainte voie ! »

Cécha répondit : « Voilà le don que je désire, ô dieu, père des créatures ! Que ma pensée se réjouisse dans la justice, le calme du cœur et la mortification. »

Brahma dit : « Je suis satisfait, ô Cécha, de te voir ainsi maître de tes passions et de tes sens, mais tu dois accomplir l'œuvre à laquelle je t'emploie dans l'intérêt des créatures ; cette terre couverte de montagnes et de forêts, avec ses mers, ses villages, ses habitations passagères et ses villes, cette terre est complètement mobile, ô Cécha, saisis-la et tiens-toi de manière qu'elle reste dans l'immobilité !

Cécha dit : « Ainsi que l'ordonne le dieu qui accorde les dons, le dieu maître de créatures, maître de la terre, maître des êtres, maître du monde, me voilà prêt à supporter cette terre; accorde-lui d'être immobile sur ma tête, ô Brahma! »

Brahma dit : « Va sous la terre, ô excellent serpent, elle t'offrira elle-même un endroit creux (où tu puisses te mettre), et en supportant sur ta tête cette terre soutien de tous les êtres, tu fais une action qui m'est grandement agréable, ô Cécha ! »

Saôti parle.

Ayant obéi et étant entré dans l'endroit laissé vide pour lui, le grand roi des serpents se tient dans le ciel; il soutient sur sa tête la terre divine, embrassant de toutes parts la circonférence de l'océan.

Brahma dit : « Tu es Cécha, tu es le dieu de la justice, le meilleur des serpents, toi qui soutiens seul cette terre, en l'embrassant tout entière de tes replis sans fin, comme je ferais moi-même, comme ferait Indra. »

Saôti parle.

Ainsi il habite au-dessous de la terre, ce terrible serpent aux replis sans fin, soutenant le monde tout seul, d'après l'ordre de Brahma, ô maître ! et le maître des créatures, le bienheureux (Bhagavat), le plus excellent des immortels, donna pour compagnon à Cécha l'oiseau, fils de Vinatà.

XXV.

Saôti parle.

Quand il eut appris la malédiction prononcée par sa mère, Vâsouki, le meilleur des serpents, se mit à songer de quelle manière il en préviendrait l'effet; et il tint conseil avec tous ses frères très attachés à la justice, Aïrâvata et les autres.

Vâsouki dit : « Vous savez comment cette malédiction a été dirigée contre nous, ô vous qui êtes sans péchés! Après avoir délibéré, réunissons nos efforts pour tâcher de l'éviter. Contre toutes les malédictions, il existe des remèdes; mais pour ceux qui sont maudits par une mère, je ne sais de qui ni d'où peut venir la délivrance; car cette malédiction passe avant celle lancée par le dieu éternel et sans bornes, dont les paroles ne trompent pas. Quand j'entends (résonner ces mots), nous sommes maudits, j'éprouve en mon cœur un frisson; assurément notre destruction à tous est imminente, car le dieu éternel n'a pas arrêté la mère qui maudissait. Donc, concertons aujourd'hui quelque plan qui sauve la vie (à notre famille) de serpents, de sorte que nous évitions cette mort dont nous sommes tous prématurément menacés. Quand les plus habiles et les plus réfléchis d'entre nous auront délibéré, voyons un moyen d'arriver à la délivrance, comme firent jadis les dieux à propos d'Agni, condamné à périr et retiré dans une caverne solitaire; afin que le sacrifice n'ait pas lieu, afin d'empêcher la destruction qui résulterait de l'œuvre entreprise par Djanamedjaya pour la ruine des serpents. »

Saôti parle.

Ayant agréé ce conseil, tous les fils de Kadroû assemblés, très occupés à chercher un moyen, prirent diverses résolutions, et quelques serpents dirent : « Transformons-nous en brahmanes et mordons Djanamedjaya, afin que le sacrifice n'ait pas lieu. »

D'autres dirent, et c'étaient les serpents pleins de hauteur et d'ignorance : « Devenons tous ses conseillers, ceux dont il suivra les avis ; il nous fera connaître sa détermination dans tout ce qu'il aura à faire, et nous dirigerons sa pensée de manière à ce que le sacrifice n'ait pas lieu. Ce roi plein de sagesse, nous croyant très sensés, nous expliquera le but évident de ce sacrifice, et nous lui dirons : ne le fais pas! en lui montrant les nombreux et terribles péchés dont il se chargerait dans ce monde et dans l'autre, (en causant la mort de tant d'êtres) ; enfin par des causes et des raisons telles que le sacrifice n'ait pas lieu; ou bien encore, comme il y aura pour cette cérémonie un prêtre officiant, instruit dans les rites du sacrifice des serpents, attentif à la parfaite réussite des œuvres du roi, que quelqu'un aille vers lui et le morde; il mourra, et le sacrificateur étant mort, le sacrifice ne se fera pas! S'il y a d'autres prêtres de la famille habiles à offrir les holocaustes des serpents, eh bien! nous les mordrons (l'un après l'autre), et notre but sera atteint. »

D'autres plus attachés à la justice et plus compatissants dirent à leur tour : « Ce que vous pensez là est stupide ; il n'y a rien de louable à tuer un brahmane! La patience dans le malheur est la racine principale et absolue de la vraie justice; et la justice cessant d'être le premier devoir, le monde serait détruit. »

D'autres serpents encore prirent la parole, et dirent : « Quand le feu du sacrifice sera bien allumé, nous étant

transformés en nuages pleins d'éclairs, éteignons-le par
des pluies abondantes; que d'autres bons serpents d'entre
nous s'étant mis en marche pendant la nuit enlèvent rapidement du milieu (des sacrificateurs) inattentifs le vase au
beurre clarifié; ainsi il y aura obstacle à l'accomplissement de l'œuvre; ou bien, que des serpents par centaines,
par milliers, mordent, dans le sacrifice même, tous ceux
qui s'y trouveront; ainsi nous serons sauvés. Ou bien
encore, que les serpents corrompent la nourriture préparée
pour la solennité, au moyen de leurs excréments qui rendent
mortelle toute chose mangeable. »

Il y en eut encore qui dirent : « Métamorphosons-nous
en prêtres sacrifiants, et nous mettrons obstacle à leur entreprise, en disant : Qu'on nous accorde les présents d'u-
sage! Et (le roi), soumis à notre bon plaisir, fera ce que
nous désirerons. »

Ceux-ci dirent aussi : « Quand le roi jouera dans les
eaux, saisissons-le, emmenons-le au fond et tuons-le; de
cette façon le sacrifice ne se fera pas! »

Ceux-là dirent dans leur orgueil et leur ignorance : « Pre-
nons-le vite, mordons-le, et notre but est rempli! Par sa
mort, la racine de ces entreprises sera coupée : telle est notre
décision bien arrêtée; maintenant que tu as vu et entendu, ce
que tu décides en ton esprit, ô roi! doit être mis à exécution.»

Après avoir ainsi parlé, ils regardent Vâsouki le meilleur
des serpents, et Vâsouki ayant réfléchi de son côté, leur
dit : « Cette décision arrêtée par vous ne peut être mise à
exécution, ô serpents! Cette pensée commune à vous
tous, les reptiles, ne me plaît pas. Ce que l'on doit défini-
tivement entreprendre, doit être ce qui est le plus dans
votre intérêt; or, le mieux serait, je crois, d'apaiser le

magnanime Kacyapa, dans l'intérêt de ma famille et dans le mien propre, ô serpents! Ma réflexion ne me fait pas connaître que l'on doive mettre à exécution aucun des projets énoncés par vous ; il faut que j'accomplisse ce qui sera le plus dans votre intérêt. A cause de cela, je désapprouve les pensées bonnes ou mauvaises, (ingénieuses ou non) dictées par l'aveuglement. »

XXVI.

Saôti parle.

Après avoir entendu les discours divers des serpents indécis et les paroles de Vâsouki, Elàpatra dit à son tour : « Non, ce sacrifice ne sera pas! Ce roi Djanamedjaya, fils de Pândou, ne sera pas tel qu'il nous suscite un grand péril! L'homme qui serait condamné par le destin, ô roi, chercherait un refuge dans le destin même! Il n'y a pas d'autre ressource. C'est le destin qui nous menace, ô serpents! Cherchons donc un refuge dans le destin ; et là-dessus écoutez mes paroles.

« Quand la malédiction fut prononcée, j'entendis alors la voix de notre mère, car dans ma frayeur j'étais monté sur une colline, ô excellents Nàgas! Puis j'allai jusqu'auprès de Brahma, au milieu des dieux affligés, qui disaient au créateur plein d'éclat : Ces grands reptiles à la morsure piquante ont encouru une malédiction terrible. . . . . . . Les dieux dirent : Quoi! après avoir obtenu des enfants qui lui sont chers, ô Brahma, dieu des dieux! Kadroû les maudirait véritablement devant toi, ces terribles serpents!

Et toi-même, père des créatures, tu as consenti et approuvé ses paroles! Nous désirons savoir la cause de ceci, ne nous la cache pas. »

Brahma dit : « Ils sont nombreux ces reptiles à la morsure cuisante, à la figure horrible, distillant le venin; et moi, j'aime avant tout le bien des créatures, je ne vous le dissimule pas. Ces serpents méchants, cruels, pervers, pleins de poisons, eh bien ! leur destruction est arrêtée; car ils n'ont pas marché dans la justice. Mais sachez par quelle cause, le temps de leur mort étant venu, ils seront sauvés de ce grand péril : dans la famille de Yàyàvara naîtra un grand richi du nom de Djaratkàrou, prudent, voué à de grandes mortifications, maître de ses sens; ce Djaratkàrou aura un fils très austère, nommé Astika, qui viendra alors mettre obstacle au sacrifice ; et là seront délivrés ceux d'entre les serpents qui se tiendront dans la voie de la justice. »

Les dieux dirent : « Ce mouni par excellence, ce Djaratkàrou dont les mortifications sont grandes, ce puissant solitaire, ô Brahma, de quelle femme aura-t-il ce fils magnanime? »

Brahma dit : « Ce sera d'une femme ayant le même nom que lui, que cet excellent brahmane, ce puissant Djaratkàrou aura une postérité douée de puissance ; cette épouse sera la sœur de Vàsouki, roi des serpents, et en elle naîtra un fils qui les sauvera eux-mêmes (des effets) de la malédiction. »

Elàpatra dit : « Qu'il en soit ainsi, » répondirent les dieux à Brahma, et, après avoir ainsi parlé aux Dévas, le créateur remonta dans le ciel. Ainsi je vois l'avenir, ô Vàsouki ; ta sœur se nomme Djaratkàrou ; donne-la en mariage au richi qui la demandera comme une aumône, afin de calmer les craintes des serpents; car j'ai appris qu'entre les mains de ce richi fidèle à ses vœux est notre délivrance. »

XXVII.

Saòti parle.

Quand ils eurent entendu les paroles d'Elàptra, tous les serpents, le cœur rempli de joie, ô brahmane, s'écrièrent : « Très bien ! très bien! » Depuis lors, Vàsouki garda bien la jeune fille sa sœur, Djaratkàrou, et il eut une grande satisfaction dans la suite.

Assez peu de temps après, les Dévas et les Asouras barattèrent tous l'océan, demeure de Varouna; et alors Vàsouki le serpent, le meilleur des êtres, doué de force, servit de corde (pour entourer et agiter le mont Mandara); quand l'œuvre fut accomplie, les dieux allèrent trouver Brahma dans le ciel, et en compagnie du roi des serpents, ils dirent au créateur : « Bienheureux, ce Vàsouki est frappé d'une malédiction et il souffre beaucoup ; tu dois arracher cette peine enfoncée comme une épine dans son cœur et produite par l'imprécation de sa mère; (tu dois en délivrer) ce Vàsouki, désirant le bien de ses frères. Car ce roi des serpents s'est toujours montré affectueux pour nous et empressé de nous plaire; accorde cette faveur, ô dieu des dieux, et calme la fièvre qui tourmente son esprit! »

Brahma dit : « Cette parole est déjà fixée dans mon cœur, ô immortels! qui a été prononcée jadis par le serpent Elàpatra à ce sujet. Que ce roi des reptiles accomplisse sa promesse en temps opportun ; périssent les pécheurs, mais non ceux qui marchent dans la justice ! Il est né déjà ce Djaratkàrou, ce brahmane occupé à d'austères pratiques ; que (Vàsouki) lui accorde sa sœur au temps (où il la lui demandera). Les paroles prononcées par le serpent Elàpatra sont dans l'intérêt de toute sa race, ô dieux ! Il en sera ainsi et non autrement. »

Saôti parle.

Ayant entendu le discours du créateur, Vàsouki l'annonça à tous les serpents, troublé lui-même par la malédiction ; il destina sa sœur au richi Djaratkàrou et plaça autour d'elle beaucoup de serpents toujours attentifs à veiller, en disant : « Quand Djaratkàrou désirera choisir une femme, allez vite vers lui et appelez-le, car ce sera pour nous le plus grand bien. »

XXVIII.

Çaônaka dit : « Quant à celui que tu désignes par le nom de Djaratkàrou, ô fils de Soûta, je désire entendre de toi ceci touchant le brahmane magnanime ; pour quelle cause il fut connu dans le monde sous cette dénomination. Tu dois m'expliquer tout au long le sens (obscur) de ces mots : *Djarat Károu.* »

Saôti dit : « *Djara* veut dire dissolution (vieillesse), *Károu* signifie hideux (laid à voir); celui dont le corps est hideux ; parce que le prudent brahmane se consuma peu à peu par d'austères mortifications ; Djaratkàrou fut aussi le nom de la sœur de Vàsouki, ô richi ! »

Quand il entendit ces paroles, le pieux Çaônaka sourit,

et s'adressant à Ougraçravas, il lui dit : «(l'explication est) obtenue! »

Çaônaka dit : « J'ai entendu (ce que tu viens de dire touchant le nom de Djaratkàrou, et) tout ce que tu as raconté précédemment ; maintenant je désire apprendre comment naquit (son fils) Astika. »

A ces mots de Çaônaka, Soûta reprit son récit conforme aux traditions sacrées.

Saôti parle.

Vàsouki préoccupé de son dessein, ayant averti tous les serpents, plaça sa sœur en haut (sur la terre) à l'encontre de Djaratkàrou; pendant longtemps ce richi, ferme en ses observances, très adonné aux mortifications et doué de prudence, n'eut aucun désir de se marier : détournant au profit de la méditation toute idée charnelle, attaché fortement à ses austérités, occupé de ses lectures pieuses, délivré de toute crainte, maître de ses sens, il parcourut la terre entière, le magnanime richi; et il ne lui vint même pas la pensée de prendre une femme.

Cependant, à une autre époque, il y eut un roi de la race des Kourous (fils d'Ardjouna), nommé Parikchit, ô richi ! Il fut comme jadis son aïeul Pàndou aux grands bras, le meilleur des archers dans la bataille, très adonné au plaisir de la chasse. Perçant de ses flèches les gazelles, les sangliers, les hyènes, les buffles et d'autres habitants des forêts d'espèces diverses, il errait, ce roi de la terre. Or, une fois, ayant blessé une gazelle d'une flèche à la pointe recourbée, il jeta son arc sur ses épaules et courut dans la forêt ténébreuse, pareil au bienheureux Roudra quand il eut percé dans les cieux la gazelle du sacrifice; il courut armé de son arc, en cherchant les traces (de la bête) çà et là.

Mais la gazelle blessée par lui n'alla pas vivante dans la forêt; après avoir bien vite ressaisi sa première forme, elle avait pris la route du ciel. L'animal blessé par le roi Parîkchit était mort, et le roi de la terre, entraîné loin (à sa poursuite), fatigué, tourmenté par la soif, rencontra dans la forêt un solitaire assis dans les lieux où paissaient les vaches, la tête tournée vers les veaux, et s'appropriant presque toute l'écume du lait qu'ils boivent. Le roi courut rapidement vers le mouni fidèle à ses vœux ; il lève son arc pour le saluer, et comme il était las et affamé, il dit : « ô brahmane, je suis le roi Parikchit, fils d'Abhimaniou, j'ai blessé une gazelle, ne l'as-tu pas vu morte quelque part? »

Le solitaire ne répondit rien, car il avait fait vœu de silence, et le roi en colère lui jeta autour du cou un serpent mort qu'il releva avec la pointe de son arc, puis il le regarda (dédaigneusement); le solitaire n'avait rien dit, pas un mot de bon ou de mauvais augure. Quand sa fureur fut passée, le roi s'effraya à la vue de ce qu'il venait de faire, puis il s'en alla dans sa ville.

Mais le richi resta au même endroit; car le grand solitaire, voué à la patience, ainsi traité avec mépris, ne témoigna aucune irritation contre ce roi sorti de la ligne de ses devoirs ; car de son côté il ne connaissait pas ce brahmane, strict observateur de la loi, ce roi, le meilleur des descendants de Bhârata, qui se montrait si hautain envers lui.

Or, le mouni avait un jeune fils doué d'un éclat redoutable, voué à de grandes austérités, facile à enflammer, difficile à apaiser, rigide en ses observances; son nom fut Çringui : de temps en temps il vient respectueusement avec une grande fidélité rendre ses devoirs au brahmane son père, assis dans sa même méditation et occupé du bien de tous les êtres. Avec la permission du solitaire il était allé dans sa maison en compagnie d'un ami, aussi brahmane, qui aimait à jouer et à rire. Mais le fils irascible du solitaire fut enflammé de rage et plein de fiel, quand cet ami lui montra son père, et la fureur s'empara de lui, ô toi le meilleur des deux fois nés! quand ce compagnon (nommé) Kriça, fils de brahmane aussi, lui dit en se moquant.

Kriça dit : « Ton père à toi, qui es doué d'un grand éclat et voué aux mortifications, ton père porte un corps mort sur son épaule; ne sois pas si fier, ô Çringui! Au milieu des enfants de richis qui jouent ensemble ne dis plus une parole, ni parmi ceux de notre caste, avancés dans la vertu, habiles dans le Véda, voués aux austérités. Où est cette hauteur que tu montres parmi les hommes, où sont les paroles que te dicte l'orgueil, toi qui vois ainsi ton père porter un cadavre? Ce que fait là ton père n'est pas digne de lui ; c'est là une action, ô toi le meilleur d'entre les fils des solitaires, qui m'afflige beaucoup ! »

XXIX.

Saôti parle.
A ces mots, l'austère Çringui qui avait entendu appeler son père porteur de cadavre fut enflammé de colère. Regardant en face son compagnon Kriça, il lui dit une parole agréable et lui demanda : « Comment se fait-il que mon père porte maintenant un corps mort sur son épaule? »

Kriça dit : « C'est le roi Parîkchit qui, entraîné à

poursuivre une gazelle, a appliqué tout à l'heure sur l'épaule de ton père ce serpent mort. »

Çringui dit : « Quoi! mon père a eu à souffrir de la part de ce roi dépravé une telle insulte? Dis en vérité, Kriça; et tu verras la puissance que me donne la mortification! »

Kriça dit : « Le roi Parîkchit, fils d'Abhimaniou, étant allé à la chasse, courait seul sur les traces d'une gazelle au pas rapide qu'il avait blessée d'une flèche; mais il n'aperçut pas l'animal dans cette grande forêt qu'il traversa en tous sens, et comme il vit alors ton père à qui il pouvait s'adresser, il l'interrogea. Affamé, tourmenté par la soif, bien las, le roi adressa plusieurs fois des questions sur la gazelle blessée au solitaire qui se tenait là immobile comme un pieu; mais le mouni voué au silence ne répondit même pas, et le roi, ramassant un serpent mort de la pointe de son arc, le lui jeta autour du cou; et ton père, ô Çringui, le voilà là, dans sa même place, attentif à veiller sur ses sens; mais le roi est parti pour sa ville d'Hàstinapoura! »

Saôti parle.

Quand le fils du richi eut entendu comment le corps du serpent se trouvait sur l'épaule de son père, les yeux rouges de colère, et comme enflammé de fureur, emporté par la rage, il se mit à maudire le roi. Jetant de l'eau (en signe d'imprécation), il dit tout plein de l'éclat allumé en lui par la violence et l'élan de son indignation : « Puisque ce roi pervers a, sur l'épaule de ce vieillard, mon père, affligé par l'âge, appliqué un serpent mort, que le roi des serpents Takchaka plein de colère, au poison mortel, à l'éclat dévorant, obéissant à la puissance de ma parole, au commencement de la septième nuit (à partir de ce soir), conduise dans la demeure du dieu des enfers ce pécheur contempteur des brahmanes, qui ternit la renommée des Kourous (ses aïeux) ! »

Saôti parle.

Après cette imprécation, Çringui, plein de fureur, alla vers son père toujours assis dans le pâturage et portant (encore) le serpent mort (sur son épaule). A la vue de son père souillé par le contact du reptile jeté sur son cou, Çringui fut saisi d'un nouvel accès de rage ; dans l'excès de sa douleur il versa des larmes et dit au richi : « Quand j'ai appris l'affront que t'a fait le roi pervers Parîkchit, dans ma douleur, je l'ai maudit d'une manière terrible, comme il le mérite, lui le plus vil de la race des Kourous; au septième jour (a partir d'aujourd'hui), Takchaka le meilleur des serpents enverra ce pécheur dans le redoutable empire du dieu Yama. »

Le brahmane Çamîka (c'était son nom) dit alors à son fils troublé par la colère : « Je ne suis pas content de ce que tu as fait; ce n'est pas là la conduite de ceux qui sont voués aux mortifications. Nous habitons dans le royaume de ce monarque et nous y sommes convenablement protégés ; car il s'efface, le péché de ce roi qui se conduit toujours d'après nos lois en toute occasion. Il faut savoir supporter un affront, ô mon fils! Quand la justice périt, elle tue, n'en doute pas. Si le roi ne nous protège pas, notre peine est extrême ; alors, nous ne pouvons plus pratiquer nos devoirs avec tranquillité; quand nous sommes gardés par des rois qui comprennent leurs devoirs, alors nous pratiquons les nôtres dans toute leur étendue : telle est la part qui les concerne dans l'ensemble des devoirs.

« De la part d'un roi qui veille à tout, certes, il faut supporter quelque chose! Parîkchit, comme son aïeul Ardjouna, nous garde sur tous les points, ainsi que par un roi les sujets doivent être gardés, ô mon fils! Aujourd'hui troublé par la faim et la fatigue, ce roi austère a failli par ignorance, je le crois ; telle est ma pensée là-dessus. Dans un pays sans roi, il se commet toujours des fautes graves ; le monde, éternellement gonflé (comme une mer agitée), s'apaise par le sceptre du roi (qui gouverne et châtie). Du châtiment naît la crainte, et de la crainte naît toujours la tranquillité; alors il n'y a plus d'entrave à la pratique des devoirs, il n'y a plus d'obstacle à l'accomplissement des œuvres qui regardent les dieux. Du roi dépend la pratique des devoirs; de la pratique des devoirs dépend le ciel; sur le roi reposent les sacrifices, sur les sacrifices repose (l'existence) de tous les dieux. Du ciel dépend la pluie, et de la pluie les plantes annuelles; ainsi le dit la tradition; et sur ces mêmes plantes repose toujours le bien des hommes.

« Or, le roi qui protège et soutient les hommes, le roi qui gouverne est égal à dix brahmanes versés dans les saintes écritures; ainsi l'a dit Manou. Donc, aujourd'hui troublé par la faim et la fatigue, ce roi austère a failli par ignorance, je le crois; telle est là-dessus ma pensée. Pourquoi, par une folie d'enfant, as-tu, sans réflexion, commis à son égard une action si mauvaise? Car assurément ce roi ne mérite d'aucune manière d'être maudit par nous, ô mon fils! »

XXX.

Çringui dit : « Que ma conduite ait été violente, que mon action soit blâmable, qu'elle te soit agréable ou non, ce que j'ai prononcé ne sera pas vain ! Il n'en sera pas autrement, ô mon père, je te l'affirme. Car je ne parle jamais en vain, même dans les choses de peu d'importance, à plus forte raison si je maudis. »

Çamîka dit : « Je connais ta puissance terrible et l'efficacité de tes paroles; ce n'est pas faussement que (cette malédiction) est d'avance lancée par toi, et ceci n'aura point été dit en vain ; mais un fils, même dans l'âge mûr, peut toujours être blâmé par son père, de telle sorte qu'il soit orné de qualités et qu'il acquière une grande renommée ; donc à plus forte raison toi qui es un enfant toujours plongé dans des pratiques austères (qui te rendent plus redoutable.)

« La disposition à la colère tend à augmenter chez les ascètes magnanimes, doués d'un grand éclat; je le vois ; c'est moi qui dois être blâmé en toi, ô observateur de la loi brahmanique, lorsque, songeant que tu es mon fils, je considère ton étourderie et ta violence ! Ainsi, te livrant à l'étude de la patience, cherchant ta nourriture dans la forêt, va ! Car, jusqu'à ce que tu aies dompté ce penchant à la colère, tu ne posséderas pas vraiment tes devoirs; car la colère détruit la justice; car elle est pour les ascètes une source abondante de malheurs, et ceux qui tuent la justice vont dans une voie qui n'est pas approuvée. La patience au contraire fait prospérer les ascètes qui savent supporter un affront. Aux hommes patients appartient ce monde, et le monde à venir appartient aux hommes patients.

« Ainsi donc, va! Occupe-toi toujours à cultiver la patience, à réprimer tes passions. Par la patience tu obtiendras les mondes de Brahme qui succèdent à celui-ci; tout ce dont je suis capable, moi qui me suis voué à la patience, je le ferai désormais, et j'enverrai (un disciple) devant le roi pour lui dire : Mon fils, enfant sans réflexion, t'a maudit, ô roi! furieux de voir l'outrage que tu m'as fait. »

Saôti parle.

Après avoir donné cet avertissement (à son fils), le solitaire, fidèle à ses vœux, miséricordieux et austère, envoya son disciple au roi Parakchit; il expliqua la manière de saluer le roi et le but du message au disciple Gaôramoukha, doux de caractère et attentif à l'écouter. Celui-ci allant vite vers le monarque, descendant de Kourou, entra dans le palais du prince, introduit auparavant par les gardiens de la porte. Alors salué respectueusement par le roi, le brahmane Gaôramoukha, fatigué de la route, lui raconta tout en détail; (il lui dit), en présence de ses conseillers, la terrible parole prononcée par Çringui.

Gaôramoukha dit : « Dans tes états, ô roi, il y a un richi du nom de Çamîka, très appliqué à ses devoirs, maître de ses passions, doué de patience et grandement austère; sur l'épaule de ce solitaire, qui a fait vœu de silence, tu as posé, ô grand roi! un serpent privé de vie, relevé avec la pointe de ton arc. Il a souffert cette injure de ta part, mais son fils n'a pu la supporter; il t'a maudit sur l'heure, ô roi! à l'insu de son père. A la septième nuit, Takchaka causera ta mort. Ainsi prends bien garde! »

Et il répéta plusieurs fois : « Personne ne peut empêcher (l'effet de cette malédiction); et le solitaire ne peut arrêter (les paroles fatales prononcées) par son fils enflammé de colère; mais il m'a envoyé vers toi, ô roi, dans son désir de t'être utile. »

Saôti parle.

Quand il entendit cette terrible parole, le descendant de Kourou, le roi plein de mérites acquis par les austérités, se repentit d'avoir commis cette faute; et, quand il apprit que l'excellent solitaire de la forêt avait fait vœu de silence, le roi sentit en son cœur un douloureux remords : connaissant alors la commisération de Çamika (par ce message), il se reprocha davantage encore d'avoir commis cette faute envers le pieux ascète. Ce n'est point en entendant parler de la mort que le roi eut du repentir, mais le monarque, pareil aux immortels, eut de la douleur de sa propre action. Puis il renvoya vers son maître le brahmane Gaôramoukha, en lui disant : « Que le bienheureux Çamika daigne m'être encore propice ! »

Le messager étant à peine parti, le roi délibéra avec ses conseillers, le cœur rempli d'alarmes, et, après avoir tenu conseil avec ses ministres, ce prince, fertile en bons avis, fit faire un petit palais d'un seul corps de logis, bien gardé partout; il y réunit des gardiens, des médecins, (il y fit une provision) de simples propres à guérir; des brahmanes habiles dans les conjurations furent de toutes parts assemblés pour y être attachés, et se tenant là, il géra même toutes les affaires de son royaume avec des conseillers, ce prince instruit dans les devoirs de son état, et gardé de toutes parts. Rien ne peut atteindre l'excellent roi retiré dans ce palais ; le vent même qui circule au dehors y est arrêté à l'entrée.

Le septième jour étant arrivé, l'excellent brahmane Kacyapa, habile dans les Védas, vint trouver le roi pour lui porter remède ; car il avait appris comment Takchaka, l'aîné des serpents, doit envoyer ce bon Parîkchit dans l'empire d'Yama. « Ce roi, mordu par le chef des serpents, je lui enlèverai le venin meurtrier ; dans cette occasion, c'est mon intérêt, c'est mon devoir. » Ainsi pensa-t-il en lui-même, mais ce roi des serpents Takchaka, transformé en un brahmane très vieux, aperçut dans la route Kacyapa qui marchait, occupé d'une seule idée. Le chef des serpents dit alors à Kaçyapa, le grand solitaire : « Où vas-tu si vite, quelle affaire as-tu en tête ? »

Kaçyapa dit : « Le roi Parîkchit, descendant de Kourou, vainqueur de ses ennemis, Takchaka le premier des serpents va lui inoculer aujourd'hui même son venin qui dévore, et comme le reptile va mordre ce petit fils d'Ardjouna, doué d'un éclat pareil à celui d'Agni, et d'une splendeur immense, je vais bien vite, ô ami, pour prévenir sur l'heure l'effet du poison. »

Takchaka dit : « Moi, je suis ce Takchaka, ô brahmane, et je mordrai ce souverain de la terre; retourne sur tes pas, car tu ne peux le guérir de ma morsure. »

Kaçyapa dit : « Et moi, étant allé vers le roi, je lui enlèverai la fièvre causée par ton poison ; telle est ma pensée, car j'ai la puissance de guérir. »

XXXI.

Takchaka dit : « Si tu peux en quoi que ce soit guérir ce que j'aurai blessé, eh bien ! rappelle à la vie cet arbre mordu par moi, ô Kaçyapa ! Ce pouvoir suprême de tes conjurations, montre-le, fais tes efforts. Je vais mordre ce figuier sous tes yeux, ô excellent brahmane ! »

Kaçyapa dit : « Mords, ô roi des serpents, mords cet arbre, si tu le désires ; je le rappellerai à la vie malgré la blessure que tu lui feras, ô reptile ! »

Saôti parle.

Ainsi interpellé par le magnanime Kaçyapa, le roi, le plus excellent des serpents s'approcha du figuier et le mordit; l'arbre mordu par le reptile plein de puissance, pénétré par l'àcreté du poison, fut entièrement consumé; puis, après avoir jeté son venin dans cet arbre, le serpent dit de nouveau à Kaçyapa : « Fais tes efforts, excellent brahmane, ressuscite ce roi de la forêt. »

Saôti parle.

Or, il était réduit en cendres, cet arbre, par l'àcreté du venin de Takchaka. Alors, rassemblant toute la cendre, Kaçyapa dit à son tour : « Vois sur cet arbre, ô roi des reptiles, ma puissance dans l'art de guérir; je vais le rendre à la vie sous tes yeux, ô serpent ! »

Et le bienheureux Kaçyapa, le célèbre brahmane, habile dans les *mantras*, rappela à vie, par sa science, l'arbre consumé et réduit en cendres; il fit un rejeton portant une double feuille, puis ensuite un figuier avec son feuillage et ses branches, comme auparavant.

A la vue de cet arbre vivant créé par le magnanime Kaçyapa, le serpent dit : « Il n'y a rien en cela qui m'étonne, ô le meilleur des deux fois nés ! si tu détruis mon poison ou celui de mes semblables, quelle récompense espères-tu obtenir pour cela dans le lieu où tu vas, ô austère richi? Ce même fruit que tu désires retirer (de la reconnaissance) de l'excellent roi, je te le donnerai moi, fût-il difficile à atteindre. Parikchit étant maudit par un brahmane et cassé par la vieillesse, il est douteux que tu obtiennes un grand succès malgré tes efforts ; alors ta gloire si brillante, répandue dans les trois mondes, s'en irait éclipsée comme un soleil sans rayons. »

Kaçyapa dit : « C'est pour avoir de l'argent que je vais vers le roi ; donne-moi des richesses, ô serpent, et je m'en retournerai, dès que j'aurai reçu un présent de quelque valeur. »

Takchaka dit : « Toutes les richesses, même immenses, que tu attends de ce Parîkchit, je te les donnerai; retourne sur tes pas, ô excellent brahmane! »

Saôti parle.

Ayant entendu ces paroles de Takchaka, le meilleur des brahmanes, devenu puissant par ses austérités, se mit à réfléchir dans sa pensée sur la personne du roi; ce Kaçyapa plein d'éclat, initié aux secrets du destin, connaissant que le souverain descendant de Pândou était sur le déclin de l'âge, changea d'avis.

Or, l'excellent solitaire ayant reçu du serpent toutes les richesses qu'il désirait, le magnanime Kaçyapa étant retourné en arrière par suite de cet arrangement, Takchaka alla bien vite dans la ville d'Hâstinapoura, et arrivé là, il apprit que le maître de la terre se gardait de son mieux au moyen de prières mystérieuses, de paroles magiques et de contre-poisons.

Alors il eut cette pensée : « le roi doit être trompé par moi au moyen d'une illusion; mais laquelle emploierai-je? » Et aussitôt Takchaka fit prendre aux serpents, revêtus de l'apparence d'ascètes, de l'eau, de l'herbe *kouça* et des fruits, puis (il les envoya) vers le roi, en disant.

Takchaka dit : « Allez d'un pas délibéré vers Parîkchit, et pour l'accomplissement de mon entreprise, faites-lui accepter l'eau, les fleurs et les fruits. »

Saôti parle.

Les serpents envoyés par Takchaka apportèrent pour l'usage du roi le *kouça*, l'eau et les fruits. Le puissant Parîkchit ayant reçu tout cela de leurs mains et s'en étant servi, dit : « Retirez-vous! »

Or, quand les reptiles, cachés sous l'apparence de

brahmanes austères, se furent en allés, le monarque très content dit à ses ministres et à ses conseillers : «Mangez tous de ces excellents fruits, disposés pour notre usage par d'austères brahmanes; mangez avec moi. »

Alors le roi avec ses compagnons voulut manger les fruits selon la manière que lui avaient indiquée les (faux) richis; mais, dans ce fruit, le serpent lui-même avait aussi mordu, et, dans ce fruit qu'il avait pressé sous sa dent, il se trouvait un tout petit ver presqu'invisible, très court, aux yeux noirs, couleur de cendre rouge, ô Çaônaka! Le roi le prit et dit à ses ministres : « Le soleil va disparaître, je n'ai rien à craindre aujourd'hui du poison; mais ce véridique richi, caché sous la forme d'un ver, celui-là me mordra après être redevenu Takchaka, et alors il faudra quitter ce lieu. »

Les ministres, le voyant près de mourir, entourèrent le roi; celui-ci, après avoir ainsi parlé, plaça bien vite le ver sur son cou en souriant, (quoique) déjà mourant, privé de connaissance; et même comme il souriait ainsi, Takchaka, redevenu serpent, l'enferma dans ses anneaux. Quand il fut sorti de ce fruit, on en avertit le roi; alors, ayant rapidement enlacé le prince de la terre, et poussé un cri retentissant, il le tua de sa morsure, ce Takchaka, roi des serpents.

XXXII.

Saôti parle.

Les conseillers, quand ils virent le roi enveloppé par le serpent, pleurèrent tous beaucoup, le visage abattu et accablé de douleur; et quand ils entendirent le cri poussé par le reptile, les conseillers accoururent et virent le merveilleux Takchaka s'en allant vers le ciel. Plongés dans une grande tristesse, (ils virent) ce roi des serpents Takchaka, brillant comme un lotus, tracer dans le ciel une ligne foncée ; eux-mêmes, dans leur frayeur, abandonnant cette demeure enveloppée de feu, tout enflammée par le poison du serpent, ils s'en allèrent dans l'espace et le roi tomba comme s'il eût été frappé de la foudre.

Le roi étant mort par la puissance dévorante du reptile, un pur brahmane, prêtre de la famille, ainsi que tous les conseillers du défunt accomplirent pour lui les cérémonies funèbres, qui ont rapport au monde futur; tous les habitants de la ville s'étant réunis lui donnèrent pour successeur son jeune fils; celui que les citoyens nommèrent roi, ce fut Djanamedjaya, héros de la race des Kourous, destructeur de ses ennemis. Cet excellent prince, doué en son enfance de la sagesse d'un homme respectable par l'âge, aidé de ces conseillers et des prêtres de sa famille, causa la prospérité de son royaume, comme jadis son héroïque aïeul Ardjouna, le plus brillant de la famille des Pândous.

De leur côté, les ministres de Djanamedjaya ayant vu le jeune monarque, terrible à ses ennemis, revêtu de la cuirasse d'or, allèrent à Bénares pour y préparer son mariage avec Vapouchtamâ. Le souverain de Bénares donna sa fille Vapouchtamâ au héros, descendant des Kourous, après avoir, d'après la loi, tout examiné (touchant les castes et les familles); et le prince, très joyeux d'avoir obtenu cette jeune fille pour épouse, ne songea plus jamais à d'autres femmes. Dans les étangs, au milieu des forêts toutes fleuries, le grand roi plein de joie prit ses ébats ; cet excellent prince fut heureux de posséder Vapouchtamâ, comme jadis

Kouvera d'être l'époux d'Ourvacî; de son côté, Vapouchtamâ, très fidèle à son époux, célèbre par sa beauté, étant unie au roi, le réjouit par sa tendresse et ses jeux aux heures de repos, elle qui brillait entre toutes les femmes du palais. »

XXXIII.

Saôti parle.
En ce même temps, Djaratkârou, voué à de gandes austérités, parcourait toute la terre jusqu'aux lieux où réside le solitaire Sayamgriha (habitant l'ouest); pratiquant des macérations difficiles pour ceux dont les passions ne sont pas domptées, le brahmane, doué d'un grand éclat, se baignait aux étangs sacrés et allait toujours; vivant d'air, jeûnant, se desséchant chaque jour, le solitaire aperçut ses aïeux suspendus la tête en bas, dans une caverne, groupés autour d'une touffe d'herbe *vîrana*, dont il ne reste plus qu'un brin; puis un rat vivant dans la grotte, qui a pris (dans ses dents) le dernier brin qui soutient la touffe d'herbe; s'étant approché de ses (aïeux) consumés par le jeûne, tout abattus dans la caverne, et voués au malheur, lui-même le visage attristé, il dit à ces malheureux : « Qui êtes-vous, vous qui pendez à cette touffe d'herbe trop faible à cause de ses racines coupées par un rat qui se cache ici dans ce trou? Cette tige qui vous supporte n'a plus qu'une racine et encore ce rat la ronge peu à peu de ses dents aiguës; elle sera brisée, tant il en reste peu, avant longtemps, et alors vous tomberez nécessairement dans le trou, la tête la

première. Cela me fait de la peine de vous voir ainsi les pieds en haut, arrivés au comble de la misère ! Que ferai-je qui vous puisse être agréable? S'il vous faut le quart, le tiers, la moitié de mes austérités pour vous délivrer de ce malheur, dites-le-moi au plus vite; ou bien même prenez la somme entière de mes mortifications pour vous tirer de là ! Vous devez me faire connaître vos désirs ! »

Les ancêtres dirent : « Toi, solitaire sage et continent, tu désires nous faire passer à un état meilleur, mais, ô deux fois né ! ce n'est pas par des austérités que ce malheur peut être éloigné de nous. Nous avons aussi (amassé) des mortifications qui portent des fruits, ô homme instruit! C'est par l'anéantissement de notre postérité que nous tombons en enfer, séjour de ceux qui ne sont pas purifiés. Avoir des enfants est le premier devoir, ainsi a dit Brahme. Nous sommes suspendus ici, et notre science ne brille plus; aussi nous ne te connaissons pas, toi dont les grandes actions sont vantées dans le monde, toi qui, instruit et doué de bonnes qualités, nous consoles dans notre douleur; car on console même par la tendresse ! »

« Or, écoute ceci de notre bouche, ô brahmane ! Nous sommes les richis *Yáyávaras*, fidèles à nos vœux ; nous sommes déchus du monde des êtres purs, par l'anéantissement de notre postérité, ô solitaire! Le fruit de nos austérités sévères est perdu, car nous n'avons pas de descendants ! Dans notre malheur cependant il nous reste encore un petit-fils, un seul, malheureux aussi, qui ne fait point ce qu'il doit, et s'occupe trop de se mortifier. Djaratkàrou est son nom; il a lu en entier les Védas et les Védangas; il est maître de ses passions, magnanime, fidèle à ses vœux, voué à de grands austérités, et c'est à cause des austérités de ce fils trop avide d'obtenir des mérites, que nous sommes tombés dans ce malheur; car il n'a ni femme, ni enfant, ni descendant !

« Pour cela nous sommes suspendus dans ce trou, n'ayant plus de nom, pareils à des êtres sans appui; tu dois le blâmer quand tu le verras, toi qui te présentes devant nous comme un protecteur. Dis-lui : « Tes ancêtres sont suspendus au-dessus d'un abîme, malheureux et la tête en bas ; marie-toi, donne-leur une postérité ! » Tu es en vérité notre dernière ressource, ô austère brahmane ! »

« (Dis-lui cela), ô solitaire, toi qui nous vois pendus et groupés à cette tige; il est le seul rejeton de notre famille, lui qui peut faire la joie de ses propres ancêtres ! Les racines que tu vois, ô brahmane, sont les rameaux (qui devraient partir) de lui ; notre postérité est (comme un dernier) fil rongé tout autour (par le temps); cette racine que tu vois, c'est le temps qui l'a aussi coupée à moitié; tandis que nous sommes là suspendus dans cette caverne, il demeure dans ses austères pratiques! Le rat que tu vois, ô brahmane, c'est le temps, le tout-puissant (Yama); il détruit notre dernière espérance qui repose sur toi (que nous chargeons de lui parler), en rongeant tout doucement (cette herbe) sous tes yeux, ce Djaratkârou avide de mérites par les mortifications, fou dans ses actions et insensé dans ses pensées : car ce ne sera pas sa grande austérité qui nous tirera de ce malheur, ô homme excellent! Vois-nous, coupés dans notre racine, entièrement déchus, abandonnés sans vie, comme une proie au dieu de la mort, descendant vers les régions inférieures, accablés de tristesse, par la faute d'un autre.

« Quand nous serons tous tombés dans l'abîme, avec tous nos parents, lui aussi, tranché dans sa racine par la mort, il tombera à son tour dans l'enfer. Ni la mortification, ni les sacrifices, ni tous les grands actes expiatoires, ni les autres pratiques pieuses ne valent une postérité! Donc, quand tu verras Djaratkârou qui amasse un trésor d'austérités, conte-lui bien en détail ce que tu vois ici, afin qu'il prenne une femme qui lui donne des enfants; parle-lui bien, ô brahmane, qui es comme notre protecteur! Toi qui montres à ses parents autant de compassion que pour ta propre famille, toi qui nous plains comme l'un des tiens, ô excellent homme, qui es-tu? Nous désirons savoir quel est celui qui se tient là au milieu de nous tous. »

XXXIV.

Saôti parle.

A ces mots, Djaratkârou très affligé dit à ses aïeux d'une voix mêlée de larmes par l'effet de la douleur.

Djaratkârou dit : « Vous êtes mes pères et mes ancêtres! Dites ce que je dois faire pour vous être utile ; car je suis Djaratkârou, votre fils coupable; infligez-moi un châtiment, j'ai été pervers et criminel ! »

Les ancêtres dirent : « Béni sois-tu, ô notre fils, d'être arrivé dans ce pays, en errant au hasard; mais pourquoi, ô brahmane, n'as-tu pas pris une femme ? »

Djaratkârou dit : « Ce désir, ô mes aïeux, est toujours loin de mon cœur; faisant remonter vers le ciel toute idée charnelle, afin d'obtenir un corps dans l'autre vie, je ne prendrai point de femme, telle est ma détermination. Mais vous voyant ici suspendus comme des oiseaux, ma pensée se détourne de ce vœu de chasteté, ô mes aïeux! Je ferai ce qui vous est agréable, je chercherai à vous plaire, soyez-en certains.

« Si je puis quelque part obtenir une femme du même nom que moi, et si elle m'est présentée comme une aumône, je l'accepterai, mais je ne veux pas la nourrir. Ainsi, je me marierai, si je l'obtiens (cette épouse) comme je le désire, mais autrement, non! Je vous le dis en vérité, ô mes aïeux! Par là, vous aurez une descendance qui vous fasse passer en un monde meilleur, et vous deviendrez, vous mes ancêtres, éternels et immortels (1) ! »

Soûta parle.

Après ces paroles, le mouni qui avait retrouvé ses aïeux parcourut la terre, mais il ne rencontrait pas de femme, et il se disait : « Je suis vieux! » O Çaônaka, découragé et pressé cependant par ses ancêtres, il alla au milieu de la forêt et cria à plusieurs reprises, tourmenté par la douleur ; arrivé dans cette forêt, le sage brahmane, poussé par le désir de plaire à ses aïeux, cria trois fois et lentement :

« Je désire une femme! que les êtres mobiles et immobiles, visibles et invisibles en ce monde m'écoutent, quels qu'ils soient, moi qui, voué à de rigides austérités, agis d'après le désir ardent de mes ancêtres, lesquels, dans leur douleur et dans le but d'avoir une postérité, me crient : Marie-toi! Et pour me marier, je choisirai par toute la terre la femme qui me serait donnée comme une aumône; pauvre et attristé, obéissant à l'ordre de mes aïeux, à ceux de tous les êtres qui ont une fille j'adresse ma déclaration ; qu'ils

---

(1) Ce passage tout entier est une répétition de la première rencontre de Djaratkârou avec ses aïeux ; mais fût-il une interpolation dans le texte, nous avons dû le reproduire tel qu'il s'est présenté.

me la donnent, à moi qui vais errant par toute la terre ; qu'une jeune fille du même nom que moi me soit offerte comme une aumône, mais je ne veux pas la nourrir ; que l'on m'accorde cette jeune femme ! »

Or, les serpents, placés en sentinelles près de la jeune fille Djaratkârou, allèrent vers son frère Vâsouki lui rendre compte de ce qui se passait ; et dès qu'il entendit leur rapport, le roi des serpents, emmenant sa sœur bien parée, alla dans la forêt près du brahmane ; il donna la jeune fille comme une aumône au magnanime Djaratkârou, ce roi des serpents Vâsouki ; mais celui-ci ne l'acceptait pas encore. Elle n'a pas le même nom que moi, pensait-il, et il se tenait là indécis s'il devait s'en charger contre sa résolution, ou faire le salut (de ses aïeux). Alors il demanda le nom de la jeune fille, ô descendant de Bhrigou ! et dit à Vâsouki : « Je ne veux pas la nourrir ni la protéger. »

XXXV.

Saôti parle.

Vâsouki dit au richi Djaratkârou : « Cette jeune fille a le même nom que toi ; elle est ma sœur ; elle est d'une conduite austère ; je me chargerai du soin de nourrir ta femme, ô excellent brahmane ! prends-la ; je la protégerai de tout mon pouvoir, ô homme riche en mortifications ; je la garderai en ta place, ô excellent solitaire !

Djaratkârou dit : « Non, certes, je ne la nourrirai pas, voilà ma condition ; elle ne doit rien faire qui me déplaise, car, dans ce cas, je l'abandonne. »

Saôti parle.

Quand le serpent eut répondu : « Je me charge de son entretien, » Djaratkârou alla vers la demeure du serpent; le meilleur des brahmanes habiles dans les conjurations, le solitaire aux grandes observances, vieilli dans les austérités et fidèle au devoir, prit la main de la jeune fille, après avoir récité les prières d'usage; puis il alla dans la demeure agréable et respectée du roi des serpents, après avoir reçu son épouse, loué par les grands richis : là fut établie sa couche fort belle et tout entourée de tapis; là, en compagnie de sa femme, habita Djaratkârou.

Or, l'excellent brahmane fit avec elle cet arrangement : « Ne me fais rien, ne me dis rien qui me déplaise en aucune façon! Au premier déplaisir que tu me causes, je t'abandonne et cesse toute cohabitation avec toi dans cette maison. Ainsi, retiens bien cette parole que je te dis. » La sœur du roi des serpents tout interdite, tout attristée, répondit : « Qu'il en soit ainsi ! »

Cependant, désireuse de lui plaire, cette femme célèbre par ses vertus, servit par tous les moyens possibles son mari dont le caractère était difficile; et au temps favorable, s'étant baignée un certain jour, la sœur de Vâsouki s'approcha de son époux le grand solitaire, ainsi qu'il convient. Alors en elle fut formé un fruit brillant comme la flamme, doué d'un éclat extraordinaire, aussi étincelant qu'Agni lui-même; il grandit ainsi que la lune durant la quinzaine lumineuse, et, pendant ce même nombre de jours, le célèbre Djaratkârou lui-même dormit la tête appuyée sur la hanche de sa femme, comme accablé de fatigue.

Pendant que le solitaire dormait ainsi, le soleil se couchait derrière la montagne de l'ouest, et, à la chute du jour, ô brahmane, la sœur du roi des serpents, tout effrayée, songea, en femme vertueuse, que c'était là une infraction aux devoirs et (elle se dit) : « ferai-je bien d'éveiller mon mari ou ferai-je mal? Il est d'un caractère difficile, mais il tient à ses devoirs ; ne l'éveillerai-je pas (pour qu'il aille faire ses ablutions)? D'un côté, (je vois) la colère du richi habile dans les devoirs de sa caste, et de l'autre, une infraction à ces mêmes devoirs! L'infraction aux pratiques pieuses est la plus grave des deux choses; si je l'éveille, il se mettra dans une grande colère; mais il manquerait certainement à ses devoirs en omettant les pratiques du soir. »

Ayant ainsi formé cette résolution en son esprit, Djaratkàrou, la sœur du serpent, dit au richi que les mortifications ont rendu terrible comme le feu, brûlant comme Agni lui-même, et couché (près d'elle); elle lui dit doucement en parlant d'une voix propre à ne pas l'irriter : «Lève-toi, fortuné brahmane! Le soleil est prêt de se coucher, remplis tes obligations du soir, ô bienheureux, en touchant les eaux, toi qui es fidèle à tes observances ; voici l'instant agréable et terrible où doit briller le feu sacré qui ne s'éteint jamais ; voici le crépuscule du soir, le soleil est à l'ouest, ô maître!»

Ainsi interpellé, le bienheureux Djaratkàrou voué à de grandes austérités, dit à sa femme d'une bouche d'où s'échappait une colère instantanée : « Tu m'adresses des paroles de mépris, fille de serpent. Je n'habiterai plus près de toi; je m'en irai comme je suis venu; il ne peut, ce soleil, ô toi qui es belle! s'abaisser sous l'horizon à l'heure accoutumée tant que je dors; telle est ma pensée. Aucun homme ne se plaît à résider là où on le méprise, à plus forte raison un homme habile dans ses devoirs, un brahmane de mon espèce. »

A ces mots, Djaratkàrou, la sœur de serpent, répondit

en se tenant là auprès de son époux dont le cœur était troublé : « Je ne t'ai pas fait affront, ô brahmane! Je t'ai éveillé de peur que tu ne manquasses à tes devoirs, voilà ce que j'ai fait. »

Djaratkàrou, voué à de grandes austérités, plein de colère et désireux d'abandonner sa femme, la sœur du serpent, répondit à ces paroles : « Ne me tiens point de discours contraires à la vérité; je m'en irai, fille de serpent! Car nous avons fait jadis mutuellement cette convention (que tu sais); je dois habiter en paix auprès de toi; appelle ton frère, ô toi qui es belle! et dis-lui, quand je serai en allé : « Le bienheureux richi est parti de ces lieux! » Mais après mon départ, ô femme timide, ne t'afflige pas! »

Après avoir entendu ces paroles, elle dit à son mari, cette Djaratkàrou aux formes irréprochables, accablée de douleur, la voix mêlée de larmes et de sanglots, le visage desséché par le chagrin, les mains jointes, les yeux baignés de larmes ; la belle Djaratkàrou aux pas fermes, le cœur troublé, mais confiante dans sa conduite vertueuse (dit à son mari) : « Tu ne dois pas m'abandonner, moi qui n'ai pas commis de faute, ô brahmane instruit dans la justice, ferme dans tes devoirs! moi qui me suis tenue ferme dans l'accomplissement des miens, moi toujours occupée à t'être agréable; il y a une cause pour laquelle on m'a donnée à toi, ô brahmane excellent! Que me dira Vâsouki, à moi pauvre femme qui ai manqué le but? Car tous nos parents sont sous le poids de la malédiction lancée par leur mère, ô brahmane vertueux! Cette postérité qu'on désire de toi ne paraît pas ; et c'est seulement en obtenant de toi un descendant que je puis causer le salut de ma famille. Que mon union avec toi ne soit pas sans fruit, ô brahmane! Je désire le bonheur de ma famille, ô bienheureux, laisse-toi fléchir! Dépose en moi ce rejeton impérissable, ô excellent solitaire! Comment, magnanime richi, veux-tu t'en aller au loin et m'abandonner, moi qui suis innocente? »

Ainsi interpellé, le pieux solitaire fit à sa femme cette réponse convenable, dictée par la circonstance : « En toi est un fils, ô bienheureuse, pareil à Agni par son éclat; un richi dévoué complètement à la pratique de ses devoirs, habile dans les Védas et les Védangas. » Ayant ainsi parlé, le pieux solitaire, le grand richi, partit, bien résolu de se livrer de nouveau à d'austères mortifications.

XXXVI.

Saôti parle.

A peine son époux était-il parti que Djaratkarou, étant allée vers son frère, lui raconta tout ce qui s'était passé, ô austère brahmane! Alors, quand il apprit cet événement vraiment fâcheux, Vâsouki, le premier entre les serpents, dit à sa sœur affligée, lui qui était plus affligé encore.

Vâsouki dit : « Tu sais, ô bienheureuse! de quoi il s'agit et dans quel but nous t'avons donnée à lui; car si, pour le bonheur de notre race, un fils naissait de toi, il nous sauverait du sacrifice des serpents par sa puissance; ainsi l'a dit jadis Brahme parlant avec les Souras. Or, en toi il existe un fils, né de cet excellent brahmane; je ne voulais pas ne retirer aucun fruit du don que j'avais fait de ta personne au solitaire; si mon désir était injuste d'exiger de toi ce sacrifice, à plus forte raison de te demander une chose plus difficile encore. Connaissant l'obstination opiniâtre de ton époux très austère, je ne veux pas me mettre à sa poursuite, car il me maudirait; répète tout ce que tu as appris de cet époux, et arrache l'épine terrible enfoncée dans mon cœur, ô femme bienheureuse ! »

Djaratkârou ayant entendu ces paroles répondit, en soupirant toujours, à Vâsouki (son frère) le roi des serpents.

Djaratkârou dit : « Quand je l'ai questionné au sujet de la descendance, le magnanime et très austère richi m'a fait en réponse cette déclaration : « *Asti*, (il existe) ; » puis il est parti; dans les choses indifférentes même, je ne me rappelle pas qu'il m'ait jamais dit une parole fausse; pourquoi l'eût-il fait, ô roi des serpents, dans une circonstance d'où dépend l'avenir? « Ne t'afflige point d'un vain regret touchant cette (grave) affaire, ô fille des serpents, il naîtra en toi un fils brillant comme le soleil enflammé. » Après avoir ainsi parlé, cet époux, riche en austérités, est parti; donc, ô mon frère, efface la douleur extrême fixée en ton esprit. »

Saôti parle.

Après avoir entendu ceci, Vâsouki, roi des serpents, transporté de joie accueillit les paroles de sa sœur par ces mots : « Qu'il en soit ainsi. » Par une douce amitié, par du respect, par des dons, par une déférence due (aux destinées de l'enfant), l'excellent serpent témoigna à sa sœur, née de la même mère, toute sa vénération.

Cependant grandissait le fruit doué d'un grand éclat, d'une grande splendeur, comme à travers les cieux la lune s'accroît durant la quinzaine lumineuse, ô brahmane! Puis, au temps voulu, la sœur du serpent mit au jour un fils beau comme l'enfant des dieux, destiné à faire cesser le péril (qui menace) ses aïeux et sa mère; il grandit là, dans la demeure du roi des serpents, et apprit les Védas avec les Védangas (de la bouche) du solitaire Tchyavana, fils de Bhrigou ; dès son enfance, il connut les pratiques de sa caste; doué d'intelligence et de toutes les qualités de l'ame, il fut connu dans les trois mondes) sous le nom d'Astika. « *Asti* (il est) » avait dit son père, en partant dans la forêt, à l'instant où il était conçu, et à cause de cela le nom d'Astîka est celui sous lequel il a été connu.

Encore enfant, doué d'une intelligence extraordinaire, il vécut là, dans la demeure du roi des serpents, gardé avec un soin particulier. Le bienheureux, le maître des dieux, Brahma qui tient en main un javelot et fait prospérer (les êtres), réjouit tous les serpents (par la naissance d'Astîka.)

XXXVII.

Çaônaka dit : « Ce que le roi Djanamedjaya demanda à ses conseillers touchant le départ de (Parîkchit) son père pour le ciel, fais-le-moi connaître de nouveau en détail. »

Saôti dit : « Ecoute, ô brahmane, ce que le roi Djanamedjaya demanda à ses conseillers, et ce qu'ils lui racontèrent touchant la mort de Parîkchit. »

Djanamedjaya dit : « Vous connaissez les actions de mon père et comment il partit pour un autre monde au temps fixé, lui qui était plein de gloire. En apprenant de votre bouche tout ce qui est arrivé à mon père, j'obtiendrai (en évitant le même malheur) le souverain bien, qu'il n'en soit pas autrement. »

Saôti parle.

Interrogés par le roi magnanime, tous les conseillers

instruits dans la justice et pleins de sagesse, répondirent à Djanamedjaya.

Les conseillers dirent : « Ecoute, ô souverain, la conduite de ton père, roi de la terre, que nous allons te raconter, et comment il a péri. Il fut attaché à la justice, magnanime, protecteur de ses sujets, le roi ton père ! Ecoute donc comment il se conduisit, lui qui avait les idées grandes.

« Il maintint les quatre castes dans leurs devoirs respectifs; il les protégea selon son propre devoir, lui roi plein de justice, lui qui était comme la justice personnifiée : aidé par la fortune, doué d'une énergie sans égale, il protégea la terre divine; jamais il n'y a eu un roi pareil à lui, et il n'y en aura jamais ! Il fut comme le père des créatures, le même à l'égard de tous les êtres ; les brahmanes, les Kchatryas, les Vaïcyas, les Çoudras s'appliquaient à leurs œuvres propres, agissant tous dans un bon esprit, ô prince, et bien gouvernés par le roi. Il soutint la veuve, l'orphelin, le faible et le pauvre; il réjouit la vue de tous les êtres comme la lune; il était la joie et le refuge de ses sujets ; il était glorieux, véridique, indomptable dans son énergie.

« Dans l'art de lancer les flèches, il fut disciple de Çàradwata, et également cher à Govinda (Vichnou), il fut cher aussi aux trois mondes; plein de gloire, il triompha au nord de tous les Kourous anéantis (Parîkchina) ; à cause de cela, il fut Parîkchit (par le nom), ce roi puissant fils de Saôbhadra, habile à connaître le devoir et l'intérêt d'un souverain, appliqué à ses œuvres, comblé de toutes les qualités. Maître de ses sens, plein de prudence, intelligent, ami de la justice, vainqueur de ses passions, doué d'une haute conception, connaissant par excellence les livres qui apprennent l'art de gouverner, le roi ton père veilla à la garde de ses sujets durant soixante années ; puis arriva au terme de la félicité (qui lui était accordée), lui qui avait enlevé la douleur de dessus la terre. D'après la loi, tu lui succèdes, ô héros ! et cette royauté depuis des milliers d'années transmise dans la famille des Kourous, tu en es revêtu quoique enfant, et tu es préposé à la défense de tous les êtres ! »

Djanamedjaya dit : « Il n'y a pas eu dans cette famille un seul roi qui ne fît des actions agréables à ses sujets, et ne fût aimé d'eux ; après avoir vu en détail la conduite de tous mes ancêtres, occupés à faire de grandes choses, (je veuxs avoir) comment a péri mon père qui leur ressemblait, expliquez-le-moi, car je désire entendre le récit exact (de sa mort). »

Saôti parle.

Ainsi pressés par le roi, les conseillers racontèrent la conduite de Parîkchit, désireux eux-mêmes de plaire (à Djanamedjaya).

Les conseillers dirent : « Le roi ton père, gardien du monde, le meilleur de ceux qui manient toutes les armes, fut toujours très passionné pour la chasse, comme Pândou aux grands bras, si fameux archer dans la mêlée. Nous ayant abandonné complètement tout le soin des affaires, un jour qu'il était allé dans la forêt, il perça d'une flèche une gazelle, et l'ayant blessée, il poursuivit rapidement la bête dans l'épaisseur des bois. Fatigué, car il était vieux, âgé de soixante ans et affaibli, de plus, tourmenté par la faim, il aperçut au milieu de la forêt un vertueux solitaire, et le roi interrogea ce solitaire qui maintenait son vœu de silence; mais à ces questions du roi lui-même, le solitaire ne répondit rien. Alors Parîkchit, pressé par la faim et la fatigue, s'emporta tout d'un coup contre l'ascète, immobile comme un pieu, voué au silence et toujours calme; il ne comprit pas que le solitaire était lié par un vœu qui l'empêchait de répondre, et transporté de fureur, le roi ton père se laissa aller à l'outrager. Ramassant sur la terre avec la pointe de son arc un serpent mort, il le plaça sur l'épaule du solitaire à l'ame pure, ô excellent fils de Bhàrata ! Et l'intelligent brahmane ne lui dit pas un mot, ni de bonheur, ni de malheur; il demeura sans colère, portant toujours le serpent sur son épaule.

XXXVIII.

Les conseillers dirent : « Or le roi, troublé par la faim et la fatigue, ô prince, ayant enlacé ce serpent autour du cou du solitaire, retourna dans sa ville (d'Hàstinapoura); mais le richi avait un fils très célèbre, né d'une vache, nommé Çringui, doué d'un grand éclat et d'une puissance dévorante, et très irascible; le solitaire étant allé vers le brahmane (son père), le salua respectueusement, puis comme il avait obtenu la permission de se retirer (après ce devoir rempli), Çringui entendit son ami Cika dire çà et là que son père avait été insulté par le tien, ô Djanamedjaya !

« Un serpent mort a été (jeté par le roi) sur le brahmane immobile comme un pieu ; il le portait sur son épaule, ô grand roi, cet objet qui est une cause de dégradation, lui mouni austère, célèbre, maître de ses sens, très pur, occupé à des œuvres merveilleuses, rendu éclatant par ses grandes mortifications ! lui qui a dompté tous ses organes, et dont la conduite est si belle, lui qui dit de belles paroles, dont les actions sont bonnes, qui ne désire plus rien ; lui, magnanime et sans envie, vieillard fermement voué au silence, protecteur de tous les êtres (qu'il conserve par son immobilité), il a été insulté par le roi ton père ! »

Dans son indignation il maudit Parîkchit, ce fils du richi à l'éclat terrible ; car quoique enfant, il est étincelant comme Brahma ; bien vite il versa de l'eau et dit avec fureur en accablant le roi ton père de sa splendeur qui le rend égal au Feu enflammé : « Celui qui sur mon père, innocent de toute provocation, a lancé un serpent mort, le serpent Takchaka furieux le mordra de sa dent brûlante ; excité par la force de ma voix, (Takchaka) reptile au venin cuisant, mordra ce pécheur à la septième nuit, tant est grande la puissance que j'ai acquise par mes mortifications ! » Puis après ces paroles, il alla au lieu où était son père, et l'ayant vu, il lui apprit la malédiction qu'il venait de prononcer.

Là-dessus le roi des solitaires envoya vers Parîkchit son disciple, nommé Gaôramoukha, très habile et doué de qualités ; et celui-ci raconta avec calme au roi des hommes, tout ce qui s'était passé, (il lui dit au nom du richi) : « Tu es maudis par mon fils, sois sur tes gardes, ô roi de la terre ! Takchaka, ô grand souverain ! te mordra de sa dent brûlante. »

Quand il entendit cette parole terrible, ô Djanamedjaya ! ton père tout effrayé fit ses efforts pour se garantir contre Takchaka, le plus redoutable des serpents. Et, au commencement du septième jour, le saint personnage Takchaka désira d'aller vers le roi ; mais alors le roi des serpents Kaçyapa le vit, et ce chef des reptiles dit au richi qui marchait d'un pas rapide : « Où vas-tu si vite, quelle action veux-tu accomplir ? »

Kaçyapa dit : « (Je vais) où est Parikchit, le descendant de Kourou, qui doit aujourd'hui lui-même être mordu par Takchaka; je vais bien vite, en grande hâte le guérir de la fièvre de cette morsure; il a recours à moi, et le serpent ne triomphera pas de lui, ô brahmane! »

Takchaka dit : « Pourquoi veux-tu rappeler à la vie ce roi que je mordrai? Car je suis Takchaka, ô brahmane ! Vois ma puissance merveilleuse. Tu ne peux rappeler à la vie ce roi que j'aurai mordu. » Et ayant ainsi parlé, Takchaka mordit un arbre; et, à peine étreint par la dent du serpent, cet arbre fut réduit en cendres. Mais Kaçyapa, ô roi, fit revivre l'arbre mort.

Cependant Takchaka voulut gagner le brahmane, et lui dit : « Demande ce que tu désireras. » Et là-dessus Kaçyapa répondit au serpent : « C'est pour obtenir des richesses que je vais vers le roi. » Alors Takchaka dit au magnanime brahmane d'une voix douce : « Tout l'argent que tu espères recevoir du roi et plus encore, reçois-le de ma main et retourne sur tes pas, toi qui est sans péché! »

A ces mots du serpent, Kaçyapa, le meilleur de ceux qui vont sur deux pieds, recevant de Takchaka tout l'argent qu'il désirait, renonça à son dessein; et comme il s'en allait dans une route opposée, Takchaka, revêtant un déguisement, se rendit près de ton père le meilleur des rois, ami de la justice, retiré dans son palais et se gardant de son mieux; et il le consuma de son poison brûlant. Alors, tu as été sacré roi aux acclamations du peuple, ô héroïque souverain (1).

___

(1) Ce récit de la mort de Parikchit introduit une seconde fois dans la narration, n'est pas précisément une rédite, en ce qu'il se présente ici sous forme de discours direct ; après l'exposition dans le poëme vient la scène dans le drame.

Ce qui a été vu et entendu, ô excellent roi, cette histoire bien terrible, nous te l'avons racontée tout entière jusqu'au bout. Maintenant que tu as appris (les détails de) la mort de ce monarque, le plus grand des hommes, apprends de ton brahmane Outanka ce qu'il faut faire après. »

Saôti parle.

En ce même temps, le roi Djanamedjaya, vainqueur de ses ennemis, dit à ses conseillers assemblés.

Djanamedjaya dit : « Cette expérience merveilleuse pour tous les mondes, cette destruction de l'arbre réduit en cendres, par qui a-t-elle été racontée? Et si Kacyapa l'a fait revivre (après la morsure) du serpent, le roi en qui ce brahmane eût détruit le poison par les conjurations n'aurait pas péri. Le plus vil des serpents eut cette pensée en son cœur : Si le solitaire rappelle à la vie le roi mordu par moi, moi Takchaka, dont le poison aura été vaincu, je servirai de risée dans le monde.

Ayant ainsi réfléchi, il s'est hâté d'aller au-devant des désirs du solitaire; mais le moyen (qu'il a employé pour le gagner) sera celui dont j'ai besoin pour lui faire subir à lui-même les peines de l'enfer. Je désire donc entendre le récit exact de tout ce qui s'est passé dans la forêt déserte; la conversation entre le roi des serpents et Kacyapa; je veux entendre de votre bouche, voir par vos yeux comment tout ceci est arrivé; et, quand je le saurai, je me disposerai à faire périr les serpents. »

Les conseillers dirent : « Ecoute, ô roi, par qui nous a été jadis racontée la rencontre du brahmane et du serpent sur la route. Dans cet arbre, un certain homme, ô prince, était monté pour chercher du bois à brûler, songeant auparavant (qu'il trouverait) des branches sèches dans ce roi de la forêt; ils ne se doutaient pas qu'il se tînt sur les branches, ni le serpent ni le brahmane, et l'homme fut réduit en cendres avec l'arbre. Mais, ô grand prince, par la puissance du solitaire, le roi de la forêt fut rappelé à la vie, et par là, cet homme, brahmane aussi (également ressuscité), a pu venir vers nous et nous conter l'histoire. Ainsi, toute cette aventure du serpent et de Kaçyapa t'a été dite, ô roi, comme elle a été vue et entendue; maintenant donc que tu l'as apprise, ô grand monarque, agis à ton tour. »

Soûta parle.

Ayant entendu les paroles de ses conseillers, le roi Djanamedjaya, enflammé de colère, frotta violemment ses mains l'une contre l'autre; poussant à plusieurs reprises des soupirs longs et brûlants, les yeux largement ouverts comme des lotus, il répandit des larmes qui coulèrent de ses deux paupières : puis, après avoir laissé couler les pleurs qu'il ne pouvait contenir, versant de l'eau (en signe d'imprécation) selon l'usage, le roi réfléchit un instant, délibéra dans sa pensée, et plein de fureur, il dit à ses conseillers assemblés.

Djanamedjaya dit : « Après avoir appris de vous la manière dont mon père est parti pour le ciel, ma pensée s'est fixée, connaissez-la. Sans plus tarder, il faut, tel est mon avis, rendre au pervers Takchaka le mal qu'il a fait, car mon père a été tué par lui; prenant pour prétexte la malédiction de Çringui, il a consumé Parîkchit par le feu de son venin. C'est son langage pervers qui a fait retourner Kaçyapa sur ses pas, car si le brahmane avait pu arriver, mon père ne serait-il pas vivant encore? Et si ce prince vivait encore, serait-il privé de la protection de Kaçyapa et des précieux avis de ses conseillers? C'est lui qui, en troublant l'esprit de Kaçyapa, a arrêté (dans l'accomplissement de son dessein) le meilleur des brahmanes, capable de rappeler à la vie le monarque invincible. C'est là un énorme crime de la part du pervers Takchaka; car il payé le brahmane pour qu'il ne sauvât pas la vie du roi.

« Dans le but de faire quelque chose d'agréable à Outanka (mon prêtre de famille) et pour ma propre satisfaction qui sera grande, et pour la vôtre à tous, je vais honorer la mémoire de mon père. »

XXXIX.

Saôti parle.

Ayant ainsi parlé, le roi, comblé des dons de la fortune, encouragé par ses conseillers, s'occupa de remplir sa promesse à l'égard du sacrifice des serpents; alors, ô deux fois né, le prince héros de la famille de Bhârata et fils de Parîkchit, ayant appelé le prêtre officiant, ainsi que les brahmanes attachés à sa famille, leur dit cette parole, parole propre à la réussite de l'œuvre, lui qui s'explique bien : « Ce Takchaka pervers qui a causé la mort, je vais lui rendre la pareille. Dites-moi là-dessus votre avis; vous connaissez déjà le sacrifice par lequel ce serpent doit être, avec tous les siens, précipité dans un feu ardent, de même que jadis mon père a été consumé par le feu de son venin; ainsi moi, je veux brûler ce serpent pécheur. »

Les prêtres de la famille dirent : « Il y a, ô roi, un grand sacrifice déterminé par les dieux à cause de toi, c'est le sacrifice des serpents, ainsi qu'on le lit dans le Pourana; celui qui mettra la main à cette œuvre, c'est toi et non un autre, ô roi! Ainsi ont dit ceux qui connaissent les Pouranas, et c'est là pour nous le sacrifice désigné. »

Saôti parle.

Quand il entendit ces paroles, le grand roi songea à brûler Takchaka après l'avoir fait entrer dans le feu bien allumé, bouche qui reçoit les offrandes, ô excellent homme! Alors il dit à ses brahmanes, habiles dans les conjurations : « Je vais mettre la main (à l'œuvre et accomplir) le sacrifice; ô vous tous, assistants, secondez-moi ! »

Aussitôt, d'après les rites, les prêtres de la famille, ô brahmane! firent mesurer l'endroit où l'on doit offrir le sacrifice; tous approfondis dans la connaissance du Véda, ils sont arrivés au plus haut degré d'intelligence qui convienne aux brahmanes, et qu'on puisse désirer d'eux pour le succès suprême d'une telle entreprise. Après avoir fixé la quantité d'abondantes aumônes en argent et en grain qu'il faut en pareil cas accorder aux prêtres officiants, et aussi fixé le lieu où seront présentées les offrandes, d'après l'usage ils initièrent le roi à l'accomplissement du sacrifice ; et comme ce sacrifice des serpents allait avoir lieu, il y eut auparavant une grande cause d'obstacle qui en arrêta la célébration.

On était à construire l'autel, quand le directeur de la cérémonie, Soûta le grand-prêtre, plein de l'intelligence, habile à connaître les lieux propres à ces sacrifices, et versé dans les Pouranas, se mit à dire : « Dans ce lieu, dans ce temps, dans cet espace mesuré, ce sacrifice qui nous occupe, ne réussira pas, à cause d'un brahmane! »

En entendant ces paroles, le roi dit au gardien, avant qu'on eût commencé les cérémonies : « Que personne à mon insu n'entre dans l'enceinte. »

XL.

Saôti parle.

L'œuvre s'accomplissait selon la loi du sacrifice des serpents, et les sacrificateurs, d'après la loi, se distribuèrent tout autour selon leur rôle. Enveloppés de vêtements noirs, les yeux rouges couleur de pourpre, ils sacrifièrent avec des invocations magiques dans le feu bien allumé. Les cœurs de tous les serpents tressaillirent, et les officiants les sacrifièrent tous dans le feu qui est la bouche par où entre l'offrande. Ils tombèrent tous dans la flamme ardente qui emporte l'oblation, troublés et éperdus, s'appelant l'un l'autre d'une manière lamentable; prêts à se rompre à force d'être gonflés, respirant avec violence, enlacés les uns avec les autres par la queue, par la tête, ils furent entraînés dans le feu; les blancs, les noirs, les bleus, les vieux et les jeunes, poussant des cris divers, tombèrent dans les flammes.

Des *krocas*, des *yodjanas*, (des longueurs de reptiles, depuis 1 mille jusqu'à 4) mesurés par des empans, brûlent sans cesse et avec rapidité dans la flamme, ô toi le meilleur de ceux qui entretiennent le feu sacré! Ainsi des centaines, des milliers, des millions, des milliards de serpents périssent là d'une manière infaillible. Ceux-ci sont pareils à des chevaux, ceux-là à des trompes d'éléphants; d'autres, par la grosseur de leurs corps et par leur grande force, ressemblent à des éléphants furieux; bien des reptiles grands et petits, de diverses couleurs, pleins de venin, terribles, à la gueule pointue comme un javelot, avides de mordre; bien des serpents, doués d'une grande force, tombèrent là dans le feu, tourmentés par le châtiment sorti (sous forme de malédiction) de la bouche de leur mère.

XLI.

Çaônaka dit : « Dans ce sacrifice des serpents, consommé par le prudent fils de Pândou, par le roi Djanamedjaya, quels furent les grands richis officiants, et quels furent les assistants de cette cérémonie si terrible, source de détresse et de frayeur extrême pour les reptiles ? tu dois me le faire entendre en détail ; et aussi quels furent ceux qu'on peut reconnaître comme habiles dans les rites du sacrifice des serpents, ô fils de Soûta ! »

Saôti parle.

Eh bien ! je te dirai les noms de ces Pandits et quels furent les prêtres officiants et les assistants (dans cette œuvre) du roi Djanamedjaya. Le sacrificateur fut un brahmane nommé Tchandabhârgava, de la famille de Tchyavana, et très instruit dans les Védas ; Kaôtsa, instruit et vieux, fils de Djimini, récitait les prières; Pingala fut le brahmane qui dirigeait la cérémonie d'après la connaissance qu'il avait du Yadjourvéda avec Sàngarévas ; les assistants furent le fortuné Vyasa, son fils et ses disciples Ouddalaka, Pramataka, Çwétakétou, Pingala, Asita, Devala, Nàrada, Parvata, Koundadjatara, fils d'Atri, Kalaghata, Vatsya consommé dans l'écriture et les rites, habile dans la récitation des prières et dans la lecture des livres ; Dévaçarma, Kohala, Samasaôrabha, fils de Moudjalya ; bien d'autres brahmanes encore, versés dans les Védas, furent les assistants de ce sacrifice du fils de Parikchit.

Comme les prêtres officiants jetaient l'offrande, dans ce sacrifice des serpents, dans cette grande cérémonie tombèrent de terribles reptiles qui répandent l'effroi parmi les êtres ; il se forma des rivières qui emportèrent la graisse et la matière visqueuse des serpents; il souffla un vent imprégné d'odeurs, et il se fit un tumulte incessant parmi ces animaux consumés; ces serpents, tombant l'un après l'autre dans le feu qui les cuisait, firent entendre sans cesse un très grand bruit.

Mais leur roi Takchaka alla dans la demeure d'Indra, quand il apprit le sacrifice médité par Djanamedjaya; là, le chef des serpents raconta ce qui s'était passé au dieu de la foudre, près duquel il s'était rendu dans sa frayeur après avoir commis la faute. Indra très satisfait lui dit : « Tu n'as rien à craindre de ce sacrifice en aucune manière, ô Takchaka ; jadis j'ai intercédé pour toi près de Brahma, ainsi tu n'as rien à redouter; bannis cette terreur de ton esprit ! »

Saôti parle.

Ainsi rassuré par le dieu, Takchaka habita dans sa demeure, joyeux et tranquille. Mais grandement affligé par la chute incessante de ses serpents attirés dans les flammes, Vâsouki, auquel il ne reste presque plus personne des siens, fut en proie à une amère douleur. Le meilleur des serpents, Vâsouki, tomba dans une tristesse terrible, et le cœur agité de mille soucis, il dit à sa sœur :

« Mes propres membres brûlent, ô bienheureuse! L'horizon n'a plus de clarté, je suis prêt à m'évanouir dans mon trouble, et mon ame est bouleversée. Ma vue se brouille extraordinairement, mon cœur se déchire, je serai moi-même aujourd'hui nécessairement précipité dans ce feu brûlant ! Le sacrifice du fils de Parîkchit a lieu pour la destruction de notre race; et moi aussi, je suis contraint d'aller dans l'empire du dieu de la mort. Le voici venu, ce temps en vue duquel, toi ma sœur, je t'avais donnée à Djaratkârou; sauvenous, nous et notre race. Astîka (ton fils), ô fille du serpent, arrêtera le sacrifice qui s'accomplit, Brahma lui-même me l'a dit autrefois. O toi qui m'es chère, avertis ton fils bienaimé, sage comme un vieillard, et le plus instruit parmi ceux qui connaissent le Véda, afin qu'il me sauve moi et ceux qui sont sous ma dépendance. »

XLII.

Saôti parle.

Alors, ayant appelé son fils, Djaratkârou la sœur du serdent lui dit, d'après la prière de Vâsouki : « Moi, j'ai été donnée à ton père par mon frère, dans une certaine intention; le temps est arrivé, agis en conséquence. »

Astîka dit : « Et dans quel but as-tu été donnée à mon père par ton frère, mon oncle ; fais-le-moi connaître avec sincérité; j'agirai d'après cela. »

Saôti parle.

La sœur du roi des serpents Vâsouki, Djaratkârou désireuse de sauver sa famille et exempte de trouble, le lui raconta.

Djaratkârou dit : « La mère de tous les serpents est Kadroû (ainsi le rapporte la tradition) qui, dans un accès de colère, a maudit ses fils; apprends cela! Le roi des chevaux Outchtchaïçrava n'a point été altéré par moi (dans la couleur de sa queue), et j'ai fait un pari, espérant que Vinatà le perdrait, par lequel celle qui sera vaincue deviendra esclave de l'autre, ô mes fils! Dans le sacrifice de Djanamedjaya Agni vous dévorera, et retournant dans les cinq éléments (dont vous êtes sortis), vous irez en bas dans le monde des morts! » Et, comme elle les maudissait, le créateur des mondes lui dit : « Qu'il en soit ainsi! » Et il éprouva une grande satisfaction.

Cependant Vàsouki ayant entendu la parole de Brahma s'en alla, quand on eut baratté (l'océan pour obtenir) l'ambroisie, chercher un refuge parmi les dieux ; et tous les Souras arrivés à l'accomplissement de (leur œuvre, ayant produit) l'ambroisie incomparable, mirent mon frère à leur tête et se rendirent vers le créateur. Là tous les Souras cherchèrent à calmer le dieu sorti du lotus, et dirent, avec Vàsouki le roi des serpents : « Que la malédiction n'ait pas d'effet! »

Les dieux dirent : « Vàsouki, roi des serpents, est très affligé à l'occasion des siens ; que la malédiction de sa mère soit sans effet, ô bienheureux! »

Brahma dit : « Djaratkârou prendra une femme du nom de Djaratkârou, et il en naîtra un brahmane qui sauvera les serpents de la malédiction. »

Or, quand il entendit ces paroles, Vàsouki, le meilleur des serpents, me donna à ton père magnanime, ô toi pareil à un immortel! Voilà pourquoi, avant le temps de ce sacrifice, tu es né en moi; l'époque est venue ; tu dois nous sauver, nous, de ce péril, et mon frère des flammes; que ce qui a été fait ne soit pas sans fruit, car j'ai été donnée à ton père plein de prudence, afin d'amener cette délivrance (promise). Quelle est ta pensée, ô mon fils? »

Saôti parle.

A ces paroles de sa mère, Astika répondit : « J'y consens. » Et ensuite rendant la vie à Vàsouki, consumé de douleur, il dit : « Je te délivrerai, ô Vàsouki, le meilleur des serpents, plein de qualités, (je te délivrerai) de cette malédiction; je te le dis en vérité! Reviens à toi, serpent, car tu n'as rien à craindre; je ferai mes efforts, ô roi, pour que tu obtiennes la félicité suprême. Car jamais, même dans les choses indifférentes, ma parole n'a été mensongère, le serait-elle donc à propos d'une chose tout autre? Etant allé près de l'excellent prince Djanamedjaya, occupé à attiser le feu, je le réjouirai par des paroles de bon augure, ô frère de ma mère, de telle sorte que le sacrifice commencé par lui s'interrompe, ô toi qui es excellent! Repose-toi de tout cela sur moi, ô chef des serpents! Ton esprit ne doit pas en vain placer son espérance sur moi. »

Vàsouki dit : « Astika, je suis hors de moi; mon cœur se déchire; je ne vois plus distinctement l'horizon, tourmenté comme je suis par le châtiment que Brahma (a approuvé)! »

Astika dit : « Tu ne dois pas t'abandonner au désespoir, ô serpent sans égal! Je détruirai la crainte que t'inspire ce feu avec ses flammes. Ce châtiment de Brahma, grandement terrible et qui t'apparaît sous la forme d'Agni consumant et donnant la mort, je le ferai disparaître; qu'il ne t'inspire plus aucune terreur! »

Saôti parle.

Ensuite, ayant éteint la fièvre terrible qui consumait Vàsouki, et l'ayant déposée dans sa propre personne, Astika, le très vertueux brahmane, marcha en grande hâte vers le lieu où se célèbre le sacrifice de Djanamedjaya, avec toutes les conditions requises, afin de délivrer les serpents. Arrivé là, Astika vit l'autel incomparable dressé pour l'offrande, entouré d'un grand nombre d'assistants pareils en leur éclat au Soleil et au Feu. Arrêté par les gardiens au moment où il entrait, le très sage brahmane, qui consume ses ennemis, loua hautement le sacrifice dans le but d'obtenir d'y être admis. Alors, pénétrant jusqu'à l'excellent autel, ce brahmane choisi, le meilleur des hommes purs, chanta les louanges du roi à la gloire impérissable, celle des officiants, des assistants et d'Agni lui-même.

XLIII.

Astika dit. « Au confluent des trois rivières sacrées, il
« y a eu le sacrifice de Sôma, celui de Varouna, celui de
« Pradjàpati; que ce sacrifice fait par toi, chef des Bhâratas,
« fils de Parîkchit, soit béni par nous à qui il est agréable! »

« Les sacrifices offerts à Indra sont au nombre de cent,
« pareillement le dieu a reçu cent dénominations; que ce
« sacrifice fait par toi, chef des Bhâratas, fils de Parîkchit,
« soit béni par nous à qui il est agréable! »

« Il y a le sacrifice à Yama, celui du cheval (Harimed-
« has), et aussi celui de Vichnou, roi des dieux; que ce sa-
« crifice fait par toi, chef des Bhâratas, fils de Parîkchit, soit
« béni par nous à qui il est agréable! »

« Il y a le sacrifice de Gaya, celui du roi Çaçavindou et
« aussi celui du roi Vaçravaïna; que ce sacrifice fait par toi,
« chef des Bhâratas, fils de Parîkchit, soit béni par nous à
« qui il est agréable! »

« Il y a le sacrifice de Nriga, celui du roi Adjamida

« (Youdhichthira) et celui du roi Dàçaratha; que ce sacrifice
« fait par toi, chef des Bhàratas, fils de Parikchit, soit béni
« par nous à qui il est agréable ! »

« Le sacrifice de Dividéra, fils du roi Youdhichthira
« Adjamida, est célèbre dans les écritures; que ce sacrifice
« fait par toi, chef des Bhàratas, fils de Parikchit, soit béni
« par nous à qui il est agréable ! »

« Dans le sacrifice de Vyasa, fils de Satyavati, l'œuvre
« s'accomplit d'elle-même; que ce sacrifice fait par toi,
« chef des Bhàratas, fils de Parikchit, soit béni par nous à
« qui il est agréable ! »

« Ceux-ci, pareils aux rayons de Soûrya, sont occupés
« au sacrifice d'Indra, mais on ne peut connaître une science
« déposée en eux qui ne périsse un jour; il n'y a pas dans
« les mondes un prêtre officiant comparable à Vyasa Dwai-
« pàyana, cela est certain pour moi. Ce sont ses disciples,
« les prêtres officiants engagés dans les œuvres qui leur sont
« propres, répandus par toute la terre; le magnanime Agni
« dont l'essence est la lumière (Vibhàvasou), à l'éclat sur-
« prenant (Tchitrabhànou), à la semence d'or (Hiranya-
« rétas), qui dévore l'offrande, dont la voie est l'obscurité
« (Krichnavartman), dont les rayons entourent et saluent
« la terre, Agni enflammé qui dévore l'oblation, désire ton
« offrande que voici pour la porter aux dieux! Car, dans
« ce monde des vivants, on ne connaît point un homme
« pareil à toi pour protéger les créatures! Par ta fermeté, je
« suis toujours réjoui; tu es Varouna (le dieu des eaux),
« tu es Yama (dieu de la mort), le roi de la justice! Comme
« Indra, dont la main tient la foudre, est le sauveur des
« êtres auxquels il donne les pluies favorables, ainsi tu es
« dans ce monde le sauveur des créatures; et dans ce

« monde, ô toi qui es Indra parmi les hommes, on ne con-
« naît pas de souverain qui soit ton égal par le sacrifice !

« O toi, fortuné comme Khâttangana (roi de la race so-
« laire) égal à Dilipa (aïeul de Râma), toi qui es égal en
« majesté à Yayati et à Mândhâri (anciens rois de la race
« lunaire), doué d'un éclat pareil à celui du soleil ; ainsi
« que Bhichma, tu brilles, radieux et fidèle à tes vœux ! Ta
« grande force se cache comme celle de Valmiki ; comme
« chez Vasichtha, ta colère est réprimée; ta qualité de sou-
« verain, qui me semble égale à celle d'Indra, brille comme
« l'éclair, et tu es un autre Narâyana (manifestation de
« Vichnou)! Comme Yama, connaissant les limites et l'é-
« tendue de la justice, comme Krichna, doué de toutes les
« qualités, tu es le réceptacle des richesses fortunées, tu es
« devenu comme le trésor des richesses et des sacrifices !
« Tu es égal en puissance à Dambhodhava, tu es autant
« que Râma habile dans les livres saints, habile à manier
« les armes ; tu as un éclat pareil aux trois feux sous-ma-
« rins, et Bhaguîratha (qui, par ses austérités, a fait des-
« cendre la Gangà sur la terre), aurait peine à supporter
« ton regard. »

Saôti parle.

Par ces louanges, furent réjouis le roi, les assistants et les
prêtres qui portaient l'offrande ; et quand il en remarqua
l'effet sur leurs visages, le roi Djanamedjaya leur dit :

XLIV.

Djanamedjaya dit : « C'est un enfant, et il parle comme
un vieillard; non, ce n'est point un enfant, mais il me semble

voir en lui un homme vieux d'expérience. Je désire lui accorder un don; vous, brahmanes, faites-moi connaître ce que je dois faire! »

Les assistants dirent : « Un brahmane, même enfant, doit toujours être respecté par les rois, et d'ailleurs celui-là est instruit comme il convient (à sa caste). Il mérite d'obtenir même tout ce qu'il désire à l'instant; mais pourvu que Takchaka vienne rapidement vers nous. »

Saôti parle.

Tandis que le roi, qui accorde les dons, se plaisait ainsi à converser : « Choisis le don que tu désires, » dit au brahmane le sacrificateur fort peu satisfait, tant que Takchaka, l'ame de ce sacrifice, n'est pas venu.

Djanamedjaya dit : « Afin que mon œuvre s'accomplisse, afin que Takchaka vienne vite, faites tous vos efforts selon votre pouvoir, car il est mon ennemi! »

Les prêtres dirent : « Ainsi que l'ont appris nos livres saints, ainsi que l'annonce le Feu, Takchaka, tourmenté par la crainte, est dans la demeure d'Indra, ô roi! » Soûta aux yeux enflammés, magnanime brahmane, versé dans les Pouranas, l'a connu le premier, et il l'a dit au roi sur sa demande, comme le lui avaient annoncé les autres prêtres officiants, ô dieu des hommes! « Ayant eu recours aux Pouranas, je te fais savoir, ô roi, que Indra lui a accordé un don; il lui a dit : « Habite en ma présence, bien caché (près de moi), afin que le Feu ne te dévore pas! »

A ces paroles, le roi, initié (aux opérations du sacrifice), éprouva un grand chagrin et pressa le sacrificateur de hâter le moment de l'accomplissement de l'œuvre; et celui-ci obéissant à sa voix fit l'oblation accompagnée d'invocations magiques. Aussitôt le chef des immortels (Indra) arriva lui-même, monté sur un trône, entouré de tous les dieux chantant ses louanges; Indra, plein de dignité, suivi de masses de nuages, de divinités de l'air et de troupes d'Apsaras, arriva (par l'effet de l'évocation). Le serpent, appuyé sur sa robe, troublé par la frayeur et satisfait (de cette protection), vint aussi. Le roi, plein de colère et désirant mettre à mort Takchaka, parla de la sorte aux officiants habiles dans les invocations.

Djanamedjaya dit : « Si ce serpent Takchaka est retiré dans la demeure d'Indra, ô brahmanes, faites-le tomber dans le feu avec Indra lui-même ! »

Saôti parle.

Pressé par le roi Djanamedjaya d'agir contre le serpent, le sacrificateur attira par l'effet des conjurations Takchaka qui était là présent; alors au moment de l'opération magique, Takchaka avec Indra parut dans le ciel en proie à de grandes tortures. Le dieu de la foudre, en voyant l'effet du sacrifice, fut saisi d'une grande frayeur; il lâcha le serpent et s'enfuit épouvanté dans sa demeure. Indra étant parti, ô grand roi, Takchaka, troublé par la crainte, s'approcha irrésistiblement des flammes, obéissant à la puissance des invocations.

Les prêtres dirent : « Ton œuvre s'accomplit d'après la loi, ô maître! Ainsi tu dois accorder à l'excellent brahmane (Astîka) le don promis. »

Djanamedjaya dit : « A toi qui te présentes sous la figure d'un enfant, j'accorderai une faveur sans bornes; choisis ce qui te convient, ce que tu as à cœur, et je te le donnerai, fût-ce une chose qui ne se peut donner. »

Les prêtres dirent : « Il va subir bien vite l'influence de notre pouvoir, ce Takchaka, ô roi! On entend le grand bruit qu'il fait en poussant un cri terrible; est-ce qu'il a été sauvé par le dieu de la foudre, ce serpent? Précipité du haut du ciel, le corps détaché (d'en haut) par l'effet de nos conjurations, roulant dans l'espace, tout hors de lui, il approche, en poussant des soupirs cuisants, ce roi des serpents ! »

Saôti parle.

Comme Takchaka, le roi des serpents, tombait ainsi sur l'autel enflammé, « Voilà le moment! » se dit à lui-même Astîka.

Astîka dit : « Si tu m'accordes un don, ô Djanamedjaya, voici ce que je choisis : que ton sacrifice cesse; que les serpents ne tombent plus ! »

A ces mots, ô brahmane, le fils de Parikchit très mécontent répondit à Astîka : « De l'or, de l'argent, des vaches, toute autre chose que tu désireras, je te l'accorderai, ô brahmane, mais que mon sacrifice ne soit pas arrêté ! »

Astîka dit : « De l'or, de l'argent, des vaches, ô roi ! ce n'est pas là ce que je demande ; que ton sacrifice cesse, et que la famille de ma mère soit sauvée ! »

A cette déclaration d'Astîka, le roi, fils de Parikchit, le meilleur de ceux qui accordent les dons, adressa plusieurs fois la parole au brahmane : « Fais un autre choix, demande de la fortune, ô incomparable solitaire! » Mais il ne voulut pas faire une autre demande, ô fils de Bhrigou ! Alors tous les officiants, versés dans les Védas, dirent unanimement au roi : « Le brahmane doit obtenir ce qu'il a choisi. »

XLV.

Çaônaka dit : « Les serpents qui furent précipités dans le feu de ce sacrifice, quels étaient leurs noms à tous? Je désire l'apprendre, ô fils de Soûta ! »

Saôti parle.

Il y en eut des centaines de mille, des millions, des milliards, et je ne puis les nommer à cause de leur grand nombre, ô excellent brahmane ! Cependant apprends, d'après la tradition, les noms conservés par l'histoire des principaux serpents qui furent consumés dans les flammes. Sache que dans la famille de Vâsouki, les plus fameux furent les bleus, les rouges, les blancs, tous hideux et d'une taille colossale, irrésistiblement châtiés par la malédiction de leur mère, misérablement jetés dans le feu du sacrifice : Kotiça, Mânasa, Poûrna, Halîmaka, Pintchhala, Kaônapa, Tchakra, Prakâlana, Kâlavéga, Hiranyavâhou, Kakchaca, Kâladantaka.

Ces serpents, fils de Vâsouki, entrèrent dans le feu, et bien d'autres aussi appartenant, ô brahmane, à des familles connues, furent consumés dans la flamme comme des offrandes ; jusqu'au dernier, tous terribles dans leur force et leur taille gigantesque. Je vais nommer ceux de la famille de Takchaka, connais-les : Poutchhândaka, Mandalaka, Pindasekta, Rabhénaka, Outchtchhikha, Çarabha, Bhanga, Vilwatedja, Virohana, Cili, Çalakara, Mouka, Soukoumâra, Pravépana, Moudgara, Ciçouroma, Souroma, Mahahanou ; tels sont ceux de la famille de Takchaka qui tombèrent dans le feu du sacrifice.

Pârâvata, Pâridjâta, Pândara, Harina, Kriça, Vihanga, Çarabha, Méda, Pramoda, Sanhatapana, furent ceux de la famille d'Erâvata qui périrent dans le feu du sacrifice.

Ecoute maintenant, ô excellent brahmane, les noms de ceux qui appartiennent à la famille de Kaôravya : Eraka, Koundala, Vénî, Véniskanda, Koumâraka, Vahouka, Çringavera, Dourtaka, Prâtara, Ataka ; dans la famille de Dhritarâchtra, ce furent ceux qui suivent; écoute les noms de ces serpents que je te fais connaître, ô brahmane, tous pleins de venin et rapides comme le vent.

Çankoukarna, Pitharaka, Kouthara, Soukhasétchaka, Pournàngada, Pournamoukha, Prahâsa, Çakouni, Dari, Amàhata, Kâmathaka, Souchéni, Mànasa, Vyaya, Bhaïrava, Moundavédânga, Piçanga, Oudrapâraka, Richibha, serpent à la marche rapide, Pindâraka, Mahâhanou, Ractânga, Sarvasâranga, Samriddhapatha, Vàsaka, Varàhaka, Vìranaka, Soutchitra, Tchitravéguika, Tarounaka, Manishkandha, Parâçara, Arouni.

Je t'ai fait connaître, ô brahmane, les serpents dont la renommée est grande. A cause de leur nombre je ne les ai pas tous cités, mais (ceux qui se distinguent) par leur supériorité; leurs enfants et les descendants de leurs enfants, je ne puis les énumérer, et ceux-là aussi tombèrent sur l'autel enflammé; d'autres encore à trois, à sept, à dix têtes, pleins de venin noir, terribles, furent immolés par centaines et par milliers; des serpents énormes, très rapides en leur marche, se dressant comme les pics des montagnes, longs comme des *yodjanas*, grands comme deux *yodjanas*, changeant de forme et augmentant leur force à volonté, pleins d'un poison brûlant, périrent dans la flamme de ce sacrifice, condamnés par Brahma à ce châtiment cruel.

XLVI.

Saôti parle.

Nous avons appris ce miracle et d'autres encore opérés par Astîka ; comme ce brahmane était comblé de dons par le fils de Parikchit, le serpent tombé des mains d'Indra se tenait là, et Djanamedjaya restait plongé dans ses réflexions (et se disait) : « Dans ce feu du sacrifice, bien allumé selon la loi, dans ce feu, qui est la semence d'Agni, Takchaka ne tombe pas malgré la frayeur qui le tourmente ! »

Çaônaka dit : « Comment, ô Soûta, la masse de conjurations prononcées par ces brahmanes intelligents n'eut pas assez d'efficacité pour faire que Takchaka tombât dans le feu ? »

Saôti parle.

A ce chef des serpents échappé, tout évanoui, des mains d'Indra, Astîka cria trois fois : « Tiens-toi, tiens-toi ! » et il se tint au milieu de l'espace, le cœur agité, comme un homme quelconque qui se tiendrait ainsi entre le ciel et la terre. Alors le roi, fortement pressé par les officiants, dit : « Qu'il soit fait selon le vœu exprimé par Astîka ! Que cette œuvre soit terminée ; que les serpents demeurent en santé ! Que le désir d'Astîka soit rempli et que la parole de Soûta demeure accomplie ! »

Alors retentit un cri d'allégresse, parti de tous les cœurs, quand Astîka eut reçu la faveur demandée ; alors fut arrêté le sacrifice du roi, fils de Parikchit, descendant de Pândou. Le descendant de Bhârata, Djanamedjaya se montra bienveillant ; aux officiants, aux assistants qui étaient là rassemblés, il distribua d'abondantes, d'immenses largesses, à Soûta aux yeux rouges qui dirigeait le sacrifice, ô maître, et qui, au moment où la cérémonie était interrompue, avait dit : « Un brahmane sera cause......... » le roi fit des dons considérables ; puis, après lui avoir distribué, selon l'usage, de l'argent, des vivres et des vêtements, le roi, dont la puissance est sans bornes, se trouvant satisfait, fit un sacrifice supplémentaire pour réparer les fautes qui pouvaient avoir échappé dans le premier, d'après l'œuvre prescrite par la loi; très content, il renvoya chez lui le sage Astîka comblé de présents, satisfait aussi, car il avait accompli son dessein. Alors il lui dit : « Il faudra venir de nouveau, » et il ajouta : « Tu seras officiant dans mon grand sacrifice, dans le sacrifice du cheval. »

Après avoir promis, Astîka, plein de joie, courut bien vite; sa mission incomparable était remplie; il avait gagné l'affection du roi : dans son bonheur, il alla vers son oncle maternel et vers sa mère ; s'étant approché d'eux, il leur conta en abrégé ce qui avait eu lieu.

Saôti parle.

Quand ils apprirent la nouvelle, les serpents, joyeux, rassemblés autour de lui, sentirent leur trouble s'effacer ; pleins de reconnaissance envers Astîka, ils lui dirent : «Choisis et demande! » Plusieurs fois ils lui répétèrent de tous côtés : « Que ferons-nous aujourd'hui qui te soit agréable, ô brahmane habile ? Nous sommes tous heureux, nous voilà sauvés, que ferons-nous tous pour te plaire, cher Astîka?»

Astîka dit : « Qu'entre les brahmanes dont le visage s'épanouit soir et matin dans le monde, qu'entre les autres hommes aussi qui lisent le Véda, où l'on apprend la loi ; qu'entre eux et vous, il n'y ait plus aucun sujet de crainte. » Avec effusion ils répondirent au fils de leur sœur : « Ton désir est juste ; pleins de reconnaissance, en toute occasion nous accomplirons le vœu qu'il t'a plu de former, soumis à ta volonté, ô fils de notre sœur! Celui qui le jour et la nuit se rappellera ces (premiers) mots (de l'invocation): « Il est noir, attristé et vertueux dans sa conduite........» que celui-là n'ait rien à craindre des serpents. C'est cet

Astîka très glorieux, né du brahmane Djaratkârou et de (la sœur de Vâsouki) Djaratkârou, qui, dans le sacrifice préparé pour leur destruction, a délivré les serpents; vous, (serpents) bienheureux, vous ne devez pas me faire périr, moi qui songe à lui! Va-t-en, serpent, bonheur à toi, va, reptile plein de venin; rappelle-toi la parole d'Astîka à la fin du sacrifice de Djanamedjaya!

« Le serpent qui ne se retirerait pas après avoir entendu cette parole d'Astîka, qu'on lui écrase sur la tête en cent morceaux le fruit du *dalbergia!* »

Soûta parle.

Après ces paroles, le grand brahmane ayant goûté au milieu des serpents assemblés une joie extrême, demeura plongé dans la méditation; quand il eut causé le salut des serpents (en les délivrant) du sacrifice, l'excellent richi, plein de l'esprit de ses devoirs, arriva, au temps fixé, à sa dernière heure, ayant alors des fils et des petits-fils.

« Ainsi j'ai raconté l'histoire d'Astîka telle qu'elle est gardée dans (les livres de) la tradition; quand on la répète, on n'a plus rien à craindre des serpents. Je l'ai dite, comme l'avait racontée ton aïeul Pramati, ô brahmane, pour plaire à son fils Rourou qui la lui demandait, ô descendant de Bhrigou; telle que je l'ai apprise, je l'ai racontée depuis le commencement (jusqu'à la fin), cette bienheureuse histoire du poète Astîka, ô deux fois né!

« Après avoir entendu cette légende d'Astîka, qui repose sur les devoirs et augmente la pureté; après avoir entendu, ô brahmane, le discours du Doundoubha que tu m'as demandé, tu peux apaiser ton très grand désir d'apprendre les histoires pouraniques, ô toi qui domptes tes ennemis! »

DJATOUGRIHAPARVA.

DJATOUGRIHAPARVA.

(Vol. 1.er, p. 206, vers 5650--5925.)

I.

Djanamedjaya dit : « Je désire entendre de nouveau (et cette fois) en détail, ô excellent brahmane, l'incendie de la maison de laque et la délivrance des Pândavas : cette œuvre de grande destruction, inspirée aux Kourous par la cruauté, raconte-la-moi telle qu'elle s'est passée, car c'est pour moi l'objet d'une vive curiosité. »

Vaïçampàyana parle.

« Ecoute-moi donc, ô roi terrible à tes ennemis, raconter en détail cet incendie de la maison de laque et la délivrance des Pândavas. »

Quand il eut remarqué la force supérieure de Bhimaséna et la science acquise par Ardjouna (dans le métier des armes), Douryodhana attristé brûla de jalousie; alors le fils du soleil Karna, Douryodhana lui-même et (son conseiller) Çakouni cherchèrent par divers moyens à faire périr les Pândavas; mais de leur côté les Pândavas contrecarrèrent la marche de leur dessein, ne se laissant pas aller à la négligence et se tenant aux avis de Vidoura.

Cependant, voyant les qualités dont les Pândavas sont doués à un haut degré, les citoyens vantèrent hautement leurs mérites, dans les assemblées, ô Bhârata! « L'aîné des fils de Pândou a droit à la royauté; il est mûr (pour régner), ainsi parlent (les citoyens) réunis dans les lieux destinés aux sacrifices et dans les assemblées publiques. Dhritarâchtra, le maître des hommes, qui voit par les yeux de l'intelligence, n'a pu, étant aveugle, obtenir jadis la couronne; car comment régnerait-il? De son côté, le fils de Çântanou, Bhîchma, attaché à la vérité et à d'austères observances, a déjà refusé la royauté; certes il ne l'acceptera pas (maintenant). Eh bien! l'aîné des Pândous, le jeune Youdhichthira, habile dans les combats, donnons-lui l'onction royale, aujourd'hui même, à lui qui connaît la vérité et la compassion! Car ce prince, instruit dans la justice, saura, par son respect et tous les biens dont il les fera jouir, se concilier Bhîchma, ainsi que Dhritarâchtra et ses fils. »

Les discours que tenaient ainsi les citoyens dévoués à Youdhichthira, Douryodhana les entendit, et, dans sa folle méchanceté, il en ressentit de la peine. Ce pervers, consumé par la jalousie, ne put supporter leurs discours, et brûlant d'envie, il alla trouver Dhritarâchtra; voyant son père laissé en oubli, il le salua avec respect, et, tourmenté de l'affection que le peuple témoigne (à d'autres), il lui dit :

Douryodhana dit : « J'ai entendu prononcer par le peuple une parole de mauvais augure; te mettant de côté avec mépris, toi et Bhîchma, ils désirent pour roi Youdhichthira. La résolution de Bhîchma est arrêtée; il ne convoite pas la royauté, mais les citoyens de notre capitale cherchent à nous causer un chagrin extrême. Jadis Pândou, par ses propres qualités, obtint de s'asseoir sur le trône qu'il tenait de ses ancêtres; toi, à cause de l'infirmité qui te prive de la vue, tu n'as pu être investi de la royauté à laquelle tu avais droit. Si ce Youdhichthira saisit l'héritage de Pândou, son fils en jouira certainement, ainsi que son petit-fils et tous ses descendants; et nous privés, dans nos personnes et dans celles de nos enfants, de la succession au trône, nous deviendrons dans le monde un objet de mépris, ô roi de la terre ! voués à un enfer éternel, devenu notre partage, vivant du pain des autres.......; non, ne soyons pas ainsi, ô prince, et ayons recours à la politique des rois! Car, si c'est à toi qu'appartenait auparavant cette royauté, ô monarque, assurément nous devons l'obtenir aussi, même en dépit du peuple. »

II.

Vaïçampâyana parle.

Le roi qui ne voit plus que par les yeux de l'esprit, Dhritarâchtra ayant entendu les paroles de son fils, et tous les discours d'un peuple hostile, demeura indécis et attristé. Mais Douryodhana, Karna, Çakouni, fils de Soûbala, et Dou'çasana, qui faisait le quatrième, se mirent à délibérer à part; et alors Douryodhana, l'aîné, dit à Dhritarâchtra: « Pour n'avoir rien à craindre des Pândavas, il faut les exiler, ô maître, sous un prétexte adroit, dans la ville de Vâranâvata ! »

Quand il eut entendu la parole prononcée par son fils, Dhritarâchtra réfléchit quelque temps, puis il lui dit.

Dhritarâchtra dit : « Pândou a toujours fait de la justice la règle de sa conduite et le but de ses actions, à l'égard de tous ses parents et de moi-même aussi, en toute occasion; il ne connaît absolument rien des intentions du peuple de Bhodj et des autres; fidèle à l'équité, il reconnaît toujours que la royauté m'appartient. Son fils est comme lui, adonné par-dessus tout à la justice, plein de qualités, renommé dans le monde, et bien apprécié des descendants de Pourou; comment donc pourrait-il être violemment repoussé par nous du grand royaume de son père et de ses aïeux, lui et tous les siens, jusqu'au dernier? Car les conseillers ont été aimés de Pândou ; l'armée a toujours été chérie par lui ; aussi (l'armée et les conseillers) aiment ses fils et ses petits-fils sans exception. Les citoyens de cette ville, autrefois bien traités par Pândou, comment ne nous détruiraient-ils pas dans l'intérêt de Youdhichthira, nous et les nôtres? »

Douryodhana dit : « Quand ils auront reconnu le tort de leur propre conduite en agissant ainsi, les grands, sur lesquels reposent l'autorité royale, étant tous flattés (par moi) dans leur intérêt et leur orgueil, deviendront certainement nos partisans selon leur degré d'éminence; les riches et les conseillers sont déjà à moi, ô roi de la terre ! Mais tu dois exiler les Pândous, par quelque moyen de douceur, dans la ville Vâranâvata : lorsque la royauté sera bien établie en moi, ô prince, alors Kountî reviendra avec ses fils, ô Bhârata! »

Dhritarâchtra dit : « Douryodhana, cette idée s'agite en tous sens dans mon cœur, mais à cause de ce qu'il a de criminel, je n'adopte pas ce moyen; car ni Bhîchma, ni Drona, ni Kchattri, ni Gaôtama ne consentiront jamais à ce que les fils de Kountî soient envoyés en exil! Au milieu des descendants de Kourou, nous ne sommes pas plus qu'eux, ô mon fils, et ces héros, doués de justice et d'intelligence, n'admettraient point que nous dépassassions ce niveau; comment n'arriverions-nous pas à être détruits dans ce monde, au milieu de ces enfants de Kourou et de (ces cinq frères) magnanimes! »

Douryodhana dit : « Bhîchma ne prend jamais parti pour personne; le fils de Drona est à moi; Drona lui-même viendra se ranger avec son fils, il n'y a pas de doute ; Kripa Çaradvata sera aussi du parti qu'ils auront embrassé tous les deux; jamais il n'abandonnera Drona ni le fils de sa sœur; Kchattri, lié par l'intérêt, passera à nous, bien qu'il soit secrètement retenu par les autres; d'ailleurs, il ne peut seul, dans son zèle pour les Pândous, nous opposer des obstacles. Ainsi, plein de sécurité, exile les Pândavas avec leur mère ; fais en sorte qu'ils partent aujourd'hui même pour Vâranâvata! Détruis ainsi cette terrible cause d'inquiétude, pareille à un javelot enfoncé dans nos cœurs, ce feu de la douleur allumé en nous! »

III.

Vaïçampâyana parle.

Ensuite le roi Douryodhana et ses frères attirèrent doucement à eux, en distribuant des richesses et des honneurs, les conseillers et l'armée, tout ce qui fait la force des rois. Quelques amis intimes des plus habiles, dirigés par Dhritarâchtra, vantèrent hautement les agréments de la ville de Vâranâvata. « Les choses les plus agréables de la terre se trouvent en grand nombre réunies par Civa lui-même, dans cette ville de Vâranâvata, dans ce pays abondant et riche en toutes sortes de pierres précieuses, (dans ce pays) qui enchante les hommes ! » Ainsi disaient-ils, d'après l'ordre de Dhritarâchtra ; et, comme on parlait des délices de cette ville de Vâranâvata, le désir de s'y rendre naquit (dans l'esprit) des Pândous, ô roi! Quand Dhritarâchtra eut jugé que la curiosité était éveillée, alors le fils d'Ambîkâ dit aux enfants de Pândou.

Dhritarâchtra dit : « Ces hommes me représentent éternellement et à chaque minute la ville de Vâranâvata comme la plus délicieuse du monde; si vous éprouvez l'impatience d'habiter cette cité, eh bien! allez avec votre suite et vos familles vous y réjouir comme des immortels ! Donnez des pierres précieuses en présent aux brahmanes, aux chanteurs, autant qu'il vous plaira, pareils à des dieux pleins d'éclat ! Après vous y être réjouis quelque temps et y avoir goûté une joie extrême, vous reviendrez heureux dans cette ville d'Hâstinapoura! »

Vaïçampâyana parle.

Comprenant bien le désir de Dhritarâchtra et l'abandon de ses propres partisans, Youdhichthira répondit : « J'y consens ! » Alors (s'adressant à) Bhîchma, fils de Çântanou, à l'intelligent Vidoura, à Drona, à Vâlhika, à Somadatta, fils de Kourou, à Kripa, au fils du gourou Drona, Acwattaman, à Bhoûriçravasa, aux autres personnages respectables, aux conseillers, aux brahmanes qui ont pratiqué de grandes austérités, aux prêtres de la famille, aux citoyens, à la célèbre Gandhârî (femme de Dhritarâchtra), Youdhichthira attristé prononça lentement ces paroles :

« Vers l'agréable et populeuse ville de Vâranâvata, nous allons partir avec notre suite, d'après l'ordre de Dhritarâchtra; vous tous, nous souhaitant le bien dans votre cœur, faites entendre des paroles pures, afin que, sous l'abri de vos bénédictions, nous n'ayons rien à craindre des atteintes du péché! »

A ce discours qui leur était adressé par le fils de Pândou, tous les Kaoravas, prenant un visage bienveillant, répondirent aux fils de Kountî : « Puissent, dans la route, tous les êtres se montrer propices; que jamais rien de fâcheux ne vous arrive, ô vous qui êtes la joie de Pândou! »

Lorsqu'on les eut ainsi bénis dans leur voyage pour obtenir la royauté (qu'ils abandonnaient), les cinq princes terminèrent leurs affaires et se mirent en route pour Vâranâvata.

IV.

Quand le roi eut tenu ce langage aux fils de Pândou, ô Bhârata! Douryodhana, dont l'ame est perverse, fut rempli d'une bien grande joie ; il emmena Pourotchana dans un lieu écarté, et, le prenant par la main droite, il parla ainsi à son ami.

Douryodhana dit : « Elle est à moi, ô Pourotchana, cette terre abondante en richesses ; et si elle m'appartient, elle est tienne aussi ; tu dois donc veiller à sa garde ; car il n'est pas pour moi de compagnon en qui j'aie plus de confiance qu'en toi ; il n'en est point non plus par qui, dans l'intimité, je doive être conseillé, si ce n'est toi ! Garde donc bien le secret de nos délibérations, et extirpe mes ennemis par un moyen adroit ; ce que je te dirai, exécute-le ! Les Pândavas, partis vers Vâranâvata, à l'instigation de Dhritarâchtra, vont y vivre dans la joie et le bonheur, d'après l'ordre de mon père. Toi, à l'aide d'un chariot rapide attelé d'un âne, fais en sorte d'arriver à Vâranâvata aujourd'hui même ; et rendu là, fais bâtir une maison à quatre appartements, bien meublée, décorée richement, et qui soit retirée un peu loin de la ville ; toutes les matières combustibles quelconques, telles que la filasse, la résine, fais-les-y déposer ; puis, après avoir mêlé à l'argile du beurre clarifié, de l'huile, de la graisse et de la laque en grande quantité, fais jeter cet enduit dans les murailles ; l'étoupe, l'huile, le beurre fondu, la laque, le bois résineux de diverses espèces, fais déposer tout cela à la fois dans cette maison, de telle sorte que les Pândavas, même en y regardant bien, et les autres habitants ne s'aperçoivent de rien (et n'aillent pas dire) : « Ceci est propre à être incendié ! » Cette maison étant ainsi faite, va vers les héros doués d'un grand éclat ; fais en sorte que les Pândous l'habitent avec leur mère et leurs compagnons. Des sièges divins, des chars, des lits doivent aussi y être préparés pour les Pândous, de telle sorte que mon père soit

satisfait; et tout cela doit être disposé de manière qu'on n'en
sache rien dans la ville de Vâranâvata, selon l'opportunité
du moment. Quand tu les sauras endormis, pleins de confiance et de sécurité, le feu devra être mis par toi aux portes
de la maison. Ils sont morts, consumés dans leur demeure
incendiée, pensera le peuple, et jamais on ne nous fera de
reproches au sujet des Pândous. »

Ayant promis au fils de Kourou d'agir ainsi, Pourotchana
partit sur un chariot rapide attelé d'un âne; et étant arrivé
bien vite, ô roi! fidèle aux volontés de Douryodhana, il fit
toute chose ainsi que le lui avait dit le fils de Dhritarâchtra.

V.

Vaïçampâyana parle.

Or, les Pândous, après avoir attelé à leurs chars de bons
chevaux, rapides comme le vent, sur le point d'y monter,
serrèrent (sur leurs poitrines) les pieds de Bhichma avec
douleur, ceux du roi Dhritarâchtra, du magnanime Drona,
des autres vieillards, de Kripa et de Vidoura; ayant ainsi fait
leurs adieux à tous les anciens d'entre les Kourous, et embrassé leurs égaux, les héros, fermes dans leurs observances,
salués à leur départ, même par les enfants, prirent congé de
toutes les femmes âgées, s'inclinèrent avec respect devant
tous les grands du palais et de l'armée, puis se mirent en
marche pour Vâranâvata; alors Vidoura, dont l'expérience
est grande, d'autres chefs d'entre les Kourous et des citoyens
de la ville, dans leur profonde tristesse, accompagnèrent
à leur sortie les cinq héros.

Or, quelques brahmanes, au-dessus de toute crainte, bien affligés aussi, disaient, en voyant les fils de Pândou malheureux : « Ce roi Dhritarâchtra, descendant de Kourou, dont l'intelligence est si bornée sur tous les points, voit bien ce qu'il y a d'inquiétant (dans la position des Pândous), mais il ne distingue pas de quel côté est la justice. Aimera-t-il jamais le crime, le vertueux Youdhichthira, ainsi que Bhîma, le meilleur des braves, et Ardjouna, le fils de Kountî ; comment les deux magnanimes enfants de Mâdrî (Sahadéva et Nakoula) commettraient-ils (de mauvaises actions)?

« Dhritarâchtra ne peut souffrir les cinq Pândous, auxquels la royauté appartient par droit d'héritage ! Et Bhichma, comment approuve-t-il cette excessive injustice, lui qui permet qu'on les exile dans une ville si peu convenable? Car leur père était jadis notre roi, Vitchitravirya, fils de Çàntanou, et, après lui, Pândou le grand monarque, descendant de Kourou ; et, quand ce héros est parti vers la demeure céleste, voilà que Dhritarâchtra repousse ces puissants fils de roi! Nous, tous tant que nous sommes qui ne pouvons approuver cette conduite, ayant abandonné nos maisons, allons loin de cette capitale, là où ira Youdhichthira ! »

Aux citoyens qui parlaient ainsi dans leur douleur, tout attristé lui-même, Youdhichthira, roi de la justice, répondit, après avoir réfléchi en son esprit : « Un père doit être regardé et honoré comme le meilleur gourou, ce que le maître de la terre nous a dit, nous devons le faire sans hésiter ; tel est le devoir qui nous est imposé. O vous qui nous voulez du bien ! après nous avoir fait le salut d'adieu et nous avoir réjouis par vos bénédictions, retournez dans vos demeures. Quand nous accomplirons une œuvre à laquelle vous vous trouverez associés, alors vous ferez des choses qui seront agréables et utiles à notre cause! » Ayant entendu ces paroles, les citoyens firent le salut; et, après voir réjoui les Pândous par des bénédictions, ils retournèrent dans la ville.

Or, quand le peuple eut cessé de les accompagner, Vidoura, qui connaît tous les devoirs de la justice, dit à l'aîné des Pândous, cherchant à l'éclairer, lui qui est habile et sait tenir des discours adroits, lui qui connaît la finesse et sait l'exprimer, il dit cette parole où se trahit la sagesse et l'habitude de bien se faire comprendre : « Celui qui a l'intelligence de la conduite habile de ses ennemis, (intelligence) basée sur la science de la politique, celui-là, pourvu de cette connaissance, agira de telle sorte qu'il évitera le malheur. Celui qui sait qu'un trait dénué de fer à sa pointe peut, s'il est acéré, faire une blessure au corps, celui-là, l'ennemi ne le tuera pas, car, en sachant cela, il est à l'abri du coup. Que les animaux qui sont leurs ennemis (?) ne brûlent point les lézards dans la grande muraille; ainsi dit le proverbe; celui qui se garde ne périra pas! Celui qui n'est pas aveugle voit sa route; celui qui n'est pas aveugle comprend l'aspect de l'horizon; celui dont l'esprit n'est pas flottant acquiert une solide intelligence des choses : bien averti d'avance, réfléchis!... L'homme reçoit la flèche sans fer, donnée par des gens inhabiles; le porc-épic, réfugié dans sa retraite, se sauvera du feu..... Celui qui connaît la trace des pas et distingue les points cardinaux par les constellations, pourra, par lui-même, ne pas être victime des cinq douleurs qui le menacent!.... »

A ce discours de Vidoura, le meilleur d'entre les hommes instruits, l'aîné des Pândous, Youdhichthira, roi de la justice, répondit : « J'ai compris........ » Après leur avoir ainsi donné ses avertissements, après les avoir reconduits et salués, Vidoura, congédié par les fils de Pândou, revint dans sa demeure.

Quand Vidoura fut retourné dans la ville, ainsi que Bhîchma et tout le peuple, Kountî, s'approchant de son fils Youdhichthira (qui n'a jamais eu d'ennemis), lui dit à son tour : « Cette parole que paraissait te dire Vidoura au milieu des citoyens, et à laquelle tu as répondu : J'entends ! nous ne savons ce que c'était! Si c'est une chose que nous puissions connaître, sans que tu fasses une mauvaise action (en nous la communiquant), je désire entendre tout ce qui a été dit entre vous. »

Youdhichthira dit : « Vous devez être en garde contre le feu qui (sortira) de la maison, voilà ce qu'a dit Vidoura ; et le sage, ferme dans la justice a ajouté : Qu'aucune route ne vous soit inconnue! Celui qui veille sur ses sens obtiendra la terre, source de richesses, m'a-t-il dit encore. Et à tout cela j'ai répondu : Je sais. »

Vaïçampâyana parle.

Au huitième jour du mois *phalgouna*, au quatrième astérisme lunaire, les Pândavas qui s'étaient mis en route, approchant de Vâranâvata, aperçurent les habitants de la ville.

VI.

Vaïçampâyana parle.

Alors tous les principaux habitants (sortis) de la ville de Vâranâvata, dans un grand équipage de fête, conformément à la loi, vinrent avec empressement sur des chars divers, par milliers, au-devant des fils de Pândou, quand ils apprirent leur arrivée ; et cette nouvelle de la venue des héros leur avait causé une joie suprême. Etant donc arrivés tout près des fils de Kountî, les habitants de Vâranâvata les saluèrent par des cris de joie et se tinrent tout autour d'eux; et, au milieu de ce peuple, le héros Youdhichthira, roi de la justice, resplendit comme un immortel, comme au milieu des dieux, Indra armé de la foudre ; puis, après avoir été félicité par les citoyens, et les avoir eux-mêmes accueillis avec affabilité, ô roi sans péché! ils entrèrent dans la ville de Vâranâvata décorée pour les recevoir, et pleine de peuple. Les héros pénétrèrent donc aussitôt dans la ville et allèrent dans les maisons des brahmanes, occupés à leurs œuvres propres, ô roi de la terre! Les princes passèrent successivement devant les demeures des chefs de la ville, possesseurs de chars, devant celles des Vaïcyas et même des Çoudras. Recevant des marques de respect de la part des habitants de la ville, les Pândous, ô Bhârata! se rendirent ensuite dans le palais, guidés par Pourotchana.

Des vivres, des liqueurs, des lits somptueux, des sièges choisis leur sont présentés par Pourotchana ; bien accueillis par lui, fournis largement d'ustensiles et d'objets dignes d'eux, ils demeurèrent en ce lieu, servis respectueusement par les habitants de la ville. Quand ils eurent passé dix nuits et dix jours dans ce palais, Pourotchana leur livra la maison appelée lieu de prospérité et qui devait leur être fatale. Là s'établirent les cinq héros avec leur suite d'après l'invitation de Pourotchana, pareils aux Gouhyakas (gardiens des trésors de Kouvéra) fixés sur le mont Kaïlâça. Mais, après avoir bien examiné cette maison, Youdhichthira, le meilleur de ceux qui chérissent la justice, dit à (son frère) Bhîmaséna : « Tout ceci est fait de matières combustibles. »

Youdhichthira dit : « On sent ici une odeur de graisse mêlée à de l'étoupe et de la laque ; la chose est évidente, cette maison a été ainsi faite, qu'elle peut facilement être incendiée, ô toi qui domptes tes ennemis! Assurément, pour la construction de cet édifice, on a pris de la filasse, de la résine, des herbes filandreuses et sèches, des roseaux et d'autres substances ; puis toutes ces matières, enduites de beurre clarifié, ont été employées habilement dans l'édifice par des ouvriers expérimentés et bien au fait de l'art de bâtir. Moi qui suis sans défiance, il veut me faire périr dans le feu, ce pervers Pourotchana; il est, dans sa stupidité, soumis aux volontés de Douryodhana. Mais Vidoura, dont l'intelligence est grande, a prévu ce danger, et c'est pour cela qu'il m'a d'avance donné des avertissements, ô Bhîma ! Ainsi, prévenus par Vidoura, toujours désireux de nous rendre service, qui est pour nous un père à cause de la tendresse qu'il nous porte comme à ses enfants, nous comprenons que cette maison fatale a été disposée par des scélérats, affidés secrets de Douryodhana. »

Bhîmaséna dit : « Puisque tu penses que cette maison a été ainsi faite pour être incendiée, eh bien! allons là où nous habitions auparavant. »

Youdhichthira dit : « Nous devons rester ici, avec fermeté, tel est mon avis, sans manifester nos pensées, sans cesser d'être sur nos gardes, réfléchissant à la marche certaine que nous aurons à suivre pour sortir d'ici; si Pourotchana devinait nos desseins, plus empressé d'agir, il nous y consumerait (en nous retenant) par la force. Il ne recule ni devant les reproches ni devant le crime, ce Pourotchana;

car, dans sa stupidité, il est sous l'empire de Douryodhana! Et si nous étions consumés, Bhîchma, notre grand-oncle, que ferait-il (pour se venger)? ne serait-ce pas en vain qu'il s'irriterait contre les Kourous? Ou bien, si nous étions consumés ici, Bhîchma, notre grand-oncle, leur dirait : Où est la justice? et les autres chefs des Kaôravas s'emporteraient contre lui. Si donc nous fuyons, effrayés de l'incendie qui nous menace, par des moyens cachés (le poison ou d'autres) Douryodhana détruirait tous (ceux qui lui portent ombrage), dans son ardent désir d'arriver à la royauté. Nous n'avons pas de position solide, il est affermi; nous ne sommes point étayés, il est appuyé de toutes parts; nous sommes sans richesses, il dispose d'un grand trésor : donc il a des moyens assurés de nous détruire! Donc, trompant le pervers Douryodhana et son pervers complice, habitons quelque part une demeure secrète; là, nous livrant à la profession de chasseurs, nous parcourrons en tous sens cette contrée, et ainsi les routes par lesquelles il faudra fuir nous deviendront familières. Dès aujourd'hui, creusons sous la terre un trou bien caché; dans ce souterrain où nous pourrons respirer, le feu ne nous dévorera pas. Mais que Pourotchana ne se doute pas que nous sommes retirés (dans ce trou), ni lui, ni aucun des habitants de la ville; voilà à quoi doivent tendre toutes nos précautions. »

VII.

Vaïçampàyana parle.

Un certain ami de Vidoura, un mineur, homme habile,

vint secrètement, ô roi! dire ces paroles aux Pàndavas : « Je suis un mineur expérimenté envoyé vers vous par Vidoura avec cet ordre : **Fais ce qui plaira aux Pàndavas !** Ainsi que dois-je faire? Vidoura m'a entretenu en secret, et m'a dit : Accomplis ce qui peut être ici-bas pour les Pàndous le souverain bien, en vertu de la confiance que je t'accorde! Que ferai-je pour vous? La quatorzième nuit de la quinzaine obscure de ce mois, Pourotchana mettra le feu à la porte de cette maison que tu habites; les héroïques Pàndous avec leur mère doivent périr dans les flammes; tel est le dessein arrêté par le stupide fils de Dhritaràchtra. Vidoura t'a dit quelque chose dans un langage à peine intelligible, ô Pàndava! et tu as répondu : Bien! Voilà ce qui doit te donner de la confiance (en moi). »

Le fils de Kountî, Youdhichthira, ferme dans la vérité, lui répondit.

Youdhichthira dit : « Je reconnais en toi, ô homme bienveillant! un ami de Vidoura, pur en ses motifs, capable, officieux et digne en tout de ma confiance. Il ne se fait rien dont ce sage ne pénètre la cause; nous sommes pour toi ce que nous serions pour lui; nous ne faisons point de différence entre toi et lui; tu es à nos yeux ce qu'il serait lui-même; protège-nous donc comme le ferait le sage Vidoura. Cette maison a été faite ainsi facile à brûler pour nous détruire, par Pourotchana qui l'a construite d'après l'ordre du fils de Dhritaràchtra; telle est ma pensée : cet insensé, dont les desseins sont mauvais, est maître de grands trésors et entouré d'amis, et dans sa méchanceté il nous crée sans cesse des obstacles. O homme excellent! délivre-nous de cet incendie par tous tes efforts; car, si nous étions consumés, Douryodhana serait arrivé à son but. Cet immense arsenal, que ce pêcheur a fait si complet en se réfugiant (pour ainsi dire) dans cette grande entreprise (où il se tient à l'abri comme dans) un donjon où la vengeance ne peut l'atteindre ; cette entreprise fatale qu'il voulait accomplir, Vidoura a tout vu d'avance, et il nous en a donné avis. Nous voilà arrivés en face du péril que d'avance Vidoura avait deviné, délivre-nous donc à l'insu de Pourotchana. »

Le mineur, ayant promis, employa ses efforts et, creusant un fossé souterrain, il fit un grand trou ; au milieu de cette demeure, il pratiqua sous la terre une immense cave, fermée par une trappe, invisible, à fleur de terre, ô Bhârata ! et craignant (la vigilance) de Pourotchana, il en fit l'entrée bien cachée. Lui-même il se tint toujours à la porte de cette demeure (souterraine), préparé à tout événement fâcheux, et, là aussi, se retirèrent chaque nuit tous les Pândavas avec leurs armes. Le jour ils vont à la chasse de forêt en forêt ; malgré leur inquiétude, ils trompent Pourotchana par une sécurité (affectée). Bien loin d'être joyeux, mais gais en apparence, ô roi, ils vécurent (dans cette maison) en proie à une extrême sollicitude ; et les habitants de la ville ne se doutèrent de rien, si ce n'est le conseiller de Vidoura, cet excellent mineur.

VIII.

Vaïçampâyana parle.

Quand il les vit heureux, habitant là depuis une année entière ; quand il les vit tranquilles en apparence, Pourotchana fut très joyeux ; et tandis qu'il se réjouissait ainsi, le fils de Kountî, Youdhichthira, qui connaît la justice, dit à Bhîmaséna, à Ardjouna et aux deux jumeaux (Sahadéva et Nakoula).

Youdhichthira dit : « Il nous voit pleins de sécurité, le traître Pourotchana; il est trompé par nous, le pervers ; je crois l'instant favorable pour fuir. Après avoir mis le feu à cette maison remplie d'armes dirigées contre nous, brûlé Pourotchana lui-même, et mis en sûreté notre vie à nous six (à nous et à notre mère), fuyons sans être remarqués. »

Vaïçampâyana parle.

Alors Kountî, sous prétexte de dons (ordinaires), distribua de la nourriture aux brahmanes, et, au soir, les femmes arrivèrent aussi. Là s'étant réjouies à leur gré, ayant bu et mangé, ô Bhârata! elles s'en retournèrent dans leurs demeures, cette même nuit, congédiées par Kountî. Or, la Nichadî aux cinq fils, dans ce festin qui s'est accompli au gré de ses désirs, a atteint son but ; revenant avec ses enfants, comme si elle eût été pressée par la mort, elle se met à boire des liqueurs enivrantes; hors d'elle-même, elle ressent ainsi que ses fils l'agitation que lui cause le vin ; alors, avec ses cinq enfants, ô roi ! dans cette maison, elle dormit, privée de sentiment et comme morte, ô grand prince! Mais le tumulte ayant cessé et les habitants étant plongés dans le sommeil, Bhîma mit le feu par dessous, à l'endroit où dort Pourotchana ; de son côté Youdhichthira mit le feu aux portes de la maison de laque, puis il livra aux flammes l'édifice entier sur tous les points.

Quand ils reconnurent que toute la maison était en feu, les fils de Pândou, vainqueurs de leurs ennemis, entrèrent bien vite dans le souterrain avec leur mère. Alors l'incendie se manifesta par l'éclat du feu et par un grand bruit; les habitants en furent éveillés, et à la vue de la maison en flammes, ils s'écrièrent.

Les citoyens dirent : « C'est ce pervers, mis en œuvre par Douryodhana, et ignorant de ses devoirs, qui a construit cette demeure pour sa propre destruction et y a mis le feu! Ah! malheur à Dhritaràchtra; sa pensée était contraire à la justice, lui qui, comme un ennemi, a fait périr dans les flammes les héritiers de Pàndou, exempts de souillures! Malheur! cet insensé, dont les desseins étaient cruels, est aussi consumé; lui qui a fait périr par le feu ces héros sans péché, ces meilleurs d'entre les hommes, qui vivaient là en pleine sécurité! »

Vaïçampàyana parle.

Ainsi se lamentaient les habitants de Vàranâvata, entourant la maison; ils se tinrent là toute la nuit, tandis que les cinq Pàndous, avec leur mère, en proie à une grande douleur, étant sortis par le souterrain, s'en allèrent d'un pas rapide, sans être observés. A cause du sommeil qui met un obstacle à leur fuite, à cause de la frayeur, les Pàndous, terribles à leurs ennemis, ne pouvaient marcher vite avec leur mère; mais Bhîmaséna, ô roi! avec sa rapidité et sa force héroïque, marcha, prenant lui-même ses cinq frères et Kountî avec eux. Ayant enlevé sa mère sur son épaule, pris sur ses flancs les deux jumeaux et ses deux autres frères dans ses deux mains, brisant les arbres avec sa poitrine, entr'ouvrant la terre sous ses pieds, il marcha d'un pas rapide comme le vent, Bhîma, au ventre de loup doué d'une force gigantesque et d'un grand éclat.

IX.

Vaïçampâyana parle.

Or, en ce même temps, ainsi qu'il en était convenu, le sage Vidoura envoya dans la forêt un homme sûr qui, étant allé là où il le dirigeait, aperçut dans le bois les Pândous et leur mère, ô fils de Kourou! mesurant la profondeur des eaux de la rivière. Le magnanime Vidoura, dont l'intelligence est grande, avait été instruit par un espion de la conduite du pervers Pourotchana, et cet homme habile, expédié par Vidoura, montra aux Pândous, sur la rive fortunée de la Ganga, une barque rapide comme la brise et la pensée, capable de résister à tous les vents, munie de ses rames, de son mât et de sa banderolle, faite par des hommes de confiance, puis il leur dit : « Youdhichthira, rappelle-toi cette parole qui éclairait l'avenir, et prononcée auparavant, (cette parole) qui doit être un signe de reconnaissance, dite par Vidoura : Que les animaux qui sont leurs ennemis (?) ne brûlent point les lézards dans la grande muraille; et cette autre : Celui qui se garde ne périra pas! Reconnais en moi, à ce signe, un homme digne de confiance, envoyé par Vidoura; et encore, ce sage, plein de sagacité, m'a dit tout (ce qui s'était passé). Karna, Douryodhana et ses frères, ainsi que Çakouni, sont vaincus par toi dans cette lutte, ô fils de Kountî! la chose est certaine. Cette barque, faite pour te frayer un chemin sur les eaux, qui marche doucement sur la vague, vous fera tous arriver sains et saufs hors de ce pays, la chose est certaine! »

Puis ayant vu ces héros et leur mère tout alarmés, il

lança la barque sur le Gange, et quand ils furent prêts à voguer, il leur dit encore : « Après avoir porté la main à son front et vous avoir embrassés, Vidoura a ajouté : Marchez sans alarme dans une route qui vous soit propice, ô héros ! »

Ayant ainsi parlé aux Pândous, l'homme mis en œuvre par Vidoura fit traverser le Gange aux cinq héros dans la barque, ô grand roi! Puis, après les avoir tous fait arriver sur l'autre rive du fleuve, il les salua en leur souhaitant la victoire, et il s'en alla comme il était venu. Alors les magnanimes Pândavas ayant renvoyé un message à Vidoura et traversé le Gange, continuèrent leur route d'un pas rapide, furtivement, sans être remarqués.

X.

Vaïçampâyana parle.

Cependant la nuit étant écoulée, tous les habitants de la ville, jusqu'au dernier, arrivèrent sur les lieux en hâte, désireux de voir les fils de Pândou ; et ceux qui éteignaient la flamme trouvèrent la maison de laque consumée, ainsi que Pourotchana, confident (de Douryodhana). « Assurément c'est Douryodhana, dont les œuvres sont perverses, qui a fait faire cette action pour anéantir les Pândous! » Ainsi disaient les habitants (de Vâranâvata) en pleurant : « Sans aucun doute aussi, c'est à la connaissance de Dhritarâchtra que son fils voulait consumer les héritiers de Pândou, puisqu'il ne s'y est point opposé. Certes aussi Bhîchma, fils de Çântanou, est complice de cette action injuste, lui, Drona,

Vidoura, Kripa et les autres Kourous! Donc, envoyons vers ce méchant roi Dhritaràchtra quelqu'un qui lui dise : ton ardent désir est rempli, tu as brûlé les Pàndous! Car ceux qui ont écarté les flammes, dans leur désir de sauver les Pàndous, ont vu la Nichadî, exempte de péchés, consumée avec ses cinq fils! »

Mais le mineur qui s'acquittait (du travail confié à ses mains) avait caché sous un amas de poussière la demeure souterraine, et personne d'entre les habitants ne la remarqua. Ils envoyèrent donc annoncer à Dhritaràchtra que les Pàndous et le confident Pourotchana ont péri dans les flammes.

A cette nouvelle qui lui causait un grand déplaisir, le roi Dhritaràchtra, profondément affligé, déplora la mort des enfants de Pàndou. « Le voilà mort aujourd'hui le roi Pàndou mon frère, dont la renommée est grande, puisque les héros ont péri dans l'incendie avec leur mère jusqu'au dernier! Que des hommes se rendent bien vite dans la ville de Vàranàvata; qu'ils remplissent les derniers devoirs envers ces héros, fils du roi Pàndou et de Kountî! Qu'on y fasse faire pour eux des cérémonies funèbres dignes de leurs familles, imposantes ; c'est là qu'ils sont morts ; que leurs amis se rendent vers eux. En cette circonstance, tout ce que je pourrai ordonner de faire qui soit agréable aux Pàndavas et à Kountî, que cela soit accompli entièrement avec mes richesses! »

Ayant ainsi parlé, Dhritaràchtra, fils d'Ambîkà, environné de ses parents, fit à l'intention des fils de son frère la cérémonie de l'eau; et tous ceux qui l'entouraient pleurèrent beaucoup dans l'excès de leur douleur : « Ah! Youdhichthira de la race de Kourou! ah! Bhîma! » disent ceux-ci.

« Ah! Ardjouna! » disent ceux-là; les autres crient : « Ah! les deux jumeaux, ah! (Sahadéva et Nakoula!) »

Les citoyens, plongés dans la douleur, firent aussi la cérémonie de l'eau pour Kountî. Bien d'autres habitants de la ville témoignèrent un grand regret de la perte des Pândavas; Vidoura seul fit éclater peu de douleur, car il a su plus de choses qu'eux.

Or, après être partis de la ville de Vâranâvata, les puissants Pândavas suivirent le cours de la rivière Ganga, formant une troupe de six personnes, compris leur mère. Par l'effet du mouvement pressé de leurs dix bras (qui rament), de la rapidité du courant et d'un vent favorable, ils avaient bientôt atteint la rive opposée. Là, abandonnant leur barque, ils marchèrent vers le sud, reconnaissant leur route aux nombreuses constellations qui la leur montrent; persévérant dans leurs efforts, ils traversèrent la forêt épaisse, ô roi! Puis vaincus par la fatigue, tourmentés par la soif, aveuglés par le sommeil, les fils de Pândou dirent encore à Bhîmaséna doué d'une force athlétique : « Est-il une position plus pénible que la nôtre? Dans l'épaisse forêt nous ne distinguons plus notre route par les points de l'horizon; nous ne pouvons plus marcher! et nous ne savons si ce pêcheur de Pourotchana a péri dans les flammes! Nous est-il possible de mettre un terme à la frayeur (qu'il nous cause) sans nous trahir (en allant sur les lieux)? Emporte-nous encore (sur tes épaules et dans tes bras) et marche, ô Bhârata! Car toi seul, tu es plus fort que nous tous, et tu marches toujours! »

Ainsi interpellé par Youdhichthira, Bhîmaséna, doué d'une force immense, prit sa mère et ses frères, puis il chemina d'un pas rapide, lui qui est plein de vigueur!

XI.

Vaïçampâyana parle.

La forêt traversée par les pas rapides du guerrier colossal qui se hâtait, fut ébranlée dans les branches de ses arbres; le vent que produisent les jambes de Bhîmaséna souffla comme celui qui précède la venue des mois Çoutchi et Çoukra, et l'athlétique Pândou nettoya la route d'arbres et de lianes ; saisissant ces rois des forêts chargés de fruits et de fleurs, il marchait, arrachant les touffes d'arbrisseaux qui se croisaient près du chemin : on eût dit un éléphant de six ans plein de force, trois fois enflammé au temps de l'amour, qui, dans sa colère pareille à la rage, déracine les arbres à travers la forêt. Bhîmaséna, rapide comme Garouda et les vents, marchait si vite que les autres Pândous en perdirent presque connaissance ; traversant plus d'une fois, jusqu'à la rive lointaine (des rivières), en nageant avec leurs bras, ils allèrent enfin dans un lieu très couvert sur le bord du chemin, toujours effrayés de Douryodhana. Avec bien de la peine, Bhîmaséna emporta sur son dos, à travers des rocs et des précipices, sa mère glorieuse, aux membres délicats, et vers le soir ils allèrent dans un fourré où l'on trouvait peu d'eau, de fruits et de racines, effrayant et rempli d'oiseaux de proie et de bêtes fauves, ô Bhârata ! Le crépuscule y était terrible, le nombre d'oiseaux et de quadrupèdes faisait peur ; l'horizon était obscurci sur tous les points par des vents hors de saison, par des feuilles et des fruits arrachés, ô roi! par des arbrisseaux touffus et serrés, par de grands arbres innombrables, recourbés et tortueux, aux masses de branches agitées.

Alors tourmentés par la fatigue et la soif, les Pândous ne purent aller plus loin; car le besoin de sommeil se fait sentir de plus en plus; tous ensemble ils pénétrèrent dans cette grande forêt désolée, et Kountî épuisée par le manque d'eau, dit alors à ses fils, elle la mère des cinq Pândous, se tenant là au milieu d'eux : « Je suis vaincue par la soif! » Ainsi dit-elle à ses enfants, à plusieurs reprises.

A ces mots, le cœur de Bhîmaséna fut enflammé de tendresse pour sa mère ; brûlant de compassion, (le héros) se détermina courageusement à aller (chercher de l'eau); alors, s'étant avancé dans cette grande forêt déserte, il vit un figuier sacré, immense, offrant de l'ombre et une retraite agréable ; là, il déposa tous ses frères et sa mère, puis il leur dit, le héros descendant de Bhârata : « Je vais chercher de quoi boire, reposez-vous ici ! Voici des grues qui crient d'une voix douce, ce sont des oiseaux aquatiques ; assurément il y a ici un grand étang, telle est ma pensée. » Alors son frère aîné lui donna son assentiment, et dit : « Va, ô Bhârata ! » Et il alla vers le lieu où étaient les grues qui vivent dans l'eau ; là il but et se baigna, ô roi ! puis il prit de l'eau pour ses frères, en bon frère qu'il était. Il apporta cette eau dans un pan de son écharpe, ô Bhârata! et il revint en courant vers sa mère d'une distance de deux milles; abattu par le chagrin et la douleur, il soufflait comme un serpent.

Quand il trouva sa mère endormie sur le sol au milieu de ses frères, Bhîma au ventre de loup ressentit une grande tristesse, et déplorant son sort, il dit : « Verra-t-on jamais un plus grand malheur? Quoi! je suis réduit dans ma profonde misère à voir mes frères dormir sur la dure! Eux qui jadis dans la ville de Vàranàvata ne pouvaient trouver le sommeil sur des couches splendides, ils dorment aujourd'hui sur la terre! La sœur de Vàsoudéva qui détruisit les masses ennemies, la fille du roi Kountî, Kountî honorée à cause de tous les signes de beauté qui la distinguent, la bru de Vitchitravirya, l'épouse du magnanime Pàndou, notre mère à nous, pareille au dieu qui porte un lotus sur le ventre, Kountî, d'une si extrême délicatesse, habituée à reposer sur une couche somptueuse, la voilà qui a maintenant pour lit le sol de la terre! Elle qui a engendré ces trois fils de Dharma, d'Indra et de Vàta, elle dort accablée de fatigue, sur la dure, quand elle devrait reposer dans des palais! Peut-il s'offrir un plus cruel spectacle, à moi qui vois aujourd'hui ces héros endormis sur la terre? Ce prince doué de justice, Youdhichthira qui mériterait de régner sur les trois mondes, le voilà qui dort épuisé sur la terre comme un homme de basse caste! Cet Ardjouna, foncé dans sa couleur comme un nuage d'azur, sans rival parmi les hommes, il dort sur la dure, comme un homme du peuple! Ah! quelle plus grande douleur que la mienne! Ces deux jumeaux, pareils aux Açwins parmi les dieux à cause de leur beauté si célèbre, ils dorment tous les deux sur la terre nue, comme des hommes vulgaires! Celui dont les parents ne seraient pas pervers et faits pour déshonorer leurs familles, vivrait heureux dans le monde, comme l'arbre unique et vénéré au milieu du village; car l'arbre croissant au milieu du village, chargé de feuilles et de fruits, devient l'arbre sacré, unique et sans famille, respecté, adoré de tous! Car ceux qui ont pour parents bien des héros fermes dans la justice, ceux-là vivent heureux dans le monde et exempts de souffrance, puissants, prospérant dans la richesse, objet de joie pour leurs amis et leurs parents, comme dans la forêt où ils sont nés, les arbres s'enlacent et se soutiennent. Mais nous, nous sommes exilés par le méchant roi Dhritarâchtra et par son fils, et nous serions consumés dans les flammes, sans la protection de quelque divinité. Echappés à cet incendie, réfugiés sous cet arbre, vers quel point nous dirigerons-nous, tombés comme nous le sommes dans la dernière infortune! Sois donc content d'avoir réussi, ô fils de Dhritarâchtra, ô pervers dont les vues sont bornées! Sans doute les dieux te sont propices; Youdhichthira ne m'accorde pas la permission de te tuer, et voilà pourquoi tu vis, ô méchant! Car, dès aujourd'hui, allant tout droit vers toi, dans la colère qui me transporte, je t'enverrais dans l'empire des morts, toi, tes enfants, tes conseillers, Karna et ton jeune frère Saôbala! Mais pourrais-je commettre cette action sans m'attirer la colère du meilleur d'entre les Pândous, du roi de la justice Youdhichthira, ô toi dont les actions sont criminelles? »

Ayant ainsi parlé, le héros aux grands bras, l'esprit enflammé de colère, frottant ses mains l'une contre l'autre, soupira par l'excès de son malheur; puis, dans son abattement, devenu pareil à un feu dont les flammes s'éteignent, Bhîmaséna au ventre de loup contempla ses frères endormis sur la terre nue, tranquilles en apparence, étendus dans la forêt comme des êtres répudiés.

« Mais à une petite distance de la forêt, je découvre une ville. Quand ils devraient veiller, ils dorment, hélas! Moi-même je vais les éveiller; et à la vue de l'eau que je leur apporte, quand ils auront ouvert les yeux, leur fatigue sera effacée! » Ainsi dit Bhîma, et, avec quelque effort, il les éveilla lui-même.

SWAYAMBARAPARVA.

SWAYAMBARAPARVA.

Vol. I, v. 6925 — 7174.

I.

Vaïçampàyana parle.

Ensuite les cinq frères Pàndavas, éminents parmi les hommes, partirent pour voir Draôpadî et le pays où allait se passer la grande fête. Ces héros terribles à l'ennemi s'étant acheminés avec leur mère, virent sur la route des brahmanes qui allaient réunis en grand nombre ; et ces brahmanes, ô roi! dirent aux fils de Pândou déguisés en brahmatchâris : « Où allez-vous et d'où venez-vous ? »

Youdhichthira dit : « O vous, sachez que nous sommes

frères utérins, partis d'Ekatchakrà et marchant au même but, en compagnie de notre mère, ô les plus excellents des deux fois nés! »

Les brahmanes dirent : « Allez aujourd'hui même chez les Pàntchàliens, dans la résidence du roi Droupada; là se célèbre un grand et somptueux *swayambara*. Partis en caravane, c'est là même que nous nous rendons; car une bien belle solennité, vraiment merveilleuse, va y être célébrée. La fille du magnanime Droupada Yadjnaséna, née du milieu de l'autel, et dont les yeux sont pareils à la feuille du lotus, jeune fille délicate et belle, aux formes irréprochables, à l'esprit intelligent, Draôpadî est sœur du redoutable Dhrichtadyoumna, l'ennemi de Drona. Couvert d'une armure de fer, le glaive en main, portant l'arc et les flèches, ce héros aux grands bras est né dans un feu bien allumé, lui qui a l'éclat de la flamme (1). Sa sœur est Draôpadî aux formes irréprochables, à la taille élancée, et qui exhale, à la distance d'un mille, un parfum pareil à celui du lotus bleu; et cette fille de roi qui a atteint l'époque du swayambara, nous allons la voir, ainsi que la fête divine.

« Des rois et des fils de rois qui sacrifient d'après le Véda et distribuent de riches présents, appliqués à la lecture des livres saints, purs, magnanimes, fidèles à leurs vœux ; des princes jeunes et beaux, habiles à diriger un char, exercés dans la pratique des armes, venus de pays divers, se réuniront de tous côtés. Et là, dans le but d'obtenir la victoire,

_____

(1) Dans l'*Adivança* (p. 89, v. 2437), on lit : « Ensuite Dhrich-
« thadyoumna naquit du feu, dans l'œuvre du sacrifice ; puis ce héros
« ayant saisi l'arc pour tuer Drona, alors sur cet autel même naquit
« aussi la belle Krichnà. »

ces souverains distribueront bien des présents, de l'argent, des vaches, de la nourriture et des mets délicats de toute espèce. Après avoir reçu tous ces dons, vu le swayambara et joui du spectacle de la fête, nous irons là où nous appellent nos devoirs. Des mimes, des bardes, des danseurs, des chanteurs, ceux qui célèbrent les exploits des vainqueurs, des lutteurs vigoureux, arrivent en foule de leurs pays divers. Lorsque vous aurez satisfait votre curiosité, vu la fête et reçu votre part des présents, alors, ô jeunes gens magnanimes! vous vous en retournerez avec nous. En vous voyant entrer dans la lice, vous qui êtes beaux et ressemblez tous les cinq à des dieux, peut-être Krichnâ fera-t-elle un choix tout particulier. Ton frère que voici, favorisé par la fortune et doué de beauté, pourra, lui qui a des bras puissants, gagner, en se mêlant à la lutte, de grandes richesses. »

Youdhichthira dit : « Nous aussi, ô brahmanes, nous irons tous en votre compagnie voir cette grande et magnanime solennité, ce swayambara de la jeune fille. »

II.

Vaïçampâyana parle.

Après ces paroles, les fils de Pândou allèrent, ô Djanamedjaya! vers les Pântchâliens du sud bien gardés par le roi Droupada; puis, dans ce pays, les héros Pândavas virent le mouni Dwaïpâyana, magnanime, pur, exempt de péchés. Lui ayant témoigné leur respect comme ils le devaient, et ayant reçu de lui un accueil hospitalier, quand la conversation fut achevée, congédiés par le solitaire, ils partirent pour la résidence de Droupada. D'agréables forêts, de beaux lacs s'offraient à leurs regards ; et séjournant çà et là, les héros marchèrent à petites journées, étudiant le Véda comme des brahmatchâris, purs, ayant des manières douces et des paroles agréables. A la longue, les fils de Pândou arrivèrent au pays des Pântchâliens. Après avoir vu la ville et le camp du roi, ils établirent leur domicile chez un potier, et recueillirent l'aumône aux environs, toujours réfugiés dans la manière de vivre des brahmanes ; aussi personne du pays ne sut que ces héros y étaient arrivés.

Or, Yadjnaséna avait toujours eu ce désir : Je donnerai ma fille au Pândava qui porte une aigrette (Ardjouna), mais il n'a jamais manifesté sa pensée; et le roi du Pântchâla, ô Djanamedjaya! recherchant le fils de Kountî, a fait faire un arc très fort, impossible à ployer, ô Bhârata ! et il a fait faire aussi une machine élevée en l'air, et à cette machine il a attaché le but.

Droupada dit : « Celui qui, ayant tendu cet arc et traversé l'appareil avec ces flèches armées de fer, frappera le but, celui-là obtiendra ma fille. »

Vaïçampâyana parle.

Ainsi le roi Droupada proclama le swayambara, et, à ces mots, tous les princes s'avancèrent ensemble, ô Bhârata ! Les richis magnanimes, désireux de voir la cérémonie, les fils de Kourou, avec Karna, ayant à leur tête Douryodhana, et les brahmanes éminents par leurs vertus venus de pays divers, s'approchèrent à la fois. Ensuite respectueusement saluées par le généreux Droupada, les troupes de rois s'échelonnèrent sur les échafauds, avides de voir le swayambara, et après eux tous les citoyens de la ville, avec le bruit d'une mer gonflée.

Arrivés sous la tête de la constellation du dauphin, (?) les princes entrèrent par le nord-est en une belle plaine unie, hors de la ville. Alors resplendit l'enceinte, complètement environnée d'habitations, ornée de portes et d'arcs de triomphe, défendue par des clôtures et des fossés, embellie tout autour par un large espace bien décoré, animée confusément par cent instruments de diverses espèces, parfumée d'aloès choisi, arrosée d'eau de sandal, parée de festons et de guirlandes, environnée de palais d'une éclatante blancheur aux sommets pareils aux pics du Kaïlàça, qui forment comme des sillons à travers le ciel, couronnés de dômes élégants garnis de balustrades d'or, enrichis d'un enduit où brillent les perles, ayant des escaliers faciles à gravir, fournis de grands sièges et de beaux ameublements, couverts de bien riches tentures, rafraîchis par un air imprégné du plus fin aloès, reflétant les rayons du soleil, très nombreux, parfumés d'odeurs qui se mêlent en s'exhalant, ouvrant à la fois cent larges portes, décorés de couches et de trônes, revêtus dans toutes leurs parties de métaux sans nombre, étincelants à leurs sommets comme les cimes de l'Himalaya.

Là, sur des trônes de diverses espèces, prirent place tous ces princes revêtus de beaux ornements, animés de jalousie l'un contre l'autre; là on vit assis les lions des rois, parfumés d'huile d'aloès noir, grands en puissance et en vertus, doués de qualités éminentes, pleins de bienveillance, amis des brahmanes, protecteurs attentifs de leurs royaumes et chers à tout le monde à cause de leurs belles actions bien accomplies. Puis, sur les échafauds, par milliers, de toutes parts vinrent s'asseoir les habitants pour bien voir Krichnà. Les fils de

Pândou prirent place aussi, en compagnie des brahmanes, et ils admirèrent la prospérité sans égale du roi des Pântchâliens.

Cependant, ô roi! l'assemblée, pendant bien des jours, s'accrut, enrichie de dons précieux, embellie de mimes et de danseurs; mais cette multitude agréable à voir étant ainsi réunie, au seizième jour, voici qu'après avoir pris le bain, richement vêtue, parée de toutes ses pierreries, et posant sur sa tête une guirlande d'or enrichie d'ornements, au milieu de l'enceinte descend Krichnà, ô Bhârata! Un prêtre de la famille, pur brahmane, habile dans les prières de ceux qui préparent le soma, sacrifia au feu avec le beurre clarifié, qu'il répandit tout à l'entour, selon le rite du Véda, et après avoir rendu la flamme propice et salué les brahmanes par des bénédictions, il fit disposer tous les instruments de musique; puis le silence se rétablit, et Drichtadyoumna, ô roi! prenant sa sœur par la main, selon le rite, s'avance dans l'enceinte quand les tambours bruyants se sont tus; et là, d'une voix retentissante comme la foudre, il fait entendre cette excellente parole affable et pleine de sens :

« Voici le but de l'arc, voici les flèches. Ecoutez-moi, maîtres de la terre assemblés! Vous devez faire passer par le trou de cet appareil cinq flèches aiguës volant dans l'air. Celui qui accomplira ce grand exploit, doué d'ailleurs de noblesse, de beauté et de vigueur, celui-là, aujourd'hui même, aura pour épouse ma sœur Krichnà que voici. Je ne parle point en vain. »

Après avoir dit ainsi, le fils d'Yadjnaséna, s'adressant à sa sœur Draôpadî, lui fit, par leur nom, leur généalogie et leurs œuvres, l'énumération des rois assemblés.

III.

Dhrichtadyoumna dit : « Douryodhana, Dourvichaha, Dourmoukha, Dou'pradharchana, Vivinçati, Vikarna, Saha, Dou'çàsana, Youyoutsou, Vàyouvéga, Bhîmavégarava, Ougràyoudha, Balàki, Karakâyou, Virotchana, Koundaka, Tchitraséna, Souvartchas, Kanakadhwadja, Nandaka, Bàhouçali, Touhounda, Vikata ; ceux-ci et d'autres fils de Dhritarâchtra, héros pleins de puissance, sont, avec Karna, assemblés ici à cause de toi. Ces princes magnanimes qu'on ne peut compter, ces chefs des Kchatryas, Çakouni, Saôbala, Vrichaka, Vrihadbala; tous ces fils du roi époux de Gàndharî, assemblés ici, ainsi que Açwatthàman et Bhodja, tous deux excellents dans la pratique des armes diverses, ici présents, magnanimes l'un et l'autre, parés de leurs plus beaux ornements ; d'autres puissants aussi, ornés de joyaux, le prince Dandadhâra, Sahadéva et Djayatséna, Méchasandhi, Virâta, avec ses fils dont le dernier est Çankha; Vàrdhakchémi, Souçarman, Sénàvindou, Soukétou avec son fils et le célèbre Souvartchas, Soutchitra, Soukoumàra, Vrika, Satyadhriti, le brillant Soûryadhwadja, aux armes peintes en bleu, Ançouman, Ekìtana, le puissant Çréniman, Samoudraséna et son fils Tchandraséna doué d'un éclat terrible, Djalasandha, avec son fils, Vidanda, pareil au dieu Yama, Vâsoudéva, du pays de Paondra, et l'héroïque Bhagadatta ; le roi de Kalinga, Tàmralipti, le souverain de Pattana, celui de Madra, Çalya, avec son fils, prince au grand char ; le descendant de Kourou, Somadatta, avec son vaillant fils,

avec Roukmàngada et Roukmaratha; les trois guerriers ici
assemblés, Bhoûri, Bhoûriçrava et Çala; Soudakchina, de
Kambodja, Paôrava, habile archer, Vrihadbala, Souchéna,
Çivi, Aôsinara, le destructeur des voleurs, le roi de Kàroû-
cha, Baladéva, Bàsoudéva, fils de Roûkmini, Çamba,
Tchàroudéchna, Pràdyoumni, avec Gada, Akroura, Sà-
tyaki, le magnanime Ouddhava, Kritavarman, Hàrdikya,
Prithou et Viprithou; Vidouratha, Kanka, Çankou et
Gavéchana, Açàvaha, Nirouddha, Samika, Arimedjaya,
le guerrier Vàtapati et Djhillipindàraka, le vaillant Ouçi-
nara, tous célèbres et fils de Yadou; le grand prince
Bhaguîratha, Djayatratha, roi du Scinde, Vrihadratha,
Vàhnika, le puissant Çroutàyou; Oulouka, Kaïtava,
Thitràngada et Daçoubhangada, le prudent Vatsaràdja,
le roi de Koçala; le vaillant Ciçoupala et Djaràsandha;
ceux-ci et d'autres en grand nombre, rois de pays divers,
Kchatryas de naissance, célèbres dans le monde, sont réunis
ici à cause de toi, ô bienheureuse! Pleins de vigueur, ils
s'efforceront de frapper le but suprême pour t'obtenir; celui
qui atteindra le but, celui-là, choisis-le (pour époux),
aujourd'hui même. »

IV.

Vaïçampàyana parle.

Ces princes, parés d'ornements et de pendants d'oreille,
jeunes et jaloux les uns des autres, songeant en eux-mêmes à
leur propre force et à l'arc qu'il faut tendre, s'élancèrent tous
ensemble en levant leurs armes. La beauté, la vigueur, la
noblesse, comme aussi la disposition guerrière, la fortune,
la jeunesse, tout cela les enflamme d'orgueil; ils sont aveu-

glés par l'élan de la passion, comme les rois des éléphants ivres aux montagnes de l'Himalaya. Ils jettent l'un sur l'autre un œil d'envie ; leurs corps tremblent, agités par l'amour. « Krichnâ pour moi, » s'écrient-ils, en se levant rapidement de leurs trônes; et ces Kchatryas venus à la fête, rassemblés là dans le désir d'obtenir Krichnâ par la victoire, resplendissaient comme les troupes des dieux rassemblés au swayambara de Dourgà, fille du roi de l'Himàla. Blessés par les flèches de Kâma, les rois descendus dans l'arène avec des cœurs partis vers Draôpadî, se mirent à se haïr à l'occasion de cette jeune fille, même ceux qui étaient amis.

Alors arrivèrent sur leurs chars les troupes des dieux, les Roudras, les Adityas, les Vasous et les deux Açwins, les Sàdhyas et tous les Marouts, ayant à leur tête Yama et Kouvéra; les Dàityas, les Souparnas, avec les serpents Mahôragas, les richis des dieux, les Gouhyakas, serviteurs de Kouvéra ; les Tchàranas, bardes des dieux; Vichnou, les mounis Nàrada et Parvata, et les chefs des Gandharvas avec les Apsaras. Là aussi Balarâma et le dieu Krichna, les Vrichnis et les Andhakas, placés selon leur rang, regardèrent du haut du ciel ; et ces principaux chefs de la famille de Yadou demeurent soumis à la volonté de Krichna (leur maître.)

A la vue des (cinq) princes pareils à des éléphants en amour, de ces rois des éléphants pareils à cinq grands Nàgas, et qui semblent (sous leur déguisement) des feux couverts de cendre, Krichna, le chef des héros de Yadou, resta pensif; puis il fit voir à son frère Ràma, tout en les louant, Youdhichthira, Bhîma, Ardjouna, avec les deux frères jumeaux Sahadéva et Nakoula ; et, après les avoir regardés lentement avec attention, Ràma satisfait reporta son regard sur Krichna; mais tous les héros, fils et petits-fils de rois, animés l'un contre l'autre par la colère, dont les yeux, l'esprit, l'être tout entier, se tournent vers Draôpadî, ne virent point ces princes; leurs lèvres sont serrées et leurs prunelles rouges comme le cuivre et la feuille du *gânthiâla*. Les trois princes aux grands bras et les jumeaux magnanimes sentirent tous aussi, à la vue de Draôpadî, leurs cœurs blessés par les flèches de Kâma.

Alors le ciel, rempli par la foule tumultueuse des richis des dieux et des musiciens célestes, et dans lequel les Souparnas, les Nâgas, les Asouras et les Siddhas se plaisent à faire leur séjour, fut ému d'un parfum céleste, inondé d'une pluie de fleurs divines, et ébranlé par le retentissement de grands tambours guerriers. Le ciel fut encombré de chars divins, et il s'y fit un grand bruit de flûtes, de lyres et de tambourins.

Enfin tous les rois déploient leur énergie pour cette lutte dont Krichnà est le prix. Karna, Douryodhana, Çalya, roi de Çalva; Aswatthâman, fils de Drona; Nikràtha, Soumitha, Vakra, les chefs de Kalinga, de Banga, de Pândya et de Paoundra ; les princes de Vidéha et de Yavana, et d'autres fils et petits-fils de rois de pays divers, gouvernant eux-mêmes des états, princes aux yeux de lotus; tous ces rois donc, ornés de tiares, de colliers, de bracelets et de ceintures, héros aux bras puissants, doués d'énergie et de vertu, fiers de leur force et de leur vigueur, essayant l'un après l'autre, ne purent, même par la pensée, tendre cet arc qui résiste toujours. Ces vaillants souverains, honteusement déjoués par cet arc solide et robuste, épuisés par tant d'efforts, debout sur le sol, cessèrent enfin, malgré l'énergie et le degré d'adresse dont chacun aide sa force ; et ils demeurèrent hors d'haleine, sans éclat, privés de leurs aigrettes et de leurs colliers, qui jonchèrent le sol. Un grand cri s'éleva parmi ces guerriers dépouillés de leurs tiares, de leurs colliers, de leurs bracelets, de leurs ceintures par les efforts faits pour tendre l'arc démesuré, et le cercle des rois épuisés perdit l'amour que Krichnâ avait fait naître.

A la vue de tous ces rois (abattus), Karna, le meilleur des archers, s'avance; il lève rapidement l'arc, puis le faisant ployer sous la corde, y adapte aussitôt les flèches; et les fils de Pândou, exercés eux-mêmes dans la pratique de cette arme, apercevant Karna, ne doutent pas que le but ne soit atteint et renversé à terre par le fils du soleil, accomplissant ainsi cette promesse dictée par la passion, lui qui surpasse en éclat Agni, Sôma et Arka.

Mais, dès qu'elle voit Karna, Draôpadî s'écrie à haute voix : « Je ne choisis pas le Soûta (1); » et, portant son regard vers le soleil son père, qui souriait avec rage, Karna abandonna l'arc vibrant.

Tous les Kchatryas ayant ainsi cessé la lutte de tout côté, le vaillant roi de Tchédi, puissant et pareil à Yama, le sage et magnanime Ciçoupâla, fils de Damaghôcha, saisit l'arc et tomba à terre sur les deux genoux; puis le robuste et vigoureux Djarâsandha, roi de Magadha, s'approcha et se tint debout avec l'arme, immobile comme une montagne; mais, ébranlé par l'arc, il tomba aussi sur les genoux; puis s'étant relevé, il se retira dans ses états. Ensuite Çalya,

---

(1) Karna, fils du Soleil, *Soûrya*, et de *Kountî*, mère des Pândavas, avant son mariage, appartenait à la caste mêlée des Soûtas, issus d'un Kchatrya et d'une Brahmanî.

roi de Madra, plein de force et d'énergie, saisit et releva l'arc à son tour; mais il fut aussi renversé sur les genoux.

Or, l'assemblée étant ainsi jetée dans la confusion et les rois plongés dans un morne silence, le fils de Kounti, Ardjouna, voulut tendre l'arc et y adapter la flèche, lui qui est un vaillant guerrier.

V.

Vaïçampàyana parle.

Lorsque les rois cessèrent d'essayer à tendre l'arc, alors se leva du milieu des brahmanes le noble Ardjouna. Les chefs des deux fois nés poussèrent un cri, en agitant les peaux d'antilopes qui leur servent de sièges, dès qu'ils virent s'avancer ce prince égal en splendeur à l'attribut d'Indra. Quelques personnes restèrent stupéfaites ; d'autres se livrèrent à la joie; mais d'autres encore, habiles et pénétrantes, se dirent mutuellement : « Cet arc, que les plus habiles archers, Kchatryas célèbres dans le monde, doués de grandes forces et versés dans les textes saints, n'ont pas tendu, comment un être sans expérience dans la pratique des armes, encore dans l'âge de la faiblesse et des études, pourra-t-il venir à bout de le faire ployer, ô deux fois nés! Les brahmanes vont à juste titre servir de risée à tous les rois dans cette œuvre qui ne sera pas menée à fin et follement entreprise. Si c'est par orgueil, par arrogance ou par irréflexion de la part des brahmanes (qui le laissent agir), qu'il s'est avancé pour courber cet arc, au moins ne peut-il être choisi pour époux. »

Les brahmanes dirent : « Non, nous ne serons pas tournés en ridicule ; non, nous n'agissons pas avec légèreté ; non, nous ne devons pas encourir dans le monde la haine des rois. » Quelques-uns ajoutèrent : « Ce jeune homme florissant, aux mains semblables à celles du roi des serpents, Ananta, aux robustes épaules, aux grands bras, solide comme l'Himalaya, frémissant dans sa marche comme un lion, aussi puissant qu'un roi des éléphants animé par la passion, certes il est à la hauteur de l'entreprise et proportionné à la force qu'elle réclame ; il est capable d'un grand effort, et s'il était impuissant pour cette œuvre, il ne se présenterait pas ; et elle n'existe pas dans les mondes, cette œuvre, quelle qu'elle soit qui serait au-dessus des forces d'un brahmane, même quand les autres hommes y ont renoncé.

Se privant de nourriture ou se nourrissant d'air, mais recueillant les fruits (de leurs austérités), et liés par des vœux sévères, même quand ils sont faibles, les brahmanes ont encore, par leur propre éclat, une force terrible. Non, un brahmane ne doit pas être méprisé, qu'il pratique le bien ou le mal, quelle que soit, agréable ou fâcheuse, grande ou minime, l'œuvre à laquelle il s'applique. Le mouni Parâsourâma, fils de Djamadagni, a vaincu les Kchatryas dans le combat, et l'océan sans fond a été avalé par le mouni Agasti, qui a l'éclat de Brahma. A cause de ces choses, écriez-vous tous : « Que ce jeune Brahmatchâri saisisse l'arc au plus vite. » Et les meilleurs des deux fois nés dirent : « Oui, que cela soit ainsi. »

Or, tandis que les brahmanes agitaient ces divers discours, Ardjouna se tenait près de l'arc, immobile comme une montagne. Alors, après avoir tourné autour de l'arme, il s'inclina respectueusement devant elle, avec un salut de la tête pour le dieu Çiva, le maître, celui qui accorde les dons; puis reportant sa pensée sur le dieu Krichna, Ardjouna saisit cet arc que les princes Roukma, Sounîtha, Vakra, Karna, Douryodhana, Çalya et Çalva, habiles dans le Véda, lions parmi les hommes, n'ont pu tendre, même en y employant les plus grands efforts. Ardjouna donc, le plus fier des héros, fils d'Indra, plein de l'esprit de Vichnou, put ployer l'arc sous la corde, en un clin d'œil, et saisit les cinq flèches; puis il frappa le but, qui tomba à l'instant même sur la terre, traversé par le trou; et alors, dans le ciel, il y eut un cri de joie, et dans l'assemblée un grand retentissement. Indra fit pleuvoir des fleurs divines sur la tête du héros victorieux de ses ennemis; les brahmanes, par milliers, déchirèrent leurs vêtements; tous, sans distinction, poussèrent de tous côtés de grands cris, et là aussi tombèrent du ciel, sur tous les points, des nuages de fleurs. Les musiciens firent retentir les instruments aux tons variés; les chanteurs, les bardes, les panégyristes aux accents harmonieux célébrèrent ce triomphe.

A la vue du vainqueur, Droupada, qui dompte ses ennemis, fut satisfait, et désira, ainsi que son armée, accueillir l'alliance avec Ardjouna (inconnu sous son déguisement); mais comme le tumulte augmentait toujours, Youdhichthira, attaché à ses devoirs et à la justice, se retira au plus vite dans sa demeure avec les deux héroïques jumeaux Sahadéva et Nakoula. Cependant, ayant aperçu le but atteint et regardé le vainqueur semblable à Indra, Krichnâ prit la blanche guirlande et s'approcha du fils de Kountî avec un sourire; et prenant celle qu'il venait de gagner dans la lice, salué par les brahmanes là présents, Ardjouna, qui avait accompli une œuvre inimaginable, sortit de l'enceinte, suivi de son épouse.

VI.

Vaïçampàyana parle.

Le roi Droupada se disposant à donner la princesse à ce brahmane, la colère enflamma ces souverains, qui se regardaient l'un l'autre. « Après nous avoir traités sans respect et foulés aux pieds, il veut donner à ce brahmane Draôpadî, la plus excellente des femmes. L'arbre qui a été ébranlé doit tomber au temps des fruits : tuons donc ce méchant prince, qui nous traite sans égard ; car il ne mérite pas par ses qualités la considération due à la vertu, ni le respect que le Véda prescrit envers les vieillards; tuons-le donc avec son fils, ce Droupada qui s'écarte de ses devoirs et se montre hostile aux rois. Après nous avoir tous convoqués, après nous avoir fait un accueil hospitalier, à nous rois des hommes, et nous avoir présenté un repas digne des Kchatryas, à la fin il nous insulte! Dans cette assemblée de rois qu'on prendrait pour celle des dieux, n'a-t-il pu voir un roi qui valût ce brahmane? Non, les brahmanes n'ont aucun titre à une cérémonie de ce genre; le swayambara est pour les Kchatryas, ainsi l'a dit le texte bien connu de l'écriture. Car si c'est la jeune fille (qui a commis cette faute), d'aucune manière elle ne peut rester vivante, et après l'avoir jetée dans le feu, ô princes! retournons dans nos états; mais si c'est un brahmane qui, par inadvertance ou par cupidité, nous a insultés de la sorte, jamais, en aucun cas, il ne peut être mis à mort par les rois de la terre; car au brahmane appartiennent notre royaume, notre vie, nos richesses, nos fils et nos petits-fils, comme aussi tout ce dont notre fortune se compose; mais, grâce à la crainte du mépris et à la fidélité à garder la loi, jamais dans d'autres swayambaras une telle conduite n'a été signalée. »

Après ces mots, ces rois confondus, guerriers aux bras de massue, voulant tuer Droupada, se précipitèrent en foule le glaive à la main ; mais les voyant en grand nombre armés dans un but hostile fondre sur lui tout furieux, le roi des Pântchâliens, tremblant, alla se mettre sous la protection des brahmanes ; d'un pas rapide il courut vers ces héros comme vers des éléphants terribles; et vers les deux autres Pândous, les deux jumeaux Sahadéva et Nakoula, armés de longues flèches et de glaives, victorieux de leurs ennemis, qui venaient à sa rencontre.

Alors se ruèrent tous ensemble les rois, tenant leurs armes levées, la main gauche garnie du cuir qui la garantit de la vibration de l'arc, avides de tuer, animés de rage contre les deux fils de Pândou, Ardjouna et Bhîma. Mais Bhîma aux actions merveilleuses et terribles, doué d'une force athlétique, et égal au dieu qui lance la foudre, Bhîma arracha un arbre de ses deux mains et le dépouilla de ses feuilles comme ferait le roi des éléphants; puis, guerrier terrible à ses ennemis, saisissant cet arbre, qui devient dans ses mains un bâton comme serait le bâton redoutable de Yama, il se tint auprès de l'excellent prince Ardjouna, lui le héros aux bras longs et robustes. En voyant ce que venait de faire son frère, Ardjouna aux pensées plus qu'humaines, aux actions inimaginables, Ardjouna resta stupéfait, et, mettant de côté toute crainte, il se tint là aussi l'arc à la main, lui dont les les exploits sont dignes d'Indra; en voyant ce que venaient de faire Ardjouna et son frère, le dieu Krichna aux pensées plus qu'humaines, aux actions inimaginables, s'adressant alors à Balarâma, dont l'arme est un soc de charrue, lui dit ces paroles :

« Ce guerrier qui se balance en sa marche comme le roi des lions et tend le grand arc rien qu'avec la paume de la main, à n'en pas douter, c'est Ardjouna, si je suis bien Vâsoudéva, ô Balarâma! et celui qui, ayant arraché l'arbre en un instant, s'est mis rapidement à assaillir ces rois, en est-il maintenant sur la terre un autre que Bhîma au ventre de loup capable de faire une telle chose dans le combat? Cet autre qui était là auparavant, guerrier aux grands yeux de lotus, à la taille élancée, à la démarche de lion, modeste en son maintien, à la figure cuivrée, au nez fin, bien taillé et gracieusement incliné, cet autre qui est parti, c'était le fils de Dharma, Youdhichthira; et les deux beaux jeunes hommes pareils à deux Kartikéyas, ce sont, à mon avis, Sahadéva et Nakoula, les deux frères jumeaux : car j'ai appris que les fils de Pândou et leur mère ont été sauvés de l'incendie de la maison de laque. »

Balarâma, brillant comme un nuage sans pluie, se pencha vers son jeune frère, et lui dit : « Je suis content d'avoir vu la sœur de mon aïeule sauvée avec ses fils, les chefs de la famille de Kourou. »

VII.

Vaïçampâyana parle.

Agitant en l'air leurs peaux d'antilopes et leurs vases de bois, les brahmanes s'écrièrent : « Il n'y a pas de crainte à avoir, combattons nos ennemis! » Et à ces brahmanes qui parlaient ainsi, Ardjouna dit presque en souriant : « Restez spectateurs de la lutte et tenez-vous à nos côtés, tandis que moi, avec des centaines de flèches ailées aux pointes non recourbées , je les dompterai comme on dompte par des prières les serpents en colère. »

A ces mots, saisissant l'arc qui a gagné l'épouse et la dot, le vigoureux Pândava, accompagné de son frère Bhîma, se tint dans l'arène, immobile comme une montagne; mais dès qu'ils virent les Kchatryas terribles dans la mêlée, ayant à leur tête Karna, ils s'élancèrent sans crainte comme deux éléphants contre des éléphants ; et les rois, devenus cruels par l'ardeur qui les pousse à se battre, dirent cette parole : « On a vu tuer le brahmane qui s'exposait volontairement dans la mêlée! » Après avoir ainsi parlé, les rois coururent aussitôt sur les brahmanes, et Karna, dont la splendeur est grande, s'élança contre Ardjourna dans la lice. De même qu'un éléphant avide de combattre se rue contre un éléphant à cause d'une femelle, ainsi le puissant roi de Madra, Çalya, courut sur Bhîmaséna, tandis que Douryodhana et tous les autres, confondus avec les brahmanes, répondaient dans la lice aux attaques de ceux-ci par des coups ménagés.

Ensuite le bienheureux Ardjouna, ayant tendu l'arc gigantesque, perça de ses flèches acérées le fils du soleil, Karna, qui s'élançait à sa rencontre ; et mis hors de lui par ces flèches aiguës à la piqûre brûlante, qui se succèdent rapidement, Karna s'acharne à la poursuite d'Ardjouna. Ainsi ces deux guerriers impossibles à décrire, habitués à trouver la victoire facile, combattirent pleins de rage, avides de se vaincre l'un et l'autre. « A chaque coup la parade ; vois, vois ma grande force : » ainsi ils s'interpellent mutuellement par des paroles héroïques. Mais reconnaissant la force sans égale sur la terre des deux bras d'Ardjouna, Karna, fils du soleil, continua de lutter avec passion, et relançant avec rapidité les flèches qu'Ardjouna a déja employées contre lui, il s'écria à haute voix pour narguer la troupe ennemie.

Karna dit : « Je suis content, ô chef des brahmanes! de me mesurer avec toi qui as des bras vigoureux, infatigable héros, victorieux par le glaive et la flèche. Es-tu donc vraiment le dieu habile à tirer l'arc, Krichna ou son frère Râma, ô toi le plus vertueux des brahmanes? es-tu donc Indra ou l'impérissable Vichnou? Réfugié dans cette valeur héroïque pour te dérober aux regards, après avoir revêtu la forme d'un brahmane, je le crois, tu viens combattre avec moi; car, en vérité, personne autre qu'Indra, aucun homme, si ce n'est le Pândava qui porte une aigrette, ne peut m'affronter dans ma colère. »

Comme il parlait ainsi, Ardjouna lui répondit : « Je ne suis point le dieu de l'arc, ô Karna! je ne suis point le majestueux Râma, mais bien un brahmane supérieur aux guerriers et à ceux qui savent se servir de toutes les armes (1), un brahmane affermi par les préceptes de son gourou dans la pratique de l'arme de Brahma et d'Indra. Me voilà debout dans l'arène pour te vaincre; sois ferme, ô héros! »

Vaïçampâyana parle.

A cette réponse, Karna Râdhéya cessa le combat : l'éclat de Brahma est invincible, pensa (en se retirant) ce puissant guerrier.

---

(1) Il y a ici, sur Çastra et Astra, un jeu de mots impossible à rendre. Çastra, arme, peut être mis avec l'intention de faire comprendre çâstra, loi, écriture sacrée, qui est la science et l'arme, astra, du brahmane; car l'*arme de Brahma* est la malédiction.

Ensuite, dans un autre combat singulier, les deux héros Çalya et Bhîma, tous deux vigoureux et brillants dans les combats par la science et la force, se défient l'un l'autre comme deux éléphants courroucés, et s'attaquent mutuellement avec les poings et les genoux. Les deux combattants se saisissent brusquement par une lutte où ils s'attirent et se repoussent, se rejettent l'un l'autre en arrière ou en avant, et ils se blessent avec les poings. Alors retentit le bruit épouvantable des assauts qu'ils se livrent, se frappant par des coups mutuels, qui résonnent en tombant comme une pluie de pierres. Quelque temps ils se harcelèrent ainsi tous les deux dans ce combat; enfin Bhîma ayant enlevé son ennemi tout d'une pièce dans ses deux bras, le fit rouler au milieu de l'arène, lui le meilleur des fils de Pândou, demeuré fidèle aux brahmanes.

Dans cette circonstance, Bhîmaséna, le plus terrible des hommes, fit une chose digne d'admiration : ennemi puissant, il ne tua point le puissant Çalya étendu à ses pieds.

Çalya étant ainsi renversé par le Pândava et Karna vaincu par la crainte, troublés aussi par la frayeur, tous les rois environnèrent Bhîma, et d'une voix ils s'écrièrent : « O vous éminents en vertus! vous deux, chefs des brahmanes, faites connaître en quel lieu vous êtes nés, et aussi où vous habitez; car qui peut défier au combat Karna, fils du soleil, si ce n'est Râma, Drona et le Pândava qui porte l'aigrette? si ce n'est Krichna, fils de Dévakî, ou Kripa Saradvata, qui donc peut lutter dans le combat contre Douryodhana? Et enfin ce roi de Madra, le plus brave des héros, qui donc en vérité, si ce n'est Baladéva ou l'athlétique Bhîma au ventre de loup, ou le valeureux Douryodhana, qui donc pourrait le faire rouler dans la poussière de l'arène? Que l'on fasse cesser ce combat dans lequel se trouvent mêlés des brahmanes ; car toujours les brahmanes doivent être l'objet de la garde des rois, même quand ils ont commis des fautes, en toutes circonstances. Après avoir reconnu ces héros, nous combattrons de nouveau avec joie. »

Vaïçampâyana parle.

A la vue de cet exploit de Bhîmaséna, le dieu Krichna, devinant les deux fils de Pândou, arrêta la colère de tous ces rois et les calma par cette pensée : Draôpadî a été obtenue légalement. S'étant donc retirés du combat, les rois habiles dans la mêlée, princes éminents, s'en allèrent dans leurs royaumes, tout stupéfaits : « L'honneur de cette fête est resté aux brahmanes, et ce sont des brahmanes qui ont eu le choix du swayambara, pensèrent-ils ; » et en parlant ainsi se dispersèrent les rois réunis à la fête, contrecarrés dans leurs vues par des brahmanes qui demeurèrent sur des peaux de bêtes fauves ; tandis que Bhîma et Ardjouna, embarrassés de leurs rôles, isolés de la foule serrée des habitants, assaillis par les ennemis, mais suivis par leur épouse Krichnà, brillèrent alors comme à la pleine lune Tchandra et Soûrya brillent, délivrés des nuages qui les couvraient.

Cependant Kountî, mère des Pândavas, songeait aux divers dangers qui pouvaient menacer ses fils ; et, comme ils n'arrivaient pas, l'heure où l'on apporte l'aumône approchant, elle se dit : « Pourvu que ces héros n'aient pas été tués par les fils de Dhritarâchtra qui les auraient reconnus, ou par des Rakchas qui fascinent, ennemis bien redoutables et bien puissants. Le conseil donné par le magnanime Dwaïpàyana a eu un résultat contraire à son attente. »

Dominée par l'amour de ses enfants, Kountî se livrait à ces pensées ; mais comme en un jour pluvieux, aussi sombre que la nuit et tout enveloppé de nuages, le soleil, vers une heure avancée du soir, paraît au milieu des vapeurs qui l'entourent, ainsi Ardjouna avec les brahmanes entra dans la demeure de Bhàrgava.

VIII.

Vaïçampàyana parle.

Etant donc allés dans la demeure de Bhàrgava, après avoir gagné la princesse fille de Yadjnaséna, les deux magnanimes Pàndavas, très contents, dirent : « Voilà une aumône. » Or Kountî, qui a quitté les soins de la maison pour vivre en ascète, répondit, sans tourner la tête : « Partagez, réunis tous ensemble; » puis apercevant devant elle Draôpadî : « Quelle parole criminelle ai-je proférée? » s'écria-t-elle. Effrayée par la crainte d'avoir agi contre ses devoirs, considérant avec attention cette Draôpadi si célèbre, elle lui prit les deux mains, et dit à Youdhichthira, en s'approchant de lui.

Kountî dit : « Cette fille du roi Droupada étant déposée entre mes mains par tes deux jeunes frères, comme cela devait être, mon fils, aussi ai-je dit par inadvertance, réunissez-vous et partagez. Peut-il se faire que cette parole, prononcée à l'instant, soit vaine? Oh! dis, toi le meilleur des petits-fils de Kourou, parle, afin qu'une conduite contraire à la loi ne soit pas imposée à la fille du Pàntchàlien et qu'elle ne soit pas entraînée hors de ses devoirs. »

Vaïçampàyana parle.

Ainsi interpellé par sa mère, le prince fécond en conseils réfléchit quelques instants, et ayant consolé Kountî, le chef des Pândavas parla en ces termes à son frère Ardjouna : « Par toi, Phalgouna, la fille d'Yadjnaséna a été gagnée ; par toi aussi la fille des rois sera illustrée ; allume le feu nuptial, ô toi qui domptes tes ennemis ! et prends sa main selon la loi védique. »

Ardjouna dit : « Ne me rends point complice d'une action contraire à la justice, ô roi ! Ceci paraît une chose illégale et opposée au devoir. Epouse-la d'abord, toi, seigneur ; puis Bhîma aux grands bras, aux actions surhumaines ; puis moi ensuite ; Nakoula après moi, et enfin Sahadéva à la course rapide. Bhîma, moi et les deux jumeaux, voilà l'ordre, ô roi ! dans lequel tu dois nous unir à Krichnâ. Ce qui, dans cette circonstance, doit être fait selon la justice et ce qui est digne de louange, cela fais-le après y avoir réfléchi, et accomplis aussi ce qui peut être agréable au roi de Pântchâla : nous sommes tous soumis à ton autorité. »

Vaïçampâyana parle.

Se conformant à cette parole de leur frère Ardjouna, parole pleine d'affection et de fidélité, les fils de Pândou fixèrent leurs regards sur la Pântchâlienne ; à la vue de Krichnâ, célèbre par sa beauté, et qui portait elle-même les yeux sur eux, ils se regardèrent les uns les autres, et quoique assis à leurs places, tous déjà ils la possédaient dans leurs cœurs : or comme ces héros à l'éclat incomparable considéraient Draôpadî, l'amour agitant leurs sens pénétra vite en eux ; car une beauté digne d'amour a été placée dans la Pântchâlienne par le dieu créateur, beauté supérieure, et qui ravit le cœur de tous les êtres. Celui qui connaît le mieux les signes, le fils de Kountî, Youdhichthira, roi des hommes, se rappela alors toute la prédiction de Dwaïpâyana, et il dit à ses frères qui s'alarmaient chacun en son cœur à l'idée d'une séparation : « Draôpadî sera notre femme à tous, elle qui est belle! »

Vaïçampâyana parle.

En entendant cette parole de leur frère aîné, les fils de Pândou aux qualités éminentes se mirent à réfléchir en eux-mêmes sur le sens qu'elle renfermait.

Cependant le maître des Yâdavas, Krichna, désireux d'aller trouver les chefs de la famille des Kourous, se rendit avec Balarâma, fils de Rohinî, vers la demeure de Bhârgava, où se tenaient les princes héroïques. Là étant entré avec son frère, Krichna vit le fils de Pândou aux longs et grands bras, Youdhichthira, qui n'a jamais eu d'ennemis; il était assis et avait fait ranger autour de lui, par ordre d'âge, ses frères éclatants comme la flamme. Alors s'étant approché du fils de Kountî, le meilleur de ceux qui s'attachent à la justice, le dieu dit : « Je suis Krichna; » et il pressa affectueusement les deux pieds de Youdhichthira, l'ami de Vichnou; après lui, Balarâma fit la même chose; et à la vue de ces deux divinités, les petits-fils de Kourou se réjouirent. Enfin les deux chefs de Yadou pressèrent aussi poliment les pieds de la sœur de leur père, ô roi des Bhâratas !

Youdhichthira, chef de la famille de Kourou, regardant Krichna, lui souhaita du bonheur et dit : « Quoi! te voilà Bâsoudéva? Certes c'est par ta protection que nous vivons cachés ici; et tu sais que nous y sommes tous. » Krichna répondit en souriant : « Même quand il se cache, ô roi! le feu se trahit : excepté les puissants fils de Pândou, quel autre que vous accomplit de tels exploits parmi les hommes? Bonheur! vous êtes tous sauvés de ce feu terrible, ô fils de Pândou redoutables à vos ennemis! Bonheur! ce pécheur, fils de Dhritarâchtra et ses conseillers n'ont pas réussi dans leur dessein! Que la prospérité vous soit accordée; croissez et prospérez dans cette retraite, comme des feux bien nourris, et que personne, ô princes! ne sache que vous êtes ici jusqu'à ce que vous soyez allés au camp. »

Prenant congé du fils de Pândou, le dieu à la fortune impérissable partit bien vite avec Baladéva.

IX.

Vaïçampâyana parle.

Cependant le fils du roi des Pântchâliens, Dhrichtadyoumna, suivit les traces des deux fils de Pândou qui allaient vers la demeure de Bhârgava : ignorant quels sont ces hommes, les ayant observés avec attention dans tous leurs mouvements, il se glissa dans la demeure de Bhârgava. Au soir, Bhîma qui dompte ses ennemis, Ardjouna et les deux magnanimes jumeaux, après avoir été chercher l'aumône, la déposèrent entre les mains de Youdhichthira, eux qui sont riches en vertus. Alors Kountî, dont les discours sont justes, dit à la fille de Droupada cette parole placée à propos. « Après avoir prélevé une part en dehors ô bienheureuse! fais d'abord une offrande, puis donne l'aumône au brahmane; à ceux qui ont faim, à ceux qui sont réfugiés tout autour de nous, à ceux-là donne aussi; puis ce qui restera, partage-le bien vite; une huitième partie sera pour moi, et une autre pour toi; mais donne, ô bienheureuse! une double part à Bhîma ; car il est égal en force au roi des Nàgas ; car ce héros au teint cuivré, jeune et fortement constitué, est toujours d'un grand appétit. »

Cette fille de roi au visage riant, écoutant les sages paroles de Kountî avec une crainte respectueuse, fit, en vertueuse épouse, ce qui lui avait été prescrit, et tous mangèrent de cette nourriture.

Sahadéva à la course rapide, fils de Madrî, prépara sur la terre un lit d'herbe *kouça*, et chacun ayant étendu les peaux qui servent de couches, les héros dormirent sur le sol. La tête des Pàndavas fut tournée vers l'étoile Canopus; puis Kountî se plaça en avant, et entre leurs pieds dormit Krichnà. Elle dormit sur la dure, sur un lit d'herbe, avec les fils de Pândou, dont les pieds lui servaient d'oreiller ; et là cependant la douleur n'entra pas même dans sa pensée, et elle ne sentit aucun mépris pour les chefs des Kourous (cachés sous ce déguisement de brahmatchàris). Alors ces héros contèrent des histoires variées qui traitaient d'armées en marche ; ils parlèrent d'armes divines, de chars, d'éléphants, de poignards, de massues et de haches. Leurs mémorables histoires furent aussi entendues par le frère de leur épouse, et tout le monde put voir Draôpadî couchée à leurs pieds.

Or, désireux de raconter en détail à son père toute la conduite des Pàndavas et les histoires dites par eux pendant la nuit, Dhrichtadyoumna retourna bien vite vers Droupada. Le magnanime roi des Pàntchàliens avait le visage abattu, lui qui ne connaissait pas les Pàndavas, et il questionna son fils avec sollicitude. « Où sont allés les vainqueurs et quels gens ont emmené ma fille ? N'a-t-elle point été gagnée par un Çoudra, par un Vaïcya dégradé, ou bien par un homme sujet au tribut? Une marque déshonorante n'est-elle point appliquée sur son front? La guirlande de fleurs n'est-elle pas tombée dans le cimetière? Est-ce un héros de la même caste que nous, ou même un homme d'une caste supérieure? Quelque pied ignoble ne souille-t-il point mon front par suite du déshonneur fait aujourd'hui à Krichnâ? Ô mon fils ! Peut-être aussi suis-je grandement illustré par quelque prince fameux qui s'est uni à ma famille? Dis-moi en vérité, ô prince magnanime ! quel est celui qui a gagné ma fille aujourd'hui. Les fils du chef de la famille de Kourou, descendant de Vitchitravîrya, subsistent peut-être encore ! et peut-être est-ce Ardjouna qui a, dans la fête de ce jour, tendu l'arc et renversé le but?»

GANGAVATARAM.

GANGAVATARAM.

(ARANYAPARVA; TIRTHAYATRAPARVA.)

(Vol. 1. p 557. – V. 8763 - 9067.)

I.

Les dieux dirent : « Par ta bonté prospèrent toutes les créatures dans les quatre classes d'êtres, et peuvent exister les habitants du ciel qui vivent par les offrandes; par ta bonté prospèrent les mondes qui dépendent les uns des autres, délivrés par toi de tout obstacle et bien protégés. Ce danger suprême qui menace les mondes, nous ne savons pas comment les brahmanes pourront l'anéantir cette nuit. Or, quand les brahmanes dépérissent, la terre est bientôt en proie à la destruction, et quand la terre périt, le ciel aussi est menacé de s'anéantir. Mais, par l'effet de ta bonté, ô dieu puissant, ô maître des créatures ! que tous les mondes ne tombent pas dans l'anéantissement, bien protégés par toi. »

Vichnou dit : « Elle est connue de moi, ô vous tous les Souras ! cette cause de péril pour les mondes; et je vais vous l'apprendre ; écoutez donc, mettant de côté l'effroi (qui vous trouble). *Káléya* (produit par le *Kalyouga*, l'âge de fer), tel est le nom de cette troupe grandement terrible qui, réfugiée auprès du démon Vritra, harcèle toute la création. Ayant vu ce Vritra tué par le prudent Indra aux mille yeux, ils cherchent à bien défendre leurs vies, après être entrés dans la demeure de Varouna (dans les eaux de la mer). Retirés dans l'océan redoutable, agité par les crocodiles et les monstres marins, pour renverser les mondes, ils attaquent les richis durant la nuit. Mais ils ne sont pas capables de conduire (les mondes) à leur perte, en se réfugiant ainsi dans les eaux de la mer; et c'est à l'anéantissement de la mer elle-même que vous devez tous ensemble songer d'une manière sérieuse. Si ce n'est Agastya, quel autre est capable de dessécher l'océan, et sans ce moyen, sans lui, on ne viendra pas à bout de détruire les eaux ! »

Alors, ayant entendu les paroles de Vichnou, tous les dieux, heureux d'avoir obtenu la permission (et trouvé le moyen) d'arriver à leur but, se dirigèrent vers l'ermitage d'Agastya. Là ils virent le magnanime descendant de Varouna à l'éclat brûlant (fruit de ses austérités), vénéré des richis, comme l'est des dieux Brahma, le père des créatures ; et s'avançant vers le fils de Mitravarouna, immuable en ses desseins, aux vastes conceptions, assis dans sa retraite, ils louèrent par (l'énumération de) ses propres œuvres (ce richi) dont les mortifications sont abondantes.

Les dieux dirent : « Quand par le serpent Nahoucha les mondes étaient consumés, tu as été jadis le moyen (par lequel ils ont été sauvés) ; par toi il fut déchu de sa royauté sur les Souras et de sa place dans le monde des dieux, lui qui était une épine dans les mondes (d'ici-bas); le plus excellent des monts, le Vindhya, qui grossissait toujours par l'effet de sa colère, n'a pu surpasser la puissance de ta parole, à toi qui réduis en cendres, et il a bien vite cessé de s'agrandir. Quand le monde sera enveloppé de ténèbres, les les créatures vont être tourmentées par la mort, et elles se réfugient vers toi comme vers un protecteur, tout en proie à l'entière destruction (qui les menace). Pour nous accablés par la frayeur, tu es toujours la (dernière) ressource, ô bienheureux ! et dans notre peine, nous te demandons une faveur, car tu es celui qui accorde les dons! »

II.

Youdhichthira dit : « Pourquoi le mont Vindhya avait-il grandi tout-à-coup, gonflé par la colère? Je désire l'apprendre en détail, ô grand mouni! »

Lomaça dit : « La reine des montagnes, la grande montagne Merou aux cimes d'or, le soleil en se levant l'entoure respectueusement de ses rayons pour la saluer, ce qu'ayant vu, le Vindhya aux cimes de rocs, dit à Soûrya : « De même que tu tournes toujours autour du Mérou, de même qu'il obtient un salut de toi, ainsi fais à mon égard, ô astre lumineux ! »

A ces mots de la reine des montagnes, le soleil répondit : « Ce n'est pas par ma propre volonté, ô montagne, que je tourne ainsi autour du Mérou, car cette marche m'est prescrite par ceux qui ont créé ce monde. »

A ces mots, enflée d'une rapide colère, la montagne veut arrêter la marche de Soûrya et de Tchandra (du soleil et de la lune), ô héros redoutable ! Alors tous les dieux ensemble étant allés vers Vindhya, la reine des grandes montagnes, voulurent l'empêcher (d'agir ainsi) par des moyens de conciliation, mais elle n'écouta pas leurs paroles; ils allèrent donc vers le mouni retiré dans son ermitage, vers Agastya, voué aux mortifications, le plus pieux de ceux qui pratiquent les devoirs des ascètes, doué d'une merveilleuse puissance (fruit de ses austérités), et tous les Souras réunis lui dirent ce qui les amenait.

Les dieux dirent : « La marche du soleil et de la lune, la marche des constellations aussi est interceptée par cette reine des montagnes, par Vindhya en proie à la colère. Il n'y a personne autre (que toi) capable de l'en empêcher, ô excellent brahmane ; donc (agis) avec sincérité, ô bienheureux, arrête la montagne ! »

Ayant entendu cette parole des Souras, le brahmane se dirigea vers la montagne, et s'étant rendu avec sa femme près du mont Vindhya qui s'élevait devant lui, il dit : « Je désire que tu me donnes un chemin, ô excellente montagne ! Je dois me rendre dans le sud pour quelque affaire ; tant que durera ma marche, tu me préserveras de ton côté (en ne t'élevant pas) ; quand je serai de retour, ô reine des montagnes, alors crois à ton gré ! »

Il fit cet arrangement avec la montagne, ô héros terrible à tes ennemis ! et aujourd'hui même, Agastya n'est pas encore revenu des pays du sud. Telle est toute cette légende que tu m'as demandée (à savoir) comment la montagne Vindhya a cessé de grossir par l'effet de la puissance d'Agastya; maintenant, ô roi, comment les Kâléyas furent-ils tués par tous les Souras qui avaient obtenu ce qu'ils demandaient d'Agastya? apprends-le de ma bouche.

Ayant entendu la parole des dieux, le fils de Varouna dit : « Pourquoi êtes-vous venus, quelle faveur demandez-vous de moi? » A ces mots du solitaire, les dieux répondirent : « Voici ce que nous désirons de toi, ô magnanime richi! Il faut que tu boives le grand océan, afin que nous détruisions avec leurs familles les Kâléyas, ces êtres ennemis des immortels. »

A ces paroles prononcées par les habitants des cieux, le solitaire répondit : « Il en sera ainsi ; je ferai ce qui vous est agréable, et ce qui rendra la paix aux mondes. »

Ayant dit ainsi, il alla vers la mer reine des fleuves, avec les richis avancés dans les mortifications et les dieux, ô roi fidèle à tes devoirs! Les hommes, les serpents, les Gandharvas, les Yakchas, les Kinnaras accompagnèrent le solitaire aux vastes pensées, désireux de voir ce miracle. Alors, tous ensemble ils allèrent vers la mer rendant un son terrible, dansant presque par l'effet de ses vagues, sautant presque (sous le souffle) du vent, souriant pour ainsi dire dans ses flocons d'écume, glissant et tombant dans ses précipices, toute semée de monstres divers, habitée par diverses troupes d'êtres nés deux fois (d'abord sous l'enveloppe d'un œuf, puis hors de la coque); accompagnant Agastya, les dieux avec les Gandharvas, les grands serpents et les richis bien-heureux, abordèrent le vaste océan.

III.

Lomaça dit : « S'étant approché de l'océan, le bienheureux richi fils de Varouna dit aux dieux et aux solitaires assemblés, tous venus avec lui : « Je vais, dans l'intérêt des mondes, avaler le grand océan ; cette action qui doit être accomplie d'après votre volonté, qu'elle soit vite mise à exécution. » Et après avoir dit ainsi, l'impérissable fils de Mitravarouna, dans sa colère but l'océan, à la vue de tous les mondes.

Les immortels et Indra avec eux ayant vu l'océan avalé, restèrent plongés dans une grande stupeur, et honorèrent le solitaire par des louanges : « Tu es notre sauveur, tu es Brahme parmi les mondes, tu es le créateur des êtres ; grâce à ta bonté, le monde et les immortels ne périront pas ! »

Tandis qu'il était ainsi loué par les dieux, au son des instruments de toute espèce retentissant aux mains des Gandharvas, tandis qu'il était enveloppé d'une pluie de fleurs divines, le magnanime solitaire fit disparaître les eaux du grand océan, et à la vue du grand océan desséché tous les dieux furent remplis de joie ; ils saisirent leurs armes divines, et frappèrent les Dânavas, eux qui sont doués d'une grande puissance ; harcelés par les immortels dont les pensées et l'énergie sont immenses, rapides (dans leurs mouvements) et rendant un bruit terrible (les Dânavas) ne purent supporter l'attaque ; pressés par les magnanimes habitants des cieux, les Dânavas, à la voix effrayante, livrèrent pendant un assez long temps un combat tumultueux, ô Bhârata ! Consumés par l'éclat des mortifications pratiquées jadis par les richis voués aux austérités, malgré leurs efforts suprêmes, ils sont détruits par les immortels : eux qui portent des ornements d'or et d'argent, des bracelets et des pendants d'oreilles, ils brillent (rougis par le sang de leurs blessures), comme des *buteas* chargés de fleurs. Quand ils furent tués presque jusqu'au dernier, quelques-uns de ces Kâléyas, ô excellent héros! déchirant la terre divine, se réfugièrent sur le sol des enfers; et alors, voyant les Dânavas détruits, les immortels célébrèrent par diverses paroles les louanges du meilleur des solitaires ; voici ce qu'ils dirent :

« Par l'effet de ta bonté, puissant solitaire, les mondes ont obtenu un grand bonheur! Par l'éclat (fruit de tes mortifications), ils sont détruits les Kâléyas dont la grande énergie se manifeste par des actes cruels! Remplis maintenant l'océan, puissant richi, créateur des mondes ; cette eau avalée par toi, lache-la de nouveau (dans le lit de la mer)!»

A ces mots, le bienheureux et excellent richi répondit : « Cette eau a été décomposée dans mon corps, avisez un autre moyen pour remplir le lit de l'océan, et faites vos efforts. » Et ayant entendu ces paroles du grand solitaire, les dieux attentifs à leur œuvre restèrent tous ensemble plongés dans la stupeur et l'abattement; d'un commun accord, ils saluèrent respectueusement le puissant richi.

Alors, ô grand roi! les créatures s'en allèrent chacune comme elles étaient venues, mais les dieux, avec Vichnou, montèrent vers Brahma le créateur des mondes ; puis après avoir formé successivement divers plans pour remplir la mer, joignant tous les mains sur leurs fronts, ils (lui) demandèrent que l'océan reprît ses eaux. »

IV.

Lomaça dit : « A ces dieux assemblés Brahma père des mondes répondit : « Allez tous, ô immortels, dans la voie qui vous plaît et que vous désirez ; à la suite d'un long temps, la mer reprendra sa nature, et cela à cause des propres parents, et par l'intervention du grand roi Bhaguîratha. »

Ayant entendu les paroles de Brahma, tous les excellents immortels espérant voir l'époque annoncée, s'en retournèrent comme ils étaient venus.

Youdhichthira dit : « D'où venaient ces parents, ô brahmane, et quelle cause (de renouvellement pour la mer) y avait-il en eux, ô solitaire ? Comment l'océan fut-il rempli pour avoir mis son appui en Bhaguîratha ? Je désire apprendre de toi, tout au long, ô austère richi, l'excellente conduite de ce roi que tu vas raconter, ô deux fois né ! »

Vaïçampàyana parle.

Ainsi interpellé par le magnanime Youdhichthira roi de la justice, aux vastes pensées, le meilleur des brahmanes raconta la légende sacrée du magnanime Sagara.

Lomaça dit : « De la race des Ikchâkous, (descendants du soleil), naquit un prince nommé Sagara (océan) ; il était doué de beauté, de qualités morales et de force, plein de gloire, mais il n'avait pas d'enfants. Ayant détruit les Haïhayas et les Tâladjanghas, ô Bhârata ! et soumis les Kchatryas à son autorité, il gouverna son royaume : il eut deux femmes, douées de beauté et de jeunesse, Vaïdarbhî et Çaïvyâ, ô Bhârata ! Ce roi désireux d'avoir des enfants, se soumit à de grandes mortifications, et alla se réfugier avec ses deux femmes sur le mont Kaïlâça, ô grand roi! Là, se mortifiant toujours, lui qui pratiquait de grandes austérités et vivait dans la méditation, il se rendit propice le magnanime Civa aux trois yeux, qui réduit en poussière l'Asoura, roi de Tripoura; Civa qui donne le bonheur, qui est par excellence le maître suprême, armé de l'arc Pinâka et du trident, le dieu qui a prononcé les trois paroles mystiques, le dieu terrible aux formes multiples, époux de Parvatî. Ce prince puissant accompagné de ses deux femmes ayant vu Civa qui accorde les dons, le salua avec respect, et lui demanda d'avoir des enfants.

Civa satisfait dit à l'excellent prince et à ses deux femmes : « A cet instant même où tu t'adresses à moi, je t'accorde le don demandé, ô roi! tu auras soixante mille fils, héros gonflés d'orgueil, et ils te naîtront d'une de tes deux femmes, ô excellent prince! Mais ils seront tous détruits, ô roi ; un seul, ô héros! subsistera pour perpétuer la famille, et il naîtra de l'autre de tes deux femmes. »

Après avoir ainsi parlé, Civa disparut dans ce lieu même, et le roi Sagara s'en alla dans sa demeure; là, en compagnie de ses deux femmes, il vécut dans un grand contentement d'esprit. Or, ces deux épouses aux yeux de lotus, ô roi des hommes, Vaïdarbhî et Çaïvyâ se trouvèrent enceintes toutes les deux ; au temps voulu, Vaïdarbhî mit au monde une gourde, et Çaïvyâ donna le jour à un fils beau comme un immortel. Alors le roi eut la pensée de jeter cette gourde, mais au milieu des airs il entendit une voix retentissant comme le roulement de la foudre qui disait : « Roi, ne commets point un tel acte de violence, tu ne dois pas abandonner tes enfants! Retire la graine du milieu de la gourde et garde-la avec soin, répartie en portions égales dans des vases pleins de beurre clarifié et chauffés par-dessous : ainsi tu obtiendras soixante mille fils, ô Bhârata ; par là successivement, ô prince, aura lieu cette naissance annoncée par Mahâdéva ; ne songe donc pas à agir d'une autre manière ! »

V.

Lomaça dit : « Ayant entendu ces paroles du haut du ciel, ce roi, ô grand prince, fit ce qu'elles lui ordonnaient, avec une pleine foi, ô Bhârata ! Séparant donc les graines une à une, il les mit respectivement dans des vases remplis de beurre clarifié, et les confia chacune à une nourrice, tout occupé de la conservation de sa progéniture; et après bien du temps, se montrèrent ses soixante mille fils doués d'une grande force et d'un éclat suprême : ainsi ils naquirent, accordés au roi Sagara, par la faveur de Mahâdéva, ô grand prince ! Hideux et cruels dans leurs actions, se glissant dans l'espace, ils pénétrèrent par leur grand nombre tous les mondes mortels et immortels : ils se mêlèrent aux dieux, aux Gandharvas aussi, aux Rakchas et à tous les êtres, héros brillants dans la mêlée. Harcelés par ces fils de Sagara aux folles pensées, les mondes réunis à toutes les divinités se rendirent vers la demeure de Brahma ; et l'aïeul de tous les mondes, le dieu bienheureux par excellence, leur dit : « Allez, ô vous tous dieux et mondes, allez comme vous êtes venus ! avant qu'il soit long-temps, la destruction des fils de Sagara, grande et bien terrible, aura lieu par suite de leurs propres actions, ô Souras ! »

A ces mots, les dieux et les mondes, ô prince des hommes! dociles à la voix de Brahma, s'en retournèrent comme ils étaient venus; et quand il se fut écoulé beaucoup de temps, ô Bhârata! le puissant roi Sagara se prépara au sacrifice du cheval. Le cheval (lancé) par lui parcourut la terre sous la garde de ses fils, et s'étant approché de l'océan privé d'eau, terrible à voir, bien qu'il fût gardé avec le plus grand soin, il disparut là même (dans l'abîme). Or, les fils de Sagara, croyant que l'excellent cheval a été enlevé, revinrent vers leur père et lui racontèrent que le cheval, devenu invisible, a été pris! Sur l'ordre du roi, ils se mettent à la recherche du cheval vers tous les points de l'horizon; sur l'ordre de leur père, par tous les pays ils cherchent les traces du cheval, (parcourant) le sol de la terre entière, ô grand roi! et tous les fils de Sagara s'étant réunis (pour se communiquer le fruit) de leurs recherches respectives, ne purent atteindre ni le cheval ni même celui qui l'avait enlevé. Alors étant revenus vers leur père, debout devant lui, les mains posées sur le front, ils dirent : «Toute la terre, y compris (le lit de) l'océan, les forêts, les îles, les fleuves, les rivières, les cavernes, les montagnes, les bois et les buissons, a été complètement explorée par nous, d'après ton ordre, ô roi! mais nous n'avons pu atteindre ni le cheval, ni celui qui l'a enlevé. »

Ayant entendu leur discours, le roi tout enflammé de colère leur répondit à tous cette parole que lui imposait le destin : « Allez loin d'ici; marchez de nouveau à la recherche de ce cheval qui doit être sacrifié, et ne revenez pas sans l'avoir trouvé, ô mes fils ! »

Recevant ce (nouvel) ordre de leur père, les enfants de Sagara se mirent à parcourir une fois encore toute la terre avec attention. Alors ces êtres héroïques aperçurent la terre fendue, et s'étant approchés de l'ouverture, les enfants de Sagara creusèrent aussi le fond de l'océan avec des houes et des pioches, travaillant de toute leur force. Ainsi creusée par les fils de Sagara réunis, la demeure de Varouna tomba dans une souffrance extrême, déchirée de toutes parts; les Asouras, les serpents, les Rakchas, et les êtres d'espèces et de nature diverses poussèrent des cris de douleur, tous mutilés par les fils de Sagara. La tête coupée, le corps anéanti, la peau percée, les os troués, ainsi se montraient les êtres vivants par centaines et par milliers !

Tandis qu'ils creusaient (le lit de) l'océan, empire de Varouna, il s'écoula bien du temps, et le cheval ne paraissait pas ; mais alors ayant pratiqué une ouverture au nord-est du fond de l'océan, ô roi de la terre, les fils de Sagara, pleins de fureur, aperçurent le cheval qui courait çà et là sur le sol de la terre, et aussi le magnanime Kapila, doué d'une intensité d'éclat incomparable, pareil au feu qui consume par ses flammes. A la vue du cheval, ô roi! frissonnant de plaisir, il méprisèrent le magnanime Kapila, courant ainsi au devant de la mort, et avec colère ils se précipitèrent en avant, avides de saisir le cheval.

Alors Kapila, le meilleur des solitaires, ô grand roi ! s'irrita aussi, et les chefs des mounis disent que Kapila est le dieu Vâsoudéva ! Exprimant par l'altération de son regard la colère qui l'anime, il lança contre eux son éclat (terrible), et il consuma, lui dont l'éclat est immense, les fils insensés de Sagara. Quand il les vit ainsi réduits en cendres, Nârada voué à de grandes austérités se rendit près du roi leur père, et lui apprit cette nouvelle ; et lorsqu'il entendit cette terrible parole sortie de la bouche du solitaire, le roi resta quelques minutes tout absorbé; puis il réfléchit à ce qu'avait dit Mahâdéva. Alors il appela le fils d'Asamandjas, Ançouman, ô Bhârata ! et lui dit cette parole : « Mes soixante mille enfants doués d'un éclat immense s'étant exposés à la colère brûlante de Kapila, par ma faute, ont été détruits; je suis ton père aussi, mais je dois t'abandonner, ô toi qui es innocent! restant ainsi fidèle aux devoirs de ma caste, et désirant le bonheur de mes sujets. »

Youdhichthira dit : « Pourquoi ce grand roi abandonnait-il son propre fils, héros dont il était dur de se séparer, dis-moi-le, ô brahmane riche en mortifications ! »

Lomaça dit : « Asamandjas était le nom de ce fils de Sagara, de celui que Çaïvyâ avait mis au monde. Ayant pris à la gorge de faibles enfants appartenant aux habitants de sa ville, il les avait, malgré leurs cris, précipités au milieu de la rivière, et les habitants, plongés dans l'abattement et la douleur, s'étaient tous rendus près de Sagara, et là, debout devant lui, les mains placées sur le front, ils lui avaient fait cette demande : « Tu nous as délivrés, ô grand roi, de la crainte causée par le disque et les autres (armes) de nos ennemis, maintenant c'est de la terreur épouvantable causée par Asamandjas que tu dois nous délivrer ! »

Quand il eut entendu cette terrible voix des habitants de sa capitale, cet excellent prince resta quelques minutes privé de sentiment, puis il dit à ses conseillers : « Asamandjas mon fils doit aujourd'hui même être exilé de la ville; si vous voulez m'être agréables, prenez vite une résolution conforme à mon avis. »

Ainsi interpellés par le roi, ô prince des hommes ! les conseillers s'empressèrent d'agir comme Sagara le leur avait dit, comme il le leur avait ordonné ; ainsi, je t'ai conté toute cette histoire, (et fait connaître comment) désirant le bien de son peuple, le magnanime Sagara exila son fils ; mais ce que le roi dit à son petit-fils, au héros Ançouman, c'est ce que je vais t'apprendre ; écoute mon récit.

Sagara dit : « L'abandon de la personne de ton père, la destruction de mes autres enfants, l'impossibilité de reprendre le cheval du sacrifice, tout cela me cause une grande douleur, ô mon petit-fils ! délivre-moi de ces chagrins, ô mon fils, du trouble que je ressens d'être empêché dans l'accomplissement de mon sacrifice, de n'avoir pas retrouvé le cheval, et de voir l'enfer devant moi, ô mon enfant ! »

Ançouman ayant entendu ces paroles du magnanime Sagara, s'en alla tristement dans le pays où la terre a été entr'ouverte, et par cette route il pénétra dans l'océan. Là il vit Kapila dont les pensées sont grandes et le cheval aussi ; et dès qu'il aperçut le meilleur des richis, le vieux Kapila doué d'un éclat immense, il le salua en inclinant sa tête jusqu'à terre, ô grand roi ! et lui expliqua le but de son voyage. Kapila fut satisfait d'Ançouman, et le solitaire plein de ses devoirs lui dit : « Je suis celui qui accorde les dons », ô Bhârata ! D'abord celui-ci choisit pour premier don le cheval à l'aide duquel s'accomplirait le sacrifice, et pour seconde faveur, il demanda que ses ancêtres fussent purifiés (de leurs fautes).

Kapila doué d'un grand éclat, vénéré entre les solitaires, lui fit cette réponse : « Bonheur à toi ! je t'accorde tout ce que tu me demanderas, ô toi qui es sans péché ! En toi demeureront à jamais la patience, la justice, la vérité : par toi Sagara obtiendra ce qu'il désire, par toi ton père aura des descendants ; et par l'effet de ta (nouvelle) grandeur, les fils de Sagara iront au ciel. Ton petit-fils fera descendre du ciel la rivière Gangâ qui coule sur la terre, dans les cieux et dans les enfers ; (il la fera descendre) pour la purification de ses grands-oncles, après avoir réjoui Mahâdéva (par ses austérités). Bonheur à toi ! emmène ce cheval destiné au sacrifice, ô grand roi; le sacrifice du magnanime Sagara doit être accompli ! »

Après que Kapila aux grandes pensées lui eut ainsi parlé, Ançouman, emmenant le cheval avec lui, s'en alla dans l'enceinte préparée pour le sacrifice par le magnanime Sagara, et après avoir salué le roi dont l'ame est généreuse, en appuyant son front sur ses pieds, satisfait de l'accueil que lui avait fait son aïeul, il lui raconta tout ce qui était arrivé, ce qu'il avait vu et entendu touchant la destruction des fils de Sagara ; puis il lui remit le cheval arrivé dans l'enceinte du sacrifice.

En apprenant ces choses, le roi mit de côté la douleur causée par ses fils, et après avoir donné des témoignages d'estime à Ançouman, il termina le sacrifice du cheval. Quand il eut accompli la cérémonie, Sagara, qui s'était attiré la bienveillance des dieux, put refaire l'océan, demeure de Varouna, par le fait de la descendance qui lui était accordée.

Après avoir très long-temps dirigé son royaume, ce roi aux yeux de lotus confia le fardeau à son petit-fils, puis s'en alla au ciel. Ançouman à son tour, roi plein de justice, gouverna la terre dont l'océan est la ceinture, comme l'avait fait son aïeul, ô grand prince ! Il eut pour fils Dilîpa, aussi plein de justice, et après lui avoir confié la royauté, Ançouman mourut.

Alors, Dilîpa ayant appris la grande destruction de ses aïeux, ressentit une extrême douleur en songeant dans quelle voie ils étaient allés ; et le (nouveau) roi fit de très grands efforts pour opérer la descente de la Gangà sur la terre, mais il ne put arriver à ce but, bien qu'il y travaillât de tout son pouvoir. Il eut pour fils le prudent Bhaguîratha, entièrement voué à la justice, véridique en ses paroles et dénué d'envie ; Dilîpa l'ayant sacré roi se retira dans la forêt : par suite de bien des austérités pratiquées en grand nombre, il s'en alla de la forêt dans les cieux, ô Bhàrata ! quand le temps fut venu.

VI.

Lomaça dit : « Or, ce roi de la terre, guerrier célèbre au grand char, régnant sur tout l'univers, réjouit l'esprit et les regards des trois mondes. Ce héros aux grands bras apprit du magnanime Kapila la destruction terrible de ses aïeux et leur non admission dans le ciel ; alors, déposant la royauté entre les mains d'un de ses conseillers, le cœur attristé, il s'en alla au revers de l'Himalaya se livrer aux mortifications, ô grand prince ! Dans son grand désir d'attirer sur la terre la Gangà à force de piété, ayant détruit ses souillures par la mortification, il aperçut, ô grand roi, l'Himalaya roi des monts, embelli de pics de formes diverses, tout rempli de minéraux, partout étincelant de nuages suspendus par le vent, orné sur ses flancs de berceaux épais et de rivières comme aussi de palais, recherché des tigres et des lions disséminés dans ses cavernes et ses grottes, des oiseaux aux formes variées, roucoulant chacun selon sa voix, des éperviers et des coucous, des oies sauvages et des oiseaux de rivières ; retraite des paons dont la queue brille de cent plumes, des faisans, des *kokilas*, des perdrix dont le tour de l'œil est noir, et qui sont chères à leurs petits ; (montagne) dont les étangs délicieux regorgent de lotus, qui retentit partout du doux murmure des ruisseaux, dont le sol pierreux plaît aux Kinnaras et aux Asparas, foulée en tous sens par les défenses des éléphants de cette partie du monde ; promenade ordinaire des demi-dieux, habitants de l'air, abondante en diamants d'espèces diverses ; séjour choisi des serpents pleins de venin, à la langue brûlante, tantôt étincelant d'or, tantôt brillant de la couleur de l'argent, tantôt prenant la nuance de l'antimoine, dont on fait le collyre.

Ainsi, il se rendit dans l'Himalaya, et là, le grand roi se livra tout entier à de rudes mortifications, vivant de fruits, de racines et d'eau, durant mille années ; et après mille années, du haut du ciel, la grande rivière Gangâ l'aperçut, revêtue elle-même d'un corps.

La Gangâ dit : « Que veux-tu de moi, ô grand roi, que te donnerai-je ? Dis-le-moi, ô toi le meilleur des hommes, et j'accomplirai ton désir ! »

Ainsi interpellé, le roi répondit à la fille de l'Himalaya : « Par Kapila, ô grande rivière qui accordes les dons ! ont été conduits à la destruction que cause la mort mes aïeux occupés à la recherche du cheval (destiné au sacrifice), les soixante mille fils de Sagara, héros magnanimes, s'étant approchés du divin Kapila, ils ont été détruits à l'instant ; et pour eux ainsi morts, il n'y a pas de place au ciel ! Tant que tu ne laveras pas leurs corps de tes eaux, il n'y aura pas pour eux admission dans le ciel, ô grande rivière ! Fais arriver au ciel mes aïeux, les fils de Sagara, ô bienheureuse !

c'est pour eux que je t'adresse mes prières, ô grande rivière ! »

Lomaça dit : Ayant entendu cette parole du roi Bhaguîratha, la Gangâ vénérée des mondes fut très satisfaite et elle lui répondit : « Je ferai ce que tu me demandes, ô grand roi, n'en doute pas ! Mais la rapidité avec laquelle je tombe du ciel sur la terre est difficile à supporter, ô roi ; et personne dans les trois mondes ne pourrait y résister, si ce n'est le meilleur des immortels, Mahâdéva à la gorge bleue. Réjouis, ô grand héros, à force de mortifications, Çiva qui accorde les dons, et ce dieu soutiendra sur sa tête le poids de ma chute ; il fera ce que tu désires, dans le but de sauver tes ancêtres ! »

Ayant entendu ces paroles, ô prince, le grand roi Bhaguîratha se rendit sur le mont Kaïlâça, et réjouit Mahâdéva par les austérités rigides auxquelles il se voua pendant quelque temps ; ainsi lui, le meilleur des hommes, ô roi, il obtint le don qu'il demandait pour que la Gangâ fût soutenue dans sa chute, et il fit trouver à ses aïeux une demeure dans le ciel.

VII.

Lomaça dit : Ayant entendu la parole de Bhaguîratha, et (connu que sa demande était) agréable aux dieux, le bienheureux Mahâdéva répondit : « Que cela soit ainsi ! Pour t'être utile, ô grand héros, je soutiendrai dans sa chute du haut du ciel sur la terre, la rivière fortunée, divine, céleste et pure, ô toi le meilleur des rois ! »

Ayant ainsi parlé, ô grand héros! le dieu s'en alla sur l'Himalaya, entouré (dans sa marche) d'êtres terribles qui l'accompagnaient en tenant en haut des armes diverses, et s'étant arrêté là, il dit à Bhaguîratha le meilleur des hommes : « Adresse ta demande, ô grand héros, à la rivière fille du roi des montagnes, et moi, je soutiendrai cette reine des fleuves tombant du ciel. »

Dès qu'il entendit ces paroles prononcées par Civa, le roi Bhaguîratha s'étant incliné pieusement, dirigea son esprit vers Gangâ ; alors la rivière aux eaux pures et agréables fut attirée par la fervente pensée de Bhaguîratha, et voyant Civa debout pour la recevoir elle tomba rapidement du haut des cieux ; alors aussi la voyant tomber, les dieux et les grands richis, les Gandharvas, les Nâgas et les Yakchas se réunirent et s'approchèrent, désireux de contempler ce spectacle.

Ainsi elle tomba du ciel, la Gangâ fille de l'Himalaya, roulant en larges et fiers tourbillons, tout agitée de poissons et de monstres aquatiques; et Mahâdéva, ô roi, supporta dans sa chute la Gangâ ceinture des cieux, se précipitant du haut de son front comme un collier de perles délié. Elle se divisa en trois bras dans son cours sinueux vers l'océan, ô roi! ses eaux étant couvertes de flocons d'écume pareils à des troupes de cygnes, tantôt se repliant avec effort, tantôt paraissant bondir d'un flot rapide, tantôt toute couverte d'une fine enveloppe de mousse et comme ivre de plaisir, elle s'élança joyeuse ; parfois aussi faisant rendre à ses eaux murmurantes un son incomparable.

Ainsi diverse dans ses allures, elle tombait du ciel, et arrivée sur le sol de la terre qui la reçut, elle dit à Bhaguîratha : « Fais-moi voir, ô grand roi, la route que je dois suivre; car c'est pour toi que je suis descendue sur la terre, ô roi de l'univers ! »

Ayant entendu ces paroles, le roi Bhaguîratha se plaça devant elle à l'endroit où étaient les corps des magnanimes enfants de Sagara, afin qu'ils fussent arrosés par cette eau capable de les purifier, ô roi! Et après avoir soutenu la Gangâ dans sa chute, Mahâdéva révéré de tous les êtres s'en alla sur l'excellente montagne Kaïlâça avec les immortels.

Alors le roi s'approcha de l'océan, avec la Gangâ, et fit remplir bien vite la mer, empire de Varouna; agissant en cette circonstance comme si la Gangâ eût été leur fille, le roi fit sur le corps de ses ancêtres la cérémonie de l'eau, et son désir fut accompli.

« Je t'ai raconté comment la Gangâ au triple cours descendit sur la terre pour remplir l'océan (desséché), comment le magnanime Agastya but la mer pour exécuter son œuvre ; et comment fut conduit à sa perte par Agastya l'asoura Vâtâpi, meurtrier d'un brahmane; (je t'ai raconté) ô grand roi, ce que tu m'as demandé. »

FRAGMENT

DU

GOHARANAPARVA.

FRAGMENT
DU GOHARANAPARVA.

SOMMAIRE.

Les cinq frères Pândavas, vaincus au jeu par Douroydhana et les autres Kourous, ont été obligés de fuir, avec serment de ne pas porter les armes pendant douze ans. Après bien des aventures ils sont arrivés, sous des noms supposés, à la cour de Virâta, roi de Matsya, et là ils occupent, ainsi que leur épouse commune Draopadî, divers emplois d'un ordre inférieur. Douyrodhana, effrayé de l'idée que les douze ans étant bientôt passés, les ennemis peuvent reparaître plus redoutables, envoie de tous côtés des espions, qui ne découvrent aucune trace des princes fugitifs. Les Kourous tiennent conseil avec leur allié le roi des Trigartiens : il s'agit d'enlever les riches troupeaux de Virâta. L'expédition se fait avec un plein succès ; mais Virâta, qui a pu apprécier les Pândous, malgré leurs noms supposés et l'humilité de leurs fonctions, les emmène avec lui, sans les connaître encore, à la poursuite de l'ennemi. Les Trigartiens sont battus ; cependant les troupeaux restent encore au pouvoir des Kourous, qui forment un corps d'armée séparé. Ardjouna, lui seul d'entre les Pândous, n'a pu, à cause de son déguisement, qui le fait prendre pour un eunuque danseur, marcher avec ses frères; on l'a laissé au milieu des femmes ; mais il n'attend qu'une occasion favorable pour reparaître sur le champ de bataille : d'ailleurs les douze années d'exil sont accomplies.

C'est donc la reconnaissance d'Ardjouna par le fils du roi dont il devient le cocher qui fait le sujet du passage suivant, extrait du long épisode dont le titre est *Goharana*, enlèvement des vaches,

FRAGMENT DU GOHARANAPARVA.

Vol. II, vers 1149 - 1435.

I.

Vaïçampâyana parle :
Le roi de Matsya ayant atteint les Trigartiens, dans le but de reprendre ses troupeaux, Douryodhana s'élança, suivi de ses compagnons, contre Virâta. Bhîchma, Drona, Karna, Kripa, guerrier habile, Açwatthâman, Saobala, Dou'çâsana, Vivinçati, Vikarna, Tchitraséna, le vaillant Dourmoukha, Dou'saha et les autres chefs de l'armée des Kourous avaient rejoint les Matsyens et, après avoir mis en fuite les bergers, ils entraînaient avec une irrésistible rapidité les troupeaux du roi Virâta. Ils chassaient devant eux

soixante mille vaches, en les enveloppant de tous côtés de la masse compacte de leurs chars ; et comme les Kourous massacraient aussi les gardiens des troupeaux, ce fut un bruit effroyable dans cette terrible et confuse mêlée. Le chef des bergers, glacé de frayeur, monta promptement sur son char, et se rendit vers la ville, tout troublé, en criant autour de lui. A peine entré dans les murs, il va droit à la demeure du roi, et, sautant à bas du siége, il pénètre vite dans le palais pour donner la nouvelle ; mais là se rencontra l'orgueilleux fils de Viràta, nommé Bhoûmimdjaya, et ce fut à lui qu'il raconta tout le désastre des bergers et des troupeaux.

« Soixante mille vaches sont enlevées par les Kourous ; lève-toi, prince glorieux, et va reprendre ce précieux butin ! O fils de roi ! pars au plus tôt ! pars toi-même, si tes intérêts te sont chers ; car le roi protecteur de la terre n'a rien confié ici à ta garde ; car le roi ton père fait ton éloge dans l'assemblée, et il dit : Mon fils est en tout semblable à moi ! c'est un héros, c'est un habile archer, c'est un guerrier courageux ! Qu'elles soient donc vraies ces paroles prononcées par le roi ton père ! Fais revenir les troupeaux, en triomphant des Kourous, consume leurs armées par l'éclat terrible de tes flèches ; armé de l'arc, perce les troupes ennemies par une grêle de traits au talon d'or, à la pointe aiguë et recourbée, comme le conducteur d'une bande d'éléphants pique la troupe qu'il dirige. L'arc qui est un luth sur lequel la corde est tendue et retenue aussi par un nœud, (un luth) retentissant avec force, auquel la flèche donne le ton et dont le bois recourbé est le corps sonore, fais-le vibrer au milieu des ennemis. Qu'on attelle à ton char tes chevaux blancs éclatants comme l'argent, et qu'on y déploie ta bannière où brille un lion d'or. Que les flèches dont la base est d'or et la pointe brillante, lancées par ta main, obscurcissent le soleil en arrêtant la marche des rois. Après avoir dans la mêlée défait tous les Kourous, comme le dieu qui lance la foudre défit les Asouras, reviens alors plein de gloire dans ta capitale; car tu es, toi, fils du roi de Matsya, la ressource suprême du royaume, comme pour les fils de Pândou, l'héroïque et victorieux Ardjouna. Ainsi, ô prince! tu es en vérité le dernier espoir de ceux qui habitent ce royaume : qu'aujourd'hui donc tous les Matsyens voient se réaliser leur attente. »

Interpellé au milieu des femmes par ces paroles faites pour donner le courage, Bhoûmimdjaya, ainsi flatté, au fond de son sérail, fit entendre cette réponse.

II.

Bhoûmimdjaya dit : « A l'instant même je m'élancerais, l'arc en main, sur les traces des vaches, si quelqu'un habile à manier un char pouvait me servir de cocher; mais je ne sais quel est l'homme capable de cet office! Voyez donc au plus vite quel serait le cocher qui pût convenablement m'accompagner dans cette sortie. Il y a vingt-huit jours, un mois, je crois, que s'est livré un grand combat, et là a péri mon cocher. Trouvez-moi donc un autre homme qui sache conduire les chevaux et le char, et, empressé de signaler mon zèle, je me plongerai à travers cette armée ennemie aux grandes bannières déployées, masse compacte d'éléphants, de chevaux et de chars ; vainqueur des

Kourous, malgré la puissance de leur armée brûlante, je ramènerai les troupeaux. Douryodhana, Bhîchma, Karna, Kripa, Drona et son fils, tous ces héros à la fois ayant fui, saisis de frayeur devant moi, comme les Dânavas devant le dieu qui lance la foudre, en un instant je ferai revenir les vaches volées par l'ennemi. Profitant d'un instant favorable, les Kourous ont pris et emmené nos troupeaux; mais qu'y a-t-il d'impossible pour moi? car je n'étais pas là (quand ce désastre a eu lieu). Et tous ces Kourous ensemble, voyant éclater ma valeur, se demanderont si ce n'est pas Ardjouna lui-même qui les harcèle ainsi! »

Vaïçampâyana parle.

Ardjouna (caché sous le nom de Vrihannala et le déguisement d'un eunuque danseur) entendit le fils de Virâta parler de la sorte; et comme il avait passé le temps fixé par le vœu, il s'adressa à son épouse bien-aimée, la fille de Droupada, la Pântchâlienne délicate née de l'autel, femme véridique et sincère, qui se plaît à être agréable à son époux; et lui, qui connaît toute chose, joyeux de ce qu'il vient d'entendre, il dit en secret à Draôpadî :

« Va bien vite de ma part, ô toi qui es belle, et dis en parlant de moi au fils de Virâta : celui-ci a été jadis le cocher favori d'Ardjouna; il est robuste, plein d'une expérience acquise dans de grandes batailles, et il saura conduire ton char. »

Le discours prononcé à plusieurs reprises par le fils du roi au milieu de ses femmes, et dans lequel il se vantait d'être l'égal d'Ardjouna, la Pântchâlienne (cachée sous le nom de Saïrindhrî) n'avait pu le supporter. Cette pieuse femme s'approcha donc du prince, et d'une voix douce, un peu émue par la pudeur, elle lui dit :

« Ce gracieux jeune homme, pareil à un gros éléphant, qu'on appelle Vrihannala, a été jadis le cocher d'Ardjouna; il est l'élève et l'égal de ce héros magnanime dans l'art de lancer les flèches : je l'ai vu autrefois, quand j'étais au service des fils de Pândou. Lorsque l'incendie dévora la forêt Khândava, ce fut lui qui prit en main les rênes des chevaux d'Ardjouna; et avec lui pour cocher, Ardjouna triompha de tous les êtres habitants de cette forêt; car il n'y a pas de conducteur de char qui puisse être comparé à ce Vrihannala. »

Le fils du roi répondit : « Ainsi tu connais ce jeune homme, ô Saïrindhrî, et tu sais que ce n'est pas un eunuque; mais je ne puis moi-même, ô toi qui es belle! aller dire à ce Vrihannala : Hâte-toi d'atteler mes chevaux. »

Draôpadî reprit : « Ta jeune sœur que voici, à la démarche élégante, voudra bien, ô héros, se charger de ce message; car, si tu le prends pour cocher, assurément les Kourous seront vaincus, et tu reviendras bien vite, ramenant devant toi les vaches reconquises.

A ces mots de la Saïrindhrî, le prince dit à sa sœur : « Va, ô toi qui es belle, amène ici Vrihannala. » Et sur cet ordre de son frère, elle se dirigea en toute hâte vers l'habitation des danseuses, où le Pândava aux grands bras vivait sous un déguisement.

III.

Vaïçampâyana parle.

Envoyée par son frère, elle courut, la jeune fille aux guirlandes d'or, à la taille fine comme le milieu de l'autel, aux yeux de lotus, célèbre par sa beauté et la finesse de son esprit; elle courut, la gracieuse fille du roi, d'un pas docile, les cheveux relevés en mèches, portant une ceinture ornée de pierreries; la princesse protégée par la fortune traversa, l'œil baissé, la demeure des danseuses, comme l'éclair traverse la nue. Pareille à la femelle de l'éléphant qui va vers l'éléphant, elle aborda Ardjouna, la charmante fille aux jambes solides comme la trompe du roi des animaux, aux formes irréprochables; enfant vénéré du roi Matsya, joyau précieux au cœur de son père, comme Lakchmî l'est au cœur d'Indra; gracieuse fille aux longs yeux, renommée par sa beauté, elle aborda en face Ardjouna; et lui, voyant la princesse au pas ferme, au teint luisant comme l'or, il lui dit : « Quel objet t'amène ici, belle femme aux yeux de gazelle, au collier d'or? pourquoi viens-tu en courant? pourquoi ton visage paraît-il ainsi inquiet? dis-le-moi vite, ô jeune fille! »

Vaïçampâyana parle.

Ayant donc vu cette fille de roi aux grands yeux, avec laquelle sa profession lui donnait des rapports intimes, Ardjouna lui dit en souriant : « Quel est l'objet de ta venue? » Et s'approchant du prince (déguisé), la fille de Virâta lui dit avec confiance, au milieu de ses compagnes : « Nos troupeaux sont enlevés par les Kourous, ô Vrihannala! Mon frère, armé de l'arc, veut se mettre en marche pour les reconquérir. Son cocher a été tué naguère dans un combat; il n'a personne qui soit en état de conduire son char; et comme il était préoccupé de la recherche d'un cocher, la Saïrindhrî lui a vanté ton habileté dans la connaissance des chevaux. Tu as été jadis, dit-elle, le cocher favori d'Ardjouna; c'est grâce à ton adresse que ce héros a triomphé de la terre. Ainsi, ô bon Vrihannala ! conduis le char de mon frère; nos vaches enlevées par l'ennemi sont déjà bien loin; et si tu n'agrées pas la demande que je te fais, ainsi invité par lui avec amitié, j'en perdrai la vie. »

A ces mots rapportés par sa compagne à la démarche élégante, Ardjouna, qui consume ses ennemis, courut vers le fils de Virâta, dont l'éclat est immense, et tandis qu'il s'élançait en toute hâte, ainsi qu'un éléphant furieux, la princesse aux longs yeux le suivit, comme la femelle de l'éléphant suit son petit.

Or, dès qu'il aperçut de loin Vrihannala, le fils du roi lui dit : « C'est par toi, remplissant alors près de lui les fonctions de cocher, qu'Ardjouna, fils de Kountî, a su dompter le feu dans l'incendie de la forêt Khândava et qu'il a triomphé de toute la terre? Elle m'a parlé de toi avantageusement, la Saïrindhrî; car elle connaît les fils de Pândou. Ainsi donc va, Vrihannala, attelle mes chevaux; car je vais combattre les Kourous, impatient de reprendre les troupeaux. Jadis tu as été le cocher favori d'Ardjouna, et c'est par ton secours que le héros Pândava a triomphé de toute la terre. »

A ces paroles de Bhoûmimdjaya, Vrihannala répondit . « Quelle peut être ma capacité pour conduire un char au front de la bataille? puisque chanter, danser, faire résonner les divers instruments, voilà, ô prince! ce que je puis pour ton service; mais conduire un char, ô ciel! comment serait-ce mon affaire? »

Le prince répondit : « Vrihannala, que tu sois musicien ou que tu sois danseur, monte à l'instant sur mon char et prends en main les rênes de mes excellents chevaux. »

Vaïçampâyana parle.

Le Pàndava déguisé, héros terrible à ses ennemis, et qui connaît toutes les ruses, fit cette scène simulée en face de la sœur du prince ; puis il jeta sur ses épaules et ceignit la cuirasse, et à cette vue les femmes aux grands yeux, esclaves du palais, se mirent à rire; mais, tandis qu'il se livrait à ces folies, le prince attacha lui-même autour du corps de Vrihannala la précieuse armure. Lui-même il prit la cuirasse magnifique et étincelante, et déployant sa bannière ornée d'un lion, il transforma (l'eunuque) en cocher. Les arcs d'un grand prix, les flèches nombreuses et brillantes, il les enleva aussi; puis partit sur son char, conduit par Vrihannala.

Alors la sœur du prince et les jeunes filles du palais dirent à leur compagnon : « Vrihannala, rapporte à la Pàntchàlienne des tissus aux riches couleurs, des étoffes fines et souples, quand tu auras vaincu, dans la mêlée, les Kourous rassemblés sous les ordres de Bhîchma et de Drona ! »

Ainsi dirent les jeunes filles toutes à la fois, et le fils de Pândou, dont la voix retentit comme le roulement de la foudre, répondit en souriant : « Si le prince que voici est vainqueur des chefs ennemis dans la mêlée, je rapporterai des étoffes magnifiques et divines. »

Vaïçampâyana parle.

Ayant ainsi parlé, l'héroïque Ardjouna lança les chevaux de Bhoûmimdjaya, la face tournée vers les Kourous, entourés de divers étendards et de bannières. Or, quand ils virent le fils du roi assis sur l'excellent char, avec Vrihannala pour compagnon, les femmes, les jeunes filles et les brahmanes fidèles à leurs vœux s'inclinèrent avec respect, et les femmes dirent : « Le bonheur qui fit triompher jadis, dans l'incendie de la forêt, Ardjouna à la démarche de taureau, qu'il accompagne aujourd'hui Vrihannala et le prince dont il guide le char dans leur attaque contre les Kourous ! »

IV.

Vaïçampàyana parle.

Etant donc sorti de la cité royale, le fils de Virâta, libre de toute crainte, dit à son cocher : « En avant du côté où s'en vont les Kourous ! Victorieux de tous ces guerriers assemblés, prêts à nous disputer le butin, et maître en un instant des vaches qu'ils ont prises, je ramènerai les troupeaux vers la ville. »

Aussitôt le fils de Pândou anima les bons chevaux, et, excité par ce lion des guerriers, les coursiers, plus rapides que la tempête, s'élancèrent avec impétuosité, comme s'ils eussent volé dans l'air, tout ornés de franges d'or. Après quelques instants de marche, le prince et son cocher, redoutables à leurs ennemis, aperçurent la formidable armée des Kourous. Alors Ardjouna s'avance rapidement vers le cimetière (où lui et ses frères ont caché leurs armes); et là paraît aux yeux des deux guerriers l'acacia mystérieux et les corps d'armée disposés en attaque. Ces troupes puissantes étincelaient comme les vagues de l'océan. Le prince les voit s'agiter dans l'espace comme une forêt aux arbres sans nombre, et la poussière, s'élevant sous les pas de l'armée qui se déploie comme un serpent, obscurcit la vue, ô descendant de Kourou ! en touchant le ciel.

Or quand il aperçut cette masse formidable d'éléphants, de chevaux et de chars que guident et protègent Karna,

Douryodhana, Kripa, Bhîchma, le prudent Drona et son fils héroïque, Bhoûmimdjaya sentit un frisson de terreur dans tous ses membres; et, glacé d'épouvante, il dit à son cocher.

Bhoûmimdjaya dit : « Je n'ose attaquer les Kourous; vois, mes cheveux se hérissent. Ce serait un combat terrible, dans lequel sont réunis bien des héros; un combat difficile à soutenir pour des dieux mêmes. Non, je ne puis faire face à cette armée sans fin ; je ne veux pas me jeter à travers les rangs des Kourous armés d'arcs formidables, dans cette masse impénétrable de chars, d'éléphants et de chevaux, où flottent confusément tant d'étendards et de bannières. Mon ame inquiète est comme troublée à la vue de cette armée, qui renferme Drona, Bhîchma, Kripa, Karna, Vivinçati, Açwatthâman, Vikarna, Somadatta du pays de Balkh, Douryodhana, le plus vaillant de ceux qui combattent sur des chars, et tous ces brillants héros renommés dans les batailles. A l'aspect de ces nombreux fils de Kourou rangés en ordre d'attaque et bien armés, tous mes poils se sont hérissés de terreur et la faiblesse s'est emparée de mes esprits. »

Vaïçampâyana parle.

Ainsi, par une stupidité digne d'un homme de naissance vile et d'un faux brave, Bhoûmimdjaya, fils de roi, se lamente lâchement en face d'Ardjouna. « Mon père, dit-il, est parti contre les Trigartiens, et il m'a laissé dans la solitude ; il a emmené avec lui toute l'armée de Matsya; je n'ai pas même ici mes gardes ! Seul et sans secours, je ne puis, faible enfant peu habitué aux fatigues de la guerre, attaquer ces nombreux héros faits au métier des armes. Retourne vers la ville, ô Vrihannala ! »

Vrihannala (Ardjouna) dit : « La frayeur te donne un air misérable, capable d'augmenter la joie de l'ennemi; et cependant les Kourous n'ont encore accompli, dans la bataille, aucun exploit. Tu m'as dit toi-même : — Mène-moi contre les Kourous ! — et moi je te menerai en effet là où flottent leurs nombreuses bannières; je veux te lancer au milieu de ces pillards, vautours avides qui viennent combattre sur la terre, ô grand prince ! Après avoir promis avec jactance aux femmes, aux hommes mêmes, de te conduire en vrai guerriers, lancé sur le char de bataille, quoi! tu ne voudrais plus combattre ! Si, sans avoir reconquis les troupeaux, tu retournes dans la ville, tu seras la risée des hommes et des femmes assemblés; et moi, appelé à l'office de cocher d'après les recommandations de la Saïrindhrî, je ne puis, sans avoir repris le butin, revenir dans la ville. Après avoir été ainsi vanté par la Saïrindhrî et appelé par ta voix, comment n'attaquerais-je pas tous ces Kaôravas ! Courage donc ! »

Bhoûmimdjaya dit : « Que ces ennemis nombreux enlèvent à leur gré les troupeaux de mon père, que les femmes, que les hommes aussi se rient de moi, ô Vrihannala ! je n'ai que faire dans la mêlée. Que mes vaches s'en aillent ! ma capitale, la ville de mon père est déserte ! — J'ai peur ! »

Vaïçampâyana parle.

A ces mots il sauta à bas du char, le prince aux riches pendants d'oreilles; pressé par la frayeur, il fuit, perdant avec l'esprit tout sentiment d'honneur, emportant ses flèches et son arc.

Vrihannala dit : « La fuite n'est pas le devoir que les héros ont transmis au Kchatrya ! Il vaut mieux mourir dans le combat que de fuir épouvanté. »

Vaïçampâyana parle.

Après ces paroles, Ardjouna se précipite du haut du char et se met à poursuivre le fils du roi, qui fuyait devant lui; et comme dans l'agitation de sa course il secouait sa longue masse de cheveux et ses vêtements d'un blanc pur, on ne reconnut pas positivement Ardjouna dans celui qui s'élançait ainsi la chevelure flottante. Parmi les soldats, il y en eut qui sourirent à la vue de cette forme (bizarre); et les Kourous, l'ayant aperçu qui poursuivait rapidement le jeune prince, s'écrièrent :

« Quel est cet être caché sous un déguisement, comme le feu sous la cendre? Il y a en lui de l'homme, et en lui aussi il y a de la femme. C'est comme l'image d'Ardjouna qui se trahit sous cette apparence impuissante : ce sont bien là sa tête et son cou, ses deux bras de massue! C'est là un de ses exploits; ce ne peut être un autre qu'Ardjouna; car, comme est Indra parmi les immortels, tel est ce guerrier parmi les hommes. Celui qui s'est jeté seul sur nos traces, qui serait-ce en ce monde, si ce n'est Ardjouna! et le fils de Virâta, resté oisif dans la ville, où aucun soin ne l'occupe, ce doit être lui qui est sorti pour combattre, par témérité de jeunesse et non par vrai courage. Ardjouna, caché sous un déguisement et employé à le servir, a été choisi pour cocher par le jeune prince, qui s'est aventuré hors de sa ville; puis, à notre vue, la peur s'est emparée de lui; il a fui, et Ardjouna s'élance sur ses pas pour l'arrêter. »

Vaïçampâyana parle.

Telles sont les conjectures que font tous les Kourous, sans arriver toutefois à une solution certaine, touchant ce fils de Pândou, qui paraît de loin à leurs yeux caché sous un déguisement, ô Bhârata. Cependant après avoir poursuivi le prince qui fuit devant lui, à cent pas de là Ardjouna le saisit brusquement par les cheveux, et ainsi arrêté dans sa course, le fils du roi de Matsya poussa un cri de douleur, et se lamenta misérablement.

Bhoûmimdjaya dit : « Ecoute, ô belle Vrihannala (1), à la taille délicate, tourne les chevaux vers la ville, car celui qui vit peut seul jouir des biens de la fortune. Je te donnerai cent *nichkas* d'un or pur, et huit beaux diamants de lapis-lazuli rehaussés d'un métal précieux et jetant un grand éclat; un char dont les montants seront dorés, avec son attelage de chevaux bien dressés, et dix éléphants dans toute leur force : laisse-moi fuir, ô Vrihannala ! »

Vaïçampâyana parle.

Le héros Pândava accueillit par un sourire les offres et les lamentations du prince éperdu; il le ramena près du char, puis dit à ce fils de roi que la frayeur rendait fou : « Si tu n'oses toi-même attaquer l'ennemi, ô guerrier ! prends les rênes en main et je combattrai les Kourous. Protégé par mon bras puissant, marche contre leur armée qu'il ne fallait pas mépriser : masse terrible de soldats, soutenus par des héros célèbres. N'aie donc pas peur, ô fils aîné de roi, car tu es Kchatrya ! Pourquoi donc, chef des hommes, perdrais-tu la tête dans la mêlée ? C'est moi qui vais combattre et arracher tes troupeaux des mains des Kaôravas ! Quand nous serons engagés dans cette masse de chars terribles et difficiles à aborder, sois ferme, ô prince ! c'est moi qui combattrai l'ennemi ! »

Par ces paroles, l'invincible Ardjouna chercha pendant

---

(1) Bhoûmimdjaya parle au féminin à Ardjouna parce que celui-ci se fait passer pour eunuque.

quelques instants, ô Bhârata, à ranimer le courage du fils de Virâta ; puis, saisissant le jeune prince éperdu, accablé par la terreur, ce héros sans égal le plaça malgré lui sur le devant du char.

V.

Vaïçampâyana parle.

Quand ils aperçurent debout sur le char ce combattant en habit d'eunuque, et le fils du roi remonté près de lui, conduisant les chevaux vers l'arbre mystérieux (1), les vaillants Kourous réunis sous les ordres de Bhîchma et de Drona tremblèrent de frayeur que ce ne fût Ardjouna. Or Drona, qui a donné à tous ces héros ses excellentes leçons dans la pratique des armes, voyant le découragement des troupes et des symptômes extraordinaires, s'écria :

« Il souffle des brises chaudes et violentes qui font pleuvoir du gravier ; le ciel est tout couvert d'une vapeur couleur de cendre; il apparaît des nuages informes, mystérieux présages; des armes de toute espèce sortent du fourreau; de terribles images de Çiva se meuvent avec bruit à l'horizon enflammé ; les chevaux versent des larmes, les bannières tremblent sans qu'on les agite; d'autres prodiges du même genre se laissent voir en grand nombre, effrayants aussi.

---

(1) En se retirant dans la forêt, les Pândavas avaient caché leurs armes dans une enveloppe qui figurait un cadavre, et suspendu ce faisceau à un acacia au milieu d'un cimetière, afin qu'aucun guerrier ne se hasardât à les toucher, sous peine d'être impur et déchu de sa caste.

Soyez fermes, ô guerriers ! la terreur se répand dans l'armée ; il faut veiller à notre propre défense et disposer les troupes en ordre d'attaque. Détournez le désastre qui nous menace, et songez à sauver le butin. Ce combattant arrivé là en habits de femme, à n'en pas douter, c'est le prince Ardjouna, le plus habile d'entre les guerriers ! Cet homme en habits de femme, c'est Kirîti, c'est le fils de la Gangâ, prince qui porte sur sa bannière le singe, ennemi des forêts du roi de Lanka (?); c'est le héros qui a le nom d'un arbre, le fils d'Indra qui brise les montagnes ! Après nous avoir vaincus, il emmènera les troupeaux qui sont en notre pouvoir. C'est Ardjouna l'invincible, c'est Savyasâtchî, la terreur de ses ennemis : ni les Souras, ni les Asouras tous ensemble ne le feraient reculer du champ de bataille ! Éprouvé par la détresse pendant son exil dans la forêt, élève d'Indra dans la pratique des armes, animé par la colère qui le domine, il est dans la mêlée l'égal du dieu dont il a reçu les leçons. Non, Kaôravas ! je ne vois personne qui puisse lui tenir tête ; car on raconte que le dieu Çiva, caché sous la forme d'un montagnard, a été satisfait de la manière dont cet Ardjouna l'a combattu dans les monts Himalaya. »

Karna dit : « Toujours, ô maître ! tu fais retentir à nos oreilles les louanges d'Ardjouna, et cependant il ne l'emporte ni sur moi ni sur Douryodhana ! »

Douryodhana dit : « Si c'est là Ardjouna, ô fils du soleil ! mon but est atteint ; les Pândavas sont découverts, et ils retourneront errer pendant douze ans encore au milieu de la forêt (1). Que cet homme aux habits d'eunuque soit celui

---

(1) D'après leurs conventions, les Pândavas s'étaient engagés à retourner pour douze années encore dans la forêt, s'ils prenaient les armes avant le temps fixé.

que nous craignons ou bien quelque autre, mes flèches acérées le feront rouler dans la poussière du champ de bataille. »

Ces paroles du fils de Dhritaràchtra furent applaudies comme une pensée héroïque par Bhîchma, Drona, Kripa et et Açwatthàman.

VI.

Vaïçampâyana parle.

Ardjouna s'était approché de l'acacia qui recèle ses armes, et donnant ses ordres au fils de Viràta, jeune homme novice encore dans les combats, il lui dit : « Va vite où je t'indique, ô prince, et prends les arcs ; car tes armes que voici ne résisteraient pas à ma force, quand je porterai des coups violents aux éléphants et aux chevaux, quand, par des attaques multipliées, je mettrai l'ennemi en déroute. »

« Ainsi donc, Bhoûmimdjaya, monte sur cet acacia aux larges rameaux; c'est dans le tronc de cet arbre que les Pàndavas ont déposé leurs arcs. Là sont cachées les flèches et les bannières divines des héros Youdhichthira, Bhîma, Ardjouna, Sahadéva et Nakoula; là est l'arc tout puissant d'Ardjouna, l'arc *gàndiva*, qui en vaut cent mille et recule les limites des royaumes, que rien ne fatigue; arc immense, grand comme le palmier du désert, choisi entre toutes les armes; fléau qui répand la mort parmi les ennemis. C'est un arc divin tout enrichi d'or, doux à la main, long et sans défaut dans tout son bois, rehaussé d'ornements, solide, lourd à porter, terrible à affronter et admirable à voir. Tels sont aussi les arcs puissants et solides des cinq Pàndavas. »

VII.

Bhoûmimdjaya dit : « A cet arbre est suspendu, dit-on, un cadavre; et moi qui suis fils de roi (et Kchatrya), comment pourrais-je le toucher de la main (sans être souillé)? Il ne me convient point de détacher cet objet, à moi qui suis de la caste guerrière, noble et fils de roi, toujours attaché aux observances religieuses et à la récitation des *mantras*. Le contact de ce corps me rendrait impur comme l'être immonde qui porte les cadavres sur le bûcher; et comment pourrais-tu, ô Vrihannala ! me faire accomplir une action si contraire aux lois de ma caste? »

Vrihannala dit : « Tu ne seras point déchu; tu resteras pur, ô fils de roi! Ne crains rien; ce sont des arcs, et il n'y a pas là de cadavre. Toi, héritier et fils du roi de Matsya, attentif à observer tes devoirs, comment te ferais-je faire une action digne de blâme, ô Kchatrya ? »

Vaïçampâyana parle.

Déterminé par ces paroles, le fils de Virâta saute à bas du char et monte librement sur l'acacia, tandis que le héros Pândava, resté dans le char, le dirige encore de la voix : « Descends au plus vite du haut de l'arbre les arcs qu'il recèle; arrache rapidement leur enveloppe. »

Et lui, après avoir enlevé de l'arbre les arcs richement ornés des cinq guerriers, il les dégage des feuilles qui les couvrent et les dépose auprès d'Ardjouna tous ensemble; puis, du milieu des quatre autres, il délie le *gândîva*, qu'il aperçoit dans le faisceau. Étalés au jour, ces arcs étincelants comme le soleil jettent un éclat divin qu'on prendrait pour celui d'autant d'astres à leur lever; et quand il les vit étendus devant lui, pareils en leur forme à des serpents qui se gonflent, le fils de Viràta resta un instant immobile d'effroi : enfin il prit dans ses bras ces armes lumineuses et énormes, ô roi ! et dit à Ardjouna :

VIII.

Bhoûmimdjaya dit : « Cet arc excellent sur lequel sont semés cent points d'or qui valent des millions de *souvarnas*, à qui est-il? Cet arc excellent sur le revers duquel sont peints en or des éléphants tout armés, à la courbure bien arrondie et facile à tenir à la main, à qui est-il? Cet arc excellent, dont la surface d'un or pur est embellie çà et là de figures d'insectes, à qui est-il? Cet arc excellent, sur lequel étincellent trois images du dieu du jour avec son armure, et dont l'éclat a celui de la flamme, à qui est-il? Et cet autre, tout semé de scarabées d'or aussi, embelli de pierreries et d'ornements précieux, à qui est-il? Et ces mille flèches de fer empennées, armées d'une pointe d'argent, et renfermées dans un carquois d'or; ces grandes flèches aux plumes de vautour, très aiguës, d'un jaune foncé, bien égales, toute de fer, à qui sont-elles, ô Vrihannala?

« A qui cet arc brun, qui porte pour emblème cinq tigres; qui fait briller dix flèches sur lesquelles sont peintes des oreilles de sanglier? A qui sont aussi ces fortes et longues flèches qui représentent la moitié du disque de la lune; armes au nombre de sept cents, qui se repaissent du sang de la blessure? A qui sont ces belles flèches bien garnies à leur base de plumes de perroquet, dont les pointes, faites de fer, jaunes et dorées, sont bien aiguisées? A qui ce long glaive divin, capable de supporter de grands coups, terrible à l'ennemi qu'il menace, dont la lame est acérée des deux côtés; ce glaive enfermé dans sa gaîne de peau de tigre, à la poignée chargée de peintures d'or ; arme démesurée, entourée d'anneaux sonores, au fourreau immense couvert d'ornements? A qui ce *khanga* divin, à la poignée d'or, à la lame étincelante; à qui ce khanga brillant, enfermé dans un étui de peau de bœuf? A qui ce cimeterre irrésistible du pays de Nichadha, à la garde d'or, dont les coups sont terribles, dont la lame couleur d'or repose dans une gaîne d'ivoire? A qui ce glaive jaune, agréable à l'œil, qui reflète la lumière du ciel, caché dans une gaîne d'or, semblable à un feu étincelant? Ce poignard de couleur, jaune en forme de coutelas, lourd à la main et dont le tranchant n'offre pas une tache; à qui est-il, ce poignard d'acier brun, tout couvert de petits points d'or? Cet autre tacheté du venin des serpents, capable de traverser le corps d'un guerrier et de résister aux plus rudes assauts, ce glaive, la terreur de l'ennemi, à qui est-il? Réponds avec sincérité à mes questions, ô Vrihannala! car une grande stupeur s'est emparée de moi à la vue de ces armes gigantesques. »

IX.

Vrihannala dit : « Le premier que tu m'as montré, c'est le *gândîva* d'Ardjouna, l'arc qui dompte les armées ennemies, célèbre dans les trois mondes; arme qui commande à toutes les autres, enrichie d'or. Ce fut là l'arme suprême, le *gândîva* d'Ardjouna, que cent mille arcs vulgaires ne vaudraient pas ; source de triomphes, qui rendit le Pândava victorieux des dieux et des hommes ; objet d'étonnement quand il lance ses flèches multipliées ; long, souple à la main, intact dans toutes ses parties, vénéré des Dévas, des Dànavas et des Gandharvas ; la terre le respecte aussi. — Jadis il a été possédé par Brahma pendant mille ans ; puis il passa entre les mains de Pradjàpati ; Indra l'a possédé quinze cent quatre-vingt-cinq ans, Yama cinq cents ans, et Varouna tout un siècle. Ardjouna, à son tour, l'a eu en son pouvoir pendant soixante-cinq ans : cet arc si beau, robuste et divin, arme excellente, respectée des Souras et des mortels, fait toute la force d'Ardjouna, auquel Varouna l'a donné. Cet autre, à la courbure bien arrondie, à la poignée d'or, est celui à l'aide duquel le terrible Bhîmaséna à soumis tout l'orient de la terre. Cet autre encore, si gracieux à la vue, sur lequel sont peints des insectes, c'est l'arc excellent du roi Youdhichthira. Celui qui porte trois soleils d'or resplendissant comme la flamme, ô fils de Viràta ! appartient à Nakoula. Enfin ce dernier, tout couvert de scarabées d'or aussi, c'est l'arme de Sahadéva, le fils de Mâdrî.

» Ces mille flèches empennées, aiguës comme des couteaux, ce sont celles d'Ardjouna, et la piqûre en est terrible comme la morsure du serpent, ô fils de Viràta ! elles sont, dans la mêlée, un feu dévorant ; leur vol est rapide sous la main du héros qui détruit les troupes ennemies marchant en ordre d'attaque. Ces autres que voici, solides et longues, terminées par un croissant, ce sont les flèches acérées et exterminatrices de Bhîmaséna. Celles-ci encore qui sont jaunes, faites d'or à leur base et aiguës à la pointe, sortent de ce carquois qui a cinq tigres pour emblême, et c'est celui de Nakoula. Avec cet arc et ces traits, il a dompté tout l'occident de la terre en combattant, et ces armes sont celles du prudent fils de Màdrî. Au sage Sahadéva appartiennent ces flèches étincelantes, auxquelles rien ne résiste, couvertes de riches peintures. Enfin ces autres que tu vois, aiguës, solides, longues et jaunes, d'or à leur base et séparées en trois pointes, ce sont les grandes flèches d'Youdhichthira.

» Ce glaive si long, acéré des deux côtés, et si solide qu'aucun coup ne le brise dans la mêlée, appartient à Ardjouna. Dans la gaîne de peau de tigre est le grand glaive de Bhîmaséna, arme divine qui résiste à des chocs violents et jette l'effroi dans les rangs ennemis. Cette dague fertile en exploits, au fourreau couvert de peintures, à la poignée d'or, est celle du sage Youdhichthira, chef des descendants de Kourou, roi de la justice. Dans cette gaîne d'ivoire, où sont peints des héros, repose le *kanga* solide et inaltérable de Nakoula; le cimeterre de Sahadéva, si large et si robuste, capable de résister à des coups terribles, est celui que tu vois enfermé là, dans un fourreau de peau de vache. »

X.

Bhoûmimdjaya dit : « Voici bien les armes dorées et étincelantes des magnanimes fils de Pândou, aux exploits rapides ; elles brillent là devant nous; mais où donc sont le prince Ardjouna, et Youdhichthira, héritier de Kourou; où sont Nakoula, Sahadéva et Bhîmaséna ? Depuis que ces cinq héros au grand cœur, qui triomphent de tous les ennemis, ont perdu au jeu leur empire, on n'en a plus entendu parler : où donc est la Pàntchàlienne Draôpadî, que la renommée proclame la perle des femmes ? Elle aura suivi dans la forêt ses cinq époux ruinés par les dés ! »

Ardjouna dit : « Moi, je suis Ardjouna ! Le conseiller de ton père, Kanka, c'est Youdhichthira ; Bhîmaséna est ce Ballava qui fait dans le palais l'office de cuisinier; celui qui soigne les chevaux, c'est Nakoula ; Sahadéva est préposé à la garde des troupeaux; et la Saïrindhrî, apprends que c'est Draôpadî, à l'occasion de qui ont été tués Kitchaka et les siens ! »

Bhoûmimdjaya dit : « Les dix noms que j'ai entendu autrefois donner à Ardjouna, explique-les-moi, si tu veux que j'ajoute foi à tout ce que tu viens de me dire ! »

Ardjouna dit : « Eh bien ! je te les expliquerai, ces dix noms par lesquels tu m'as entendu désigner ; prête l'oreille, fils de Viràta ! Attentif à mes paroles, écoute-moi jusqu'au bout avec recueillement ; ces noms sont : Ardjouna, Phàlgouna, Djichnou, Kiritî, Çwétavàhana, Bîbhatsou, Krichna, Vidjaya, Savyasâtchi, Dhanamdjaya. »

Bhoûmimdjaya dit : « Explique-moi donc, ô Ardjouna, pourquoi tu portes chacun de ces noms : si tu me fais connaître les motifs de toutes les dénominations que j'ai entendu appliquer à ce héros, alors je serai forcé d'ajouter foi à toutes tes paroles. »

Ardjouna dit : « Vainqueur de tous les peuples, j'ai emporté toutes leurs richesses; je me tiens au milieu des trésors de la fortune, c'est pour cela qu'on me nomme Dhanamdjaya (qui conquiert les richesses). Comme après avoir attaqué dans la mêlée des ennemis terribles et redoutables, je ne retourne jamais au camp sans les avoir vaincus, de là m'est venu le nom de Vidjaya (victorieux). Des chevaux blancs, couverts de harnais d'or, traînent mon char quand je vais au combat, voilà la cause du surnom de Çwétavâhana (traîné par des chevaux blancs). C'est sous les dernières étoiles de la constellation Phalgounî que je suis né, au revers de l'Himalaya, de là m'est venu le nom de Phâlgouna. Jadis, quand je soutins une lutte contre les chefs des Dânavas, le dieu Indra me donna une aigrette qui brille sur mon front comme le soleil, telle est l'origine du nom de Kirîtî (qui porte l'aigrette). Jamais il ne m'arrive de faire dans le combat une action blâmable, à cause de cela les mortels et les immortels m'ont donné le titre de Bîbhatsou (celui qui blâmerait une mauvaise action). Comme je puis indistinctement tendre l'arc *gândiva* avec l'une ou l'autre de mes deux mains, les dieux et les hommes m'ont surnommé Savyasàtchi (qui tend l'arc des deux mains). Aux quatre extrémités de la terre, ma couleur est rare, et j'accomplis des actions sans tache, de là m'est venu le nom d'Ardjouna (blanc). Je suis un guerrier difficile à aborder et à combattre ; je descends d'Indra, telle est l'origine du surnom de Djichnou (victorieux et aussi nom d'Indra) que l'on me donne au ciel et sur la terre. Le dernier de mes noms est Krichna (noir), et mon père me l'a donné par tendresse, à cause de la couleur foncée de mon corps, lorsque j'étais enfant. »

Vaïçampâyana parle.

Alors le fils de Virâta dit à son tour à Ardjouna : « J'ai deux noms, Bhoûmimdjaya et Outtara. Grâce au ciel, je te vois ! sois le bienvenu, ô Dhanamdjaya ! héros aux yeux ardents, aux grands bras, aux mains pareilles à celles d'Ananta roi des serpents ! Les paroles que je t'ai naguère adressées sans te connaître, pardonne-les-moi. Tu as jadis accompli de si merveilleux, de si difficiles exploits, que déjà ma frayeur est passée, et ta présence me cause une joie extrême. »

XI.

Bhoûmimdjaya dit : « Monte sur le char précieux, ô héros! et moi prenant en mains les rênes des chevaux, j'irai de bon cœur, sur ton ordre, vers la partie de l'armée ennemie qu'il te plaira d'aborder. »

Ardjouna dit : « Je suis satisfait, fils de roi, de ce que tu n'as plus peur; je vais, ô guerrier, chasser cette foule assemblée contre toi; sois ferme, ô vigoureux prince! et tu vas voir comme, en combattant les Kaôravas, je jeterai dans leurs rangs une immense épouvante. Suspends vite au char ces cinq carquois, et prends seulement ce large khanga en forme de coutelas, enrichi de ciselures d'or. »

Vaïçampâyana parle.

Empressé d'obéir aux ordres d'Ardjouna, Bhoûmimdjaya prit les armes indiquées, et se hâta de les lui remettre.

Ardjouna dit : « Je vais attaquer les Kourous, et reprendre tes troupeaux par la victoire. Cette grêle de traits que dans sa colère la corde du *gândîva* lance avec le bruit du tambour de guerre retentissant sur son orbe, sera pour toi de ce char sur lequel je te protège, assis à mes côtés, comme une ville lançant dehors sa garnison à volonté, toute décorée d'arcs de triomphe, hérissée de soldats portant le triple bâton et le carquois, et sur laquelle flottent diverses bannières ; le char sur lequel je me tiens, armé de l'arc *gândîva*, ne peut être forcé de reculer devant l'ennemi; bannis ta frayeur, ô fils de Virâta ! »

Bhoûmimdjaya dit : « Je n'ai plus peur d'eux; je sais que tu es inébranlable dans le combat; je sais que tu es dans la mêlée l'égal de Krichna et du dieu Indra lui-même. Mais cette pensée me jette encore dans un grand trouble, et dans ma lenteur à comprendre, je ne puis arriver à deviner par quelle vicissitude tu as pu descendre à l'état d'eunuque, toi qui, sous ta forme véritable, te trahis par des signes bien connus ! Il me semble, quand tu m'apparais sous ces habits de femme, voir marcher le dieu armé du triple dard, le maître suprême des Gandharvas, ou le dieu auquel on offre cent sacrifices ! »

Ardjouna dit : « C'est par obéissance à mon frère aîné que j'accomplis ce vœu de bien des années et les obligations qui en résultent. Je te le dis en vérité : je ne suis point un eunuque, ô fils de roi, mais un guerrier soumis et attaché à ses devoirs; sache, ô prince, que le temps de ces observances est passé. »

Bhoûmimdjaya dit : « Ta venue est pour moi une grande faveur, aussi je ne m'arrête point à de vaines discussions, car les eunuques n'ont rien qui te ressemble, ô le meilleur des hommes ! Avec toi pour compagnon j'irais attaquer les dieux eux-mêmes; ma frayeur est entièrement passée; dis, que faut-il que je fasse? Je prendrai en mains les rênes des chevaux, portant le carnage parmi les chars ennemis; car j'ai appris dans les livres de la tradition l'art du cocher, ô héros ! Ma science à guider les chevaux est égale à celle de Darouka, cocher de Krichna, et de Mâtali, cocher d'Indra, sache-le, ô prince ! Ce cheval attelé ici à la droite ne laisse pas sur la terre une trace visible : il est léger comme le

Sougrîva de Krichna. Cet autre, si beau, attelé à la gauche, je le tiens pour égal en vitesse à Méghapouchpa, coursier du même dieu. Celui-ci, plein d'ardeur, au harnais doré, placé à l'arrière près du char, ne le cède point en rapidité à Çaïvya, et son compagnon de gauche, cheval intrépide, attelé à l'arrière, ne serait pas devancé par Balâhaka lui-même. Ce char est digne de te porter quand tu tiens en main ton arc, et tu es digne aussi, je le crois, de combattre du haut de ce char ! »

Vaïçampâyana parle.

Alors ayant délié les bracelets de ses deux bras, le puissant Ardjouna ceignit la double armure d'or aux brillantes peintures. Ses longs cheveux noirs qu'il avait laissé croître par suite du vœu pour se déguiser, il les enferma dans une étoffe blanche, puis ce guerrier pur, maître de ses sens, fit face à l'ennemi. Du haut de son char, il appliqua sa pensée à chacune de ses armes, et ses armes, toutes ensemble, s'inclinant avec respect, répondirent au prince Ardjouna : « Nous sommes des serviteurs dévoués en tout à ta personne, ô fils de Pândou ! » Le prince salua et serra ses armes dans ses bras, en disant : « Vous êtes à jamais l'objet de mes pensées en ce monde ! »

Ensuite, la joie peinte sur le visage, il prit ses armes, et, de son arc tendu rapidement, il lança une flèche, et le sifflement de la corde retentit avec un bruit terrible. La terre en fut ébranlée comme par la chute d'une montagne renversant une autre montagne, et un grand vent souffla de tous les points de l'espace; il tomba une flamme ardente, et l'horizon ne put rivaliser de clarté avec elle; au ciel, les étendarts et les arbres divins s'enroulèrent et tremblèrent ; par ce bruit retentissant comme le tonnerre d'Indra, les Kourous connurent qu'Ardjouna avait tendu son arc excellent, de ses deux bras, du haut de son char.

Bhoûmimdjaya dit : « Toi seul, ô le plus brave des fils de Pândou ! comment pourras-tu vaincre dans le combat ces guerriers nombreux, habiles à manier toutes les armes? tu es sans compagnon, ô Ardjouna, et les Kourous ont là leur armée ; pour moi j'ai peur, ô héros ! car je me tiens devant toi ! »

« N'aie pas peur, répondit Ardjouna avec un rire bruyant, lorsque je combattis jadis les puissants Gandharvas dans Ghôchayàtrâ, quel compagnon, quel aide avais-je alors? ô guerrier ! Dans la forêt Khândava, quel compagnon avais-je quand j'attaquai la troupe formidable des Dévas et des Dânavas ? Quel compagnon était près de moi quand je fis face, pour la cause du roi des dieux, aux intrépides Paôlômas bien armés? Quand je résistai contre tant de rois au Swayambara de la Pàntchàlienne, quel compagnon secondait mes efforts? Quand j'ai pour maîtres et pour amis Drona (maître de tous les Kourous), les dieux Indra, Kouvéra, Yama, Varouna et Pàvaka jusqu'à Krichna lui-même, Vichnou, et Çiva armé du trident, comment ne combattrais-je pas ces hommes! Lance vite les chevaux, et bannis toute inquiétude de ton esprit ! »

SAOPTIKAPARVA.

SAOPTIKAPARVA.

I.

Samdjaya dit : « Ensuite, ces chefs (de l'armée des Kourous) étant partis ensemble dans la direction du sud, arrivèrent le soir non loin du camp (ennemi). Après avoir en grande hâte dételé leurs chevaux, agités d'une même frayeur, ils s'avancent vers une forêt sombre dans laquelle ils pénètrent d'un pas furtif. Parvenus à une petite distance du lieu où campent (les Pândous), ils s'arrêtent, déchirés qu'ils sont par des armes acérées et tout couverts de blessures. Là, poussant des soupirs longs et brûlants, ils songent encore aux Pândavas (victorieux); mais le bruit terrible des ennemis célébrant leur triomphe frappe leurs oreilles, et dans la crainte d'être poursuivis, ils reprennent leur course droit devant eux. Après quelques instants de marche, leurs chevaux sont fatigués, la soif les presse; dominés par la colère et la rage, dévorés de chagrin par la blessure mortelle de leur roi (Douryodhana), ils s'arrêtent quelque temps. »

Dhritarâchtra dit : « Il est incroyable qu'un tel exploit ait été accompli par Bhîmaséna, ô Samdjaya ! que mon fils, fort comme dix mille éléphants, ait succombé; lui, jeune héros au corps solide comme le diamant, qui ne pouvait périr de la main d'aucun être (terrestre); lui, mon fils, il est mort dans la mêlée sous les coups des Pândavas!... Non, il est faux qu'il ait pu être vaincu dans la mêlée; que lui, mon fils, il ait été renversé par les Pândous dans le combat! Mon cœur serait de fer, ô Samdjaya, s'il ne se déchirait pas en cent morceaux à la nouvelle du meurtre de mes cent fils! Que deviendront de vieux époux ainsi privés de tous leurs enfants? car je n'oserais plus habiter dans le pays gouverné par l'aîné des Pândous! Père d'un roi et roi moi-même, ô Samdjaya! je deviendrais un esclave soumis aux volontés d'un Pândava, après avoir donné des ordres à toute la terre et m'être tenu au premier rang, ô Samdjaya ! et cela par (le triomphe de) celui qui seul a immolé mes cent fils jusqu'au dernier! La prophétie de Vidoura dont les pensées sont vastes a été accomplie par mon fils lui-même qui n'agissait pas dans le sens de ses paroles. Comment, réduit à cette fin déplorable, deviendrais-je l'esclave du vainqueur? Comment, ô Samdjaya, pourrais-je entendre les ordres de Bhîma?

» Mais après que, contre la loi des combats, mon fils

Douryodhana eut été frappé à mort, ô Samdjaya, que firent Kritavarman, Kripa et Açwatthâman, le fils de Drona? »

Samdjaya dit : « S'étant donc arrêtés dans leur marche à une petite distance, ô roi ! les tiens aperçurent une sombre forêt toute remplie d'arbres et de lianes : là, ils se reposèrent un peu, puis, avec leurs excellents chevaux qui s'étaient désaltérés, ils atteignirent, au coucher du soleil, la grande forêt, séjour choisi de diverses troupes de bêtes fauves, retraite de nombreuses troupes d'oiseaux, assombrie par bien des arbres et des lianes, recherchée par une foule d'animaux féroces, abondamment pourvue d'eau, embellie de mille espèces de fleurs, toute pleine de petits lacs où pousse le lotus, et jonchée de nymphéas bleus. Ayant donc pénétré dans ce bois terrible, ils regardent bien tout à l'entour; un *nyagrodha (ficus indica)* couvert de mille rameaux épais s'offre à leurs yeux ; lorsqu'ils furent près de ce figuier, ô roi! ces trois héros, les meilleurs d'entre les hommes, regardèrent cet excellent roi des forêts. Alors descendant de leurs chars, ils dételent leurs chevaux, et après avoir fait les ablutions du soir, selon la loi, ils s'étendirent près (de l'arbre).

» Cependant l'astre qui répand la lumière ayant atteint (en s'abaissant sous l'horizon) l'excellente montagne de l'ouest, alors s'avance la nuit qui protège tous les êtres (en les cachant). Décoré des constellations, des planètes, des étoiles, brillant toutes à la fois, le ciel, pareil à un tissu léger, resplendit éclairé de toutes parts. Alors errent à leur gré les êtres qui marchent dans les ténèbres, et ceux qui marchent au grand jour sont rentrés sous le joug du sommeil; alors retentit le bruit bien terrible que font les animaux qui se meuvent dans l'obscurité; les bêtes féroces se réjouissent; la nuit, source de frayeurs, est complète. Or, à l'arrivée de ces effroyables ténèbres, accablés de chagrin et de souffrances, Kritavarman, Kripa et le fils de Drona, Açwatthâman, se sont assis par terre; retirés là, auprès de ce *nyagrodha*, ils songent avec douleur au sujet qui les préoccupe, à l'immense désastre des deux familles de Kourou et de Pândou. Le sommeil se répand dans tout leur corps; ils s'étendent sur le sol, excédés de fatigue, percés de bien des flèches. Les deux guerriers Kripa et Kritavarman sont vaincus par le besoin de dormir ; eux qui vivaient en paix, eux qui n'ont pas mérité une pareille souffrance, ils sont couchés sur la terre, et ils dorment, grand roi ! en proie au chagrin et à la douleur, comme des êtres sans protecteur, étendus sur la dure, eux qui ont possédé des couches précieuses!

» Mais, dominé par la colère et la rage, ô Bhârata ! Açwatthâman ne peut trouver de repos; il souffle comme un serpent. Le sommeil le fuit, il est consumé de douleur; le héros aux grands bras promène ses regards sur la forêt terrible à voir; et tout en examinant ce fourré, retraite choisie de bien des êtres, le guerrier aperçut le figuier couvert d'une foule d'oiseaux. Des milliers de corbeaux qui sont venus passer la nuit sur cet arbre, ô fils de Kourou! dorment en paix chacun dans le lieu qu'il a choisi pour asile. Or, comme ces corbeaux dormaient tous ainsi sans défiance, Açwatthâman aperçut un hibou au vol rapide, hideux à voir, s'agitant avec grand bruit, oiseau aux yeux gris, au grand corps tacheté de jaune et de brun, au long bec, aux longues serres, agile comme Garouda lui-même. Ayant fait entendre un léger sifflement, ce hibou, comme s'il se fût évanoui dans l'espace, atteignit dans son vol une branche de ce figuier, ô Bhârata! Et après s'être doucement abattu sur le rameau du figuier, l'oiseau qui détruit les autres habitants de l'air tua un grand nombre de ces corbeaux qui se trouvèrent à sa portée. Aux uns ils coupa les ailes et arracha la tête; aux autres il brisa les pattes, lui qui porte des armes à ses pieds. En un instant, le vigoureux oiseau eut tué ceux qui se tenaient sur la voie de son regard; les membres disjoints et les cadavres de ces corbeaux, ô grand roi! couvrirent et jonchèrent de toutes parts l'espace entier (compris sous les branches) du *nyagrodha*. Après avoir décimé les corbeaux, le hibou victorieux fut très satisfait de cette vengeance exercée à son gré contre ses ennemis.

» A la vue de cet acte traîtreusement accompli dans l'ombre par le hibou, Açwatthâman arrêtant sa détermination d'après cet exemple se mit à réfléchir, lui (qui veillait) seul (et il se dit) : « Une indication (de ce que je dois faire) m'a été donnée par cet oiseau pour le cas où je me trouve; voici le temps propre et convenable pour exterminer les ennemis; je ne puis aujourd'hui détruire les Pândous triomphants, (adversaires) pleins de force, affermis par le succès, arrivés au terme de leurs désirs, tant qu'ils sont armés; cependant, à la face de notre roi (Douryodhana expirant) j'ai juré de les faire périr! Si, marchant dans une voie qui me conduise à ma perte, comme le papillon (volant) à la lumière du feu, je combats loyalement (et au grand jour les Pândous), ma perte est certaine; par la ruse au contraire, le succès est assuré, et pour les ennemis, il en résulte un grand carnage. Or, le moyen infaillible vaut mieux que le moyen douteux; bien des gens l'ont proclamé et même ceux qui sont versés dans la connaissance des livres sacrés (ils ont dit) : ce qui, dans cette même circonstance, serait une chose blâmée, réprouvée du monde, cela peut être fait, sans blesser les devoirs du Kchatrya, par celui qui se trouve dans un cas (particulier). Tous les actes condamnables et honteux, tous les actes contraires à la loyauté ont été, l'un après l'autre, commis par les Pândavas qui sont à la merci de leurs passions; et sur ce même sujet on a entendu jadis chanter par des hommes doués d'une vertu réfléchie, habiles à discerner ce qui est bien, et bons juges en fait de justice, des stances qui établissent la vérité de ce précepte : Quand la fatigue l'accable, quand elle est brisée de coups, quand elle prend son repas, en marche comme quand elle est occupée ailleurs, l'ennemi peut attaquer l'armée de son ennemi ; quand lui-même aussi est vaincu par le sommeil, au milieu de la nuit, quand il n'a plus de chefs, quand les guerriers sont dispersés par le carnage ou occupés sur deux points à la fois.

» C'est ainsi que le majestueux héros, fils de Drona, se détermine à massacrer au milieu de la nuit les Pândous et (leurs alliés) les Pântchâliens. Fixe dans son cruel dessein, après avoir réfléchi bien des fois, il éveilla ses deux compagnons endormis, Kritavarman et son oncle maternel (Kripa). Mais les deux guerriers pleins de valeur, arrachés au sommeil, n'accueillirent pas ses paroles avec une réponse favorable ; enfin, Açwatthâman ayant quelques instants encore mûri son projet, s'écria avec larmes et désespoir:

« Il est frappé à mort, Douryodhana notre roi, héros sans rival et plein de puissance, pour l'amour de qui nous avons contracté avec les Pândous une inimitié acharnée ! prince aux exploits héroïques et purs; seul contre tant de vils adversaires, il a succombé sous les coups de Bhîmaséna, lui qui commandait à onze armées complètes! C'est l'ignoble

Pândava au ventre de loup qui a accompli cette œuvre d'iniquité, en souillant de son pied le front d'un Kchatrya qui avait reçu l'onction royale. Ils poussent des cris, les Pântchâliens, ils se réjouissent, ils sont ivres de joie, ils font résonner les conques par centaines ; dans l'allégresse du triomphe, ils frappent les grands tambours de guerre ; le bruit tumultueux des instruments de musique, mêlé au retentissement des conques, est renvoyé d'une manière terrible par la brise et semble remplir tout l'espace. On entend ce bruit qui rappelle la bataille, le grand tumulte des chevaux qui hennissent, des éléphants qui rugissent, des guerriers (qui poussent des cris.) Vers l'est où ils se sont retirés, on entend avec un frisson de terreur rouler les roues des chars, qui les emmènent dans leur marche joyeuse ! Tel est le carnage porté par les fils de Pândou, au milieu des fils de Dhritarâchtra, que nous trois, ici présents, avons seuls survécu à ce grand désastre. De tant de héros immolés, les uns avaient la force de cent éléphants, les autres étaient habiles à manier toutes les armes; leur mort est à mes yeux un renversement des lois fixées par le temps. En vérité, nous devons agir à notre tour de telle sorte, que nous arrivions à un dénoûment aussi terrible pour eux, même au moyen d'une action inique ; donc, si votre jugement à tous deux ne fléchit pas sous le poids de l'accablement, dites ce que notre intérêt réclame le plus impérieusement dans cette fatale et extraordinaire occurrence. »

II.

Kripa dit : « J'ai entendu l'une après l'autre toutes les

paroles prononcées par toi; écoute maintenant ces quelques mots de ma bouche, ô héros! Tous les mortels sont liés et enchaînés par deux actions, l'une divine et l'autre humaine; il n'en existe pas d'autre que ces deux là. Ce n'est point par l'effet du destin seul (de l'action divine) que les œuvres d'ici-bas s'accomplissent, ô homme excellent! ni non plus par l'effet de la seule action humaine : le succès dépend de ces deux causes réunies. Par le lien de cette double action, nous voyons tous les hommes enchaînés dans toutes les voies qu'ils suivent, les plus élevés comme les plus infimes, ceux qui s'occupent activement dans la vie, comme ceux qui se retirent hors de la vie pratique. Si Indra verse la pluie sur (le roc de) la montagne, un fruit sera-t-il obtenu? Mais si la pluie tombe dans un champ labouré, n'y aura-t-il pas production d'un fruit? Qu'il y ait ou qu'il n'y ait pas effort de la part du destin, en aucun cas il ne peut y avoir de résultat (par cette seule intervention divine); il faut décision prise d'avance (par l'homme); mais si le ciel verse sa pluie à propos, et que le champ soit complètement labouré, alors la semence réussit à point; et dans ce cas le succès est dû à l'effort humain. Quand le plan est arrêté dans l'esprit (de l'homme), de ces deux éléments (qui concourent à l'entreprise), l'action divine est celle qui prend l'initiative; mais aussi les gens habiles agissent (de leur côté) dans le sens de l'action humaine, comptant sur leur capacité : sur ces deux actions paraissent reposer, ô grand roi! toutes œuvres humaines qui ont un but positif, même celles qui sont hors du cercle de la vie pratique. L'effort de l'homme une fois commencé va réussir par la volonté du destin, et le fruit de l'entreprise se trouve détourné par la faute de l'agent lui-même; l'effort fait par des hommes habiles est abandonné par le destin, et il apparaît dans le monde privé de fruits, bien qu'il ait toutes les conditions du succès. Alors les hommes, indolents et superficiels dans leurs vues, blâment l'effort fait par ceux qui agissent; mais les sages n'approuvent point ceux-là. Généralement on ne voit pas sur la terre une action accomplie qui soit sans résultat; mais aussi celui qui n'a pas agi voit naître le chagrin, (qui est pour lui comme) une entreprise entièrement privée de fruit. Ne pas faire effort et obtenir, quoique ce soit au gré de ses désirs, et ne rien obtenir, quoiqu'on ait fait tous ses efforts, ce sont là deux cas difficiles à rencontrer.

» L'homme habile a les moyens de vivre; l'ambition est l'aliment du bonheur; dans ce monde des vivants, on voit presque toujours les gens habiles disposés à faire le bien des autres. Si l'homme habile n'obtient pas, dès le principe, le résultat de son entreprise, personne ne le blâmera, pas plus que s'il obtenait ce qu'il espère; mais celui qui, dans ce monde, sans avoir accompli une action, s'imposera de manière à en retirer tout le fruit, celui-là encourra le blâme, et le plus souvent il sera haï. Celui qui, méprisant cette règle, agit d'une manière opposée, rend stériles les œuvres de sa vie : telle est la loi adoptée par les sages.

» Toute œuvre privée du secours de ces deux causes, de l'action humaine ou de l'action divine, sera sans fruit; l'œuvre privée de l'action humaine ne réussira pas ici-bas. Mais après avoir invoqué les dieux, l'homme habile, et adroit à l'exécution, qui cherche par tous ses efforts à arriver au terme de ses désirs, n'est pas le jouet d'un vain espoir. Celui qui poursuit son but, recherche les conseils des vieillards, les questionne sur le meilleur parti à prendre, et suit leur avis donné dans son intérêt; car à mesure qu'on fait effort et qu'on avance, il faut interroger ceux à qui l'âge a donné l'expérience : ils sont la base de l'entreprise, et sur cette base repose le succès, disent les sages.

» Celui qui, après avoir écouté la parole des vieillards, adapte l'effort à l'entreprise, obtiendra à la longue le fruit complet de ses travaux, mais l'homme que la passion, la colère, la crainte ou la cupidité dirigent dans la poursuite de ses desseins, l'homme impossible à conduire, dédaigneux de tout conseil, est bientôt jeté hors de la voie de la fortune. Ainsi Douryodhana mu par la cupidité et borné dans ses vues ne pouvait arriver au but qu'il poursuivait avec passion, après l'avoir follement choisi ; méprisant ceux dont les intelligents conseils lui eussent été salutaires, consultant les hommes sans vertus, pour rompre les obstacles, il s'est mis en hostilité avec les Pândavas doués des qualités les plus excellentes. Celui qui s'est toujours mal dirigé ne peut trouver en lui la fermeté d'esprit, et quand sa ruine est accomplie, il pense avec douleur à ces paroles amicales qu'il n'a pas écoutées ! Et nous, pour avoir suivi ce pécheur, nous voilà victimes aussi de ce grand et terrible désastre ! Par l'effet de cette calamité qui me consume de chagrin, aujourd'hui même mon intelligence, quand je me recueille, ne peut me faire connaître le meilleur parti à prendre. L'homme en proie au trouble doit consulter ses amis ; c'est en eux que réside son intelligence, il doit leur obéir ; en eux il verra ce qu'il a de mieux à faire. Alors, après avoir réfléchi au moyen de cette intelligence, les sages qui sont la base de ses actions, diront, interrogés par lui, ce qui doit être fait en telle occurrence.

» Donc, étant allés vers Dhritarâchtra et vers Gândhârî, consultons-les ; allons aussi vers Vidoura dont les pensées sont grandes ; interrogés par nous, ils nous diront immédiatement ce qu'il nous est le plus avantageux de faire, et nous devrons accomplir ce qu'ils auront dit : telle est ma pensée bien établie. Sans avoir mis la main à l'œuvre on n'atteint jamais le but de ses désirs, mais ceux dont l'entreprise reste sans succès après qu'ils y ont employé l'effort de l'action humaine, ceux-là succombent par la volonté d'en haut : il n'y a pas à balancer ! »

III.

Samdjaya dit : Ayant entendu les paroles basées sur le devoir et l'intérêt, prononcées par Kripa, ô grand roi ! Açwatthâman accablé de douleur et de souffrance, consumé par le chagrin comme par un feu dévorant, arrêta son dessein pervers et dit à ses deux compagnons.

Açwatthâman dit : « Chaque homme admire l'intelligence dont il est doué ; chacun en particulier applaudit à sa propre sagesse ; car chacun en ce monde se tient pour le plus sage dans ses jugements. L'esprit général formé de tant d'opinions diverses, s'applaudit lui-même dans cette collection des individus, car la propre sagesse de tous et de chacun repose sur l'appréciation (publique). Souvent on blâme l'opinion d'autrui en louant la sienne propre ; souvent, dans un cas donné, plusieurs personnes se trouvent tendre au même but par le hasard d'une cause étrangère, et satisfaites les unes des autres, elles s'estiment grandement ; mais bientôt la pensée de chacune prend une direction opposée par l'effet du temps et toutes deviennent d'un avis différent. C'est par la diversité d'opinions qui éclate entre tous les hommes sans exception, que chaque intelligence est ainsi produite, impuissante à former des jugements sûrs. De même qu'un médecin habile, après avoir reconnu la maladie, emploie le remède selon la règle, dans l'idée du soulagement (qui en résultera); ainsi les hommes se servent de leur intelligence pour l'adapter à l'œuvre (qui les occupe), s'appuyant sur leur propre sagesse, et les autres hommes les blâment.

» Le mortel, dans sa jeunesse, est troublé par telle pensée, et par telle autre, au milieu de sa carrière; dans la vieillesse, c'est cette autre manière de voir qui lui plaira : car selon qu'il éprouve de grandes et terribles calamités ou qu'il arrive à une fortune extraordinaire, l'homme subit des modifications dans ses idées, ô Kripa! Chez un même individu il y a successivement plus d'une opinion ; c'est parce qu'elle n'a pas amené le succès de son entreprise que chacune lui déplaira! Après avoir réfléchi selon sa sagesse, il regardera comme bonne l'idée par laquelle il avancera le mieux vers son but, et ce sera celle qui déterminera son effort. Car tout homme, ô Kripa, qui a dit après mûre réflexion : ceci est bien! met la main à l'œuvre avec joie, même dans les entreprises où il y va de sa vie ; et cela, parce que tous obéissant à leur propre intelligence, à leur propre sagesse, agissent avec un effort constant et multiplié, quand ils ont cru trouver ce qui est le plus dans leur intérêt. Ainsi, la pensée qui est née en moi produite par cette calamité même, je vais vous l'exposer à tous les deux; car elle doit détruire la douleur qui m'accable.

» Pradjâpati, après avoir produit les créatures et déposé en elles la capacité d'agir, a réparti à chaque caste les qualités qui lui sont propres : au Brahmane, il a donné le Véda, la chose suprême ; au Kchatrya, l'éclat par excellence ; au Vaïcya, l'habileté (dans les affaires pratiques) ; au Çoudra, l'obéissance envers toutes les autres castes. Le brahmane qui ne donne pas (et qui reçoit toujours) est sans vertus ; le Kchatrya sans éclat est dégradé ; on blâme le Vaïcya qui manque d'habileté et le Çoudra qui désobéit (à ses supérieurs). Moi, je suis né dans la plus excellente des castes, dans la caste très vénérée des brahmanes ; par l'effet d'une fortune ennemie je me trouve soumis aux lois qui régissent les Kchatryas. Après avoir appris à connaître les devoirs de la caste guerrière, si j'allais me réfugier dans la caste brahmanique pour accomplir une bien grande action, ce serait une démarche inconvenante de ma part ; moi qui, portant un arc divin et des armes divines, ai vu mon père tué dans la mêlée, que dirais-je dans l'assemblée des brahmanes? Mais puisque je me trouve suivre aujourd'hui, au gré de mes désirs, cette loi des guerriers, je vais marcher dans la voie du Kchatrya, dans celle de mon père, héros magnanime.

» Maintenant les Pàntchàliens dorment sans défiance, dans l'ivresse du triomphe ; ils ont dételé leurs chars et détaché leurs armures, ils sont au comble de la joie. Tandis que croyant tenir la victoire entre leurs mains, fatigués, épuisés par les efforts du combat, ils dorment à la faveur de la nuit, bien établis dans leur propre camp, je vais les assaillir à l'instant même, dans leur retraite, d'une façon terrible. Attaquant avec impétuosité, dans leur camp, ces guerriers (que le sommeil laisse) comme morts, privés de sentiment, je les consumerai par mon courage comme Indra (a consumé) les Dânavas. Aujourd'hui même, tous ces guerriers réunis sous les ordres de Dhrichtadyoumna, je les consumerai par mon courage comme un feu enflammé dévore l'herbe sèche; et après avoir massacré les Pàntchàliens, je goûterai du repos, ô excellent guerrier!

» Dans ce coup de main, je vais porter à l'instant la mort au milieu des Pàntchàliens, comme au milieu des troupeaux, Çiva lui-même armé du trident et transporté de colère. Aujourd'hui même, après avoir égorgé, anéanti tous les Pàntchàliens, j'immolerai avec grande joie dans la mêlée les fils de Pàndou. Aujourd'hui même, après avoir jonché la terre des cadavres de tous les Pàntchàliens et les avoir massacrés un à un, j'aurai acquitté ma dette envers mon père. La route qu'ont suivie Douryodhana, Karna, Bhîchma et le roi du Sindh, je la ferai prendre aux Pàntchàliens, (cette route funèbre et) terrible à parcourir! Aujourd'hui même, au milieu de la nuit, à l'instant même, je broierai la tête de leur roi Dhrichtadyoumna, comme Çiva d'une main puissante broie celle d'une brebis. Aujourd'hui même, cette nuit, les enfants des Pàntchàliens et des Pàndous qui sommeillent, je les briserai avec mon glaive acéré sur le sol du camp, ô fils de Gotama! Aujourd'hui même, après avoir massacré dans le sommeil de la nuit l'armée Pàntchàlienne, mon œuvre étant accomplie, je serai tranquille et satisfait, ô magnanime héros! »

IV.

Kripa dit : « Grâce au ciel! ta pensée s'est dirigée vers la vengeance, ô héros inébranlable! Le dieu qui lance la foudre ne pourrait lui-même mettre obstacle à tes desseins. Nous te suivrons tous les deux, mais dès que le jour paraîtra : repose-toi donc maintenant, durant la nuit, puisque tu as mis de côté ton armure et ta bannière. Moi, je te suivrai et Kritavarman aussi ; montés sur nos chars et tous les deux bien armés, (nous t'accompagnerons) dans ta marche à la rencontre de l'ennemi. Avec nous deux pour compagnons, demain tu anéantiras dans la mêlée, ô toi, le meilleur de ceux qui combattent sur des chars ! les Pântchàet ceux qui suivent leurs pas. Tu peux tout par ta valeur : repose-toi donc cette nuit ; il y a long-temps que tu veilles ; dors tant que durent les ténèbres. Remis de tes fatigues, délivré du sommeil, la pensée bien rétablie, ô glorieux héros ! en abordant l'ennemi dans cette rencontre, tu l'anéantiras, la chose est certaine. Non, quand toi, le meilleur de ceux qui combattent sur des chars, tu as en mains tes armes excellentes, Indra au milieu des dieux ne pourrait jamais te vaincre : quel roi des dieux combattrait avec succès le fils de Drona acharné dans la mêlée, marchant avec Kripa et secondé par Kritavarman ? Ainsi, tous les trois, bien reposés, délivrés du sommeil et de la fièvre qui nous accable, dès que la nuit fera place au jour, nous exterminerons nos adversaires. Car tes armes sont divines et les miennes aussi, assurément ; et Kritavarman est un héros toujours expérimenté dans les batailles. Tous les trois ensemble, après avoir détruit dans l'attaque, par la violence de nos coups, tous les ennemis assemblés, nous goûterons une joie suprême !

» Repose-toi donc, sois calme ; dors en paix cette nuit ; Kritavarman et moi, ô homme excellent ! tous les deux ensemble munis de nos arcs, semant la mort parmi les ennemis, et bien armés, nous monterons sur nos chars pour te suivre, toi qui marcheras sur le tien d'un pas rapide. Alors, arrivé dans leur camp, et faisant entendre ton nom dans la mêlée, tu feras un grand carnage de ces Pântchâliens en état de défense; puis après les avoir décimés ainsi à la pure clarté du jour, triomphe comme Indra lorsqu'il eut exterminé les grands Asouras ! car tu peux anéantir dans le combat l'armée des Pântchâliens, comme Indra dans sa colère, vainqueur de tous les Dânavas, défit l'armée des Daïtyas. Quand tu marcheras ainsi accompagné par moi et défendu par Kritavarman, le dieu qui lance la foudre n'oserait lui-même t'affronter en face ; car ni moi ni Kritavarman non plus nous ne reviendrons jamais sans avoir défait les Pândous dans la mêlée. Après avoir immolé dans cette rencontre les Pântchâliens cruels et les Pândous avec eux, nous reviendrons tous les trois, ou tous les trois, tués dans l'attaque, nous serons partis pour le ciel. Par tous les moyens possibles, nous te seconderons dans cet assaut livré au grand jour; je te le dis, en vérité, ô héros dont l'ame est pure ! »

A cette parole bienveillante dite par son oncle maternel, ô roi! Açwatthâman répondit, les yeux rouges de colère.

Açwatthâman dit : « Pour l'homme malade, dévoré par la passion, préoccupé par l'intérêt, possédé par l'amour, d'où viendrait le repos? Tel est aujourd'hui l'ensemble des maux qui m'assiégent; et chacun d'eux, pris à part, suffirait pour détruire à l'instant le sommeil, et de plus, le chagrin que cause en ce monde le souvenir de la mort d'un père, consume mon cœur nuit et jour, sans que rien le calme. Comment mon père a été massacré par des pêcheurs (contre la loi des combats), tu l'as vu de tes yeux, dans tous les détails, et voilà ce qui met mon ame à la torture ! Est-il quelqu'un qui (en un pareil état, accablé) comme je le suis, puisse

vivre même un instant?..... Drona (mon père) est mort!....
Tel est le cri que j'entends sortir de la bouche des Pântchâliens!......

» Tant que je n'aurai pas tué Dhrichtadyoumna, je ne
pourrai, sans honte, supporter la vie ! Il a tué mon père,
qu'il périsse à son tour, lui et tous les Pântchâliens à la
fois!... Ces cris lamentables de notre roi Douryodhana gi-
sant les cuisses rompues, qui ont frappé mon oreille, quel
cœur sans pitié même n'enflammeraient-ils pas? Quel être,
même sans compassion, ne verserait des larmes de ses deux
yeux en entendant de telles paroles sortir de la bouche du
roi mutilé (par la massue de Bhîmaséna) ! Et ce sentiment de
tendresse pour lui qui subsiste invinciblement en moi, augmente encore mon chagrin comme un torrent accroît l'o-
céan. Moi dont l'esprit est incessamment fixé sur un seul
point, où trouverais-je le sommeil, le repos ?

» Eux qui sont sous la protection du (dieu) Krichna et du
(héros) Ardjouna, seraient de trop rudes adversaires pour
le grand Indra lui-même, telle est ma pensée, ô homme
excellent ! mais Indra lui-même ne pourrait dompter la colère qui s'est élevée en moi, et dans ce monde, je ne vois pas
quel serait celui qui m'arrêterait dans ma fureur?..... Donc,
voilà ma détermination bien prise, le sage dessein que j'a-
dopte. Des envoyés m'ont annoncé la destruction de ceux
qui me sont chers et la victoire des Pândavas; mon cœur se
consume de douleur : mais quand j'aurai massacré nos ennemis, aujourd'hui même, au milieu de leur sommeil, alors
je pourrai me reposer et dormir, ma fièvre sera passée ! »

V.

Kripa dit : « L'homme stupide, malgré sa docilité (à écouter les avis), malgré son attention à réprimer ses sens, ne peut arriver, il me semble, à bien discerner, dans toute leur étendue, le devoir et l'intérêt; de même aussi, celui qui en dépit de son intelligence ne cherche pas à apprendre la véritable règle, celui-là ne connaîtra pas non plus, d'une manière exacte, le devoir et l'intérêt. Un guerrier sans esprit a beau fréquenter assidûment un brahmane instruit, il n'apprend pas plus ses devoirs que la cuiller n'apprend à distinguer le goût des mets. L'homme habile au contraire, après avoir, une demi-heure seulement, écouté le brahmane instruit, a bien vite compris ses devoirs, comme la langue distingue la saveur des mets. Ainsi celui qui est docile à écouter les leçons, doué d'intelligence, maître de ses sens, comprendra tous les livres sacrés et ne violera pas la loi, tandis que l'orgueilleux, impossible à diriger, cruel en ses desseins, pervers en ses actions, sortant de la saine voie, commettra bien des crimes. Celui qui n'est pas sans appui dans ce monde, ses amis le détourneront du mal; mais c'est celui que la fortune seconde qui s'arrête (dans cette voie de perdition), c'est celui que la fortune n'a pas abandonné qui change de conduite ! De même que l'homme dont la raison s'égare est arrêté dans sa perte par divers raisonnements, ainsi il peut l'être par la voix d'un ami; sinon, il périra : aussi les gens sages (voyant) un ami intelligent engagé dans une entreprise perverse, l'en détournent à l'envi, chacun selon son pouvoir et à diverses reprises. Donc, dirigeant tes pensées vers le bien, te domptant toi-même, agis suivant mes paroles qui ne t'exposeront point à des regrets.

» Non, dans le monde on n'applaudit point comme loyal le meurtre d'un ennemi endormi, ou qui a déposé les armes, ou qui a dételé ses chevaux de son char, ou qui dirait : Je me rends ! ou qui se mettrait sous la protection du vainqueur, ou qui aurait délié ses cheveux, ou qui aurait perdu ses coursiers dans le combat. Maintenant, ils dorment les Pântchâliens, leurs cuirasses sont défaites, ô prince ! pleins de confiance, au milieu de la nuit, ils sont tous comme des morts, privés de sentiment : l'homme assez pervers pour chercher à les assaillir dans leur retraite serait, sans nul doute, plongé dans l'enfer le plus profond, dans le plus vaste abîme. Tu es renommé dans ce monde, comme le meilleur de ceux qui savent manier toutes les armes ; jamais, non plus, dans ce monde, tu n'as commis la plus légère faute, toi, dont l'éclat est comme celui du soleil ; demain, le soleil étant levé, à la face de tous les êtres, tu triompheras de nos ennemis, dans un combat (au grand jour); car une action blâmable est incompatible avec ton passé ; elle serait comme une tache rouge sur un tissu blanc : tel est mon avis. »

Açwatthâman dit : « Oui, il en est ainsi que tu l'as dit, ô frère de ma mère ! cela est certain; mais eux (les ennemis) ils ont auparavant brisé cette barrière de cent façons. A la face des rois gardiens de la terre, et tout près de vous, mon père qui jetait bas les armes a été renversé par Dhrichtadyoumna ; Karna avait une roue de son char tombée, lui le meilleur des héros combattant sur des chars, il était plongé dans la dernière détresse quand l'a tué Ardjouna qui porte l'arc *gândiva*; Bhîchma aussi, fils de Çântanou, venant de déposer son glaive, il était sans armes, et le même

Ardjouna l'a tué après avoir mis en avant Çikandi; l'héroïque Bhoûriçrava exténué dans la lutte a été, malgré les cris des rois, renversé par Youyoudhâna; Douryodhana atteint dans la mêlée par Bhîmaséna a été aussi, sous les yeux des gardiens de la terre et contre la loi des combats, assommé par la massue de son adversaire. Ce héros, seul contre beaucoup de chefs ennemis qui l'entouraient, a été renversé par Bhîmaséna contre la loi guerrière; et les lamentations du roi (qui gisait là) les cuisses rompues, je les ai entendues de la bouche des envoyés, elles torturent tout mon être.

» De la même façon, ces pervers Pàntchâliens qui foulent aux pieds les devoirs des Kchatryas, ont rompu la barrière, et quand ils ont ainsi franchi, en la brisant, la limite (des devoirs), pourquoi ne les blâmes-tu pas? Lorsque j'aurai tué dans la nuit, au milieu de leur sommeil, les Pàntchâliens meurtriers de mon père, que je renaisse sous la forme d'un ver ou d'un insecte, que m'importe?..... J'ai hâte maintenant d'accomplir cette œuvre que je désire entreprendre; et pour celui qui est ainsi pressé d'agir, d'où viendrait le sommeil, d'où viendrait le repos? Non, il n'est pas né encore en ce monde, jamais il n'existera, celui que me ferait revenir sur la décision que j'ai prise de les massacrer ainsi! »

Samdjaya dit : Après avoir ainsi parlé, ô grand roi! le majestueux fils de Drona attela ses chevaux, tout seul de son côté et partit droit dans la direction de l'ennemi. Alors, ses deux compagnons aux grandes ames, Kripa et Kritavarman lui dirent :

« Pourquoi ton char est-il attelé, que désires-tu faire? Partis nous-mêmes dans le même but que toi, ô prince! nous avons partagé ta douleur et ta joie; tu ne dois pas douter de nous! »

Mais Açwatthâman plein de rage, poursuivi par le souvenir du meurtre de son père, leur expliqua nettement à tous les deux le projet qu'il voulait accomplir.

« Après avoir tué mille et mille guerriers de ses flèches acérées, mon père désarmé a été renversé par Dhrichthadyoumna ; je le tuerai aussi quand il sera sans armes et aujourd'hui même, ce fils pervers du roi des Pàntchâliens, en commettant une action inique. Egorgé par moi comme une bête fauve, comment ce Pàntchâlien maudit pourra-t-il obtenir tous les mondes conquis par son glaive ? ainsi ai-je pensé !..... Donc, revêtant bien vite vos cuirasses, prenant vos cimeterres et vos arcs, tenez-vous près de moi tous les deux sur ce char, ô guerriers redoutables à l'ennemi ! »

A ces mots, s'élançant sur son char, il courut droit vers l'armée ennemie; Kripa et Kritavarman le suivirent, ô roi ! et dans leur marche vers le camp de leurs adversaires, ils brillaient tous les trois comme dans le sacrifice étincellent les feux ardents qui dévorent l'offrande. Ils allèrent vers ce camps des (Pàntchâliens et des Pàndous) où tout le monde dormait d'un sommeil profond ; arrivé près des portes, le fils de Drona, l'héroïque Açwatthâman s'arrêta.

VI.

Dhritaràchtra dit : « Quand les deux (héros) Kripa et Kritavarman virent le fils de Drona arrêté devant les portes du camp, que firent-ils ?.... Dis-le-moi, ô Samdjaya ! »

Samdjaya dit : Après s'être consulté avec Kripa et avec Kritavarman, l'héroïque fils de Drona dominé par la colère, s'avança vers l'entrée du camp, et arrivé là, il aperçut un être surnaturel aux formes gigantesques, étincelant comme le soleil et la lune, dont la vue faisait frissonner, et qui se tenait debout aux portes. (Cet être surnaturel) est tout taché de sang ; il est ceint d'une peau de tigre ; il porte pour vêtement supérieur la peau d'une antilope noire et autour de son corps le cordon brahmanique employé au sacrifice du serpent. Avec ses bras longs et énormes (au nombre de plus de deux), agitant en l'air des armes diverses, il ressemble à un gros reptile secouant ses anneaux, à un feu traçant çà et là des lignes enflammées. Sa gueule, que des dents démesurées rendent hideuse, est béante ; sa face épouvantable à voir est ornée de milliers d'yeux ; on ne peut décrire ni son corps, ni son accoutrement ; de toutes parts à son aspect les montagnes même éclateraient (comme des volcans). De sa bouche, de ses narines, de ses oreilles, de ses mille et mille yeux à la fois sortent de grandes flammes, et les rayons qui jaillissent de cet éclat font voir par centaines, par milliers, des manifestations de Vichnou portant la conque, le disque et la massue.

Quand il aperçut ce monstre épouvantable, effroi des mondes, Açwatthâman, sans se troubler, le cribla d'une pluie de flèches divines ; mais ces flèches lancées par le fils de Drona, le grand être surnaturel les dévora comme un feu sous-marin dévore les vagues de l'océan. L'apparition absorba donc les traits décochés par Açwatthâman qui, voyant ses flots de flèches sans effet, lança contre (cet ennemi fantastique) l'éperon du timon de son char pareil à une pointe de feu brûlant. Mais en heurtant le monstre, l'éperon à la tête enflammée se brisa comme (se briserait) à la fin d'un âge (a la destruction d'un monde), un brandon en feu tombé du ciel, s'il venait à heurter le soleil.

Alors ce fut le glaive divin à poignée d'or, étincelant dans l'espace, qu'il tira vite du fourreau, pareil à un serpent de feu (arraché) de son repaire ; et le prudent guerrier plongea dans le fantôme cette lame excellente : mais en atteignant le monstre, elle s'enfonça en lui comme l'ichneumon dans son trou. Transporté de rage, le fils de Drona saisit alors sa massue brûlante, pareille à (la foudre) attribut d'Indra, et la lança contre l'être surnaturel qui la dévora aussi. En ce moment, n'ayant plus d'armes, Açwatthâman promena ses regards tout autour de lui, et il vit le ciel entièrement obscurci par des monstres menaçants.

A la vue de ce prodige si extraordinaire, le fils de Drona privé de ses armes s'écria, avec l'accent du remords, en se rappelant les paroles de Kripa :

« Celui qui n'écoute pas le conseil sévère, mais utile de ses amis, souffre quand il est tombé dans le malheur ; voilà d'où j'en suis, moi qui ai méprisé (les avis de) mes deux compagnons ! L'ignorant qui, dans son désir de vengeance, transgresse les règles de la loi sacrée écrite dans les livres, glisse hors de la voie du devoir et périt au lieu (de réussir) dans le sentier de l'iniquité !...... Que dans l'intérêt d'un ami, d'une mère, d'un père spirituel, on ne frappe jamais avec ses armes, ni une vache, ni un brahmane, ni un roi, ni une femme, ni un ennemi privé de sentiment, insensé, aveugle, endormi, interdit par la crainte, se levant pour se défendre, ivre, hors de lui, privé de raison ! tel est l'enseignement que les précepteurs spirituels ont toujours donné aux hommes.

» Et moi, après avoir transgressé cette loi, (être sorti de) ce sentier éternel tracé par la tradition écrite, moi, parti d'un principe faux en dehors de la loi, me voilà arrivé à

20

cette épouvantable crise ! et c'est là la calamité que les hommes regardent comme la plus terrible, d'être arrêté par la peur, après avoir abordé un grand exploit.... car celui-là ne peut accomplir son œuvre, (arrêté) ici-bas par la puissance de l'énergie divine ; et l'action humaine n'a jamais été dite plus pesante (dans la balance) que l'action des dieux. Si l'œuvre d'un mortel n'est pas menée à bien par suite de l'opposition du destin, celui (qui l'a entreprise) précipité hors du sentier de ses devoirs, tombe dans l'adversité : fût-il plein de sagesse, les hommes l'appelleront fou et insensé, parce que, après avoir mis la main à une œuvre, il s'arrêtera par l'effet de la peur.

» C'est par suite de mon mauvais dessein que cette crainte (causée par l'apparition) s'est emparée de moi ; certes, le fils de Drona ne recule jamais dans le combat ; mais cet être effrayant (et surnaturel) qui se lève devant moi comme un châtiment du destin, je ne puis savoir ce que c'est, même en y réfléchissant de toute manière. La pensée coupable que je fixais sur une action contraire aux devoirs a déjà produit ce fruit épouvantable qui doit mettre obstacle à son accomplissement. Si je m'arrête au moment de combattre, ce sont les dieux qui l'exigent ; car le destin seul peut, et rien autre chose en aucune façon, m'arrêter (dans l'exécution de mes projets) !.... Mais, en cet instant, je cherche un asile en Mahâdéva, le dieu suprême ; il anéantira cet effroyable châtiment du destin (qui me menace). A Civa dont les cheveux sont tressés, au dieu des dieux, époux de Dourgà et impérissable, à (Civa qui sous le nom de) Roudra porte un collier de crânes, à Hara qui a trois yeux, car ce dieu l'emporte sur les autres dieux par la puissance de ses mortifications et son grand pouvoir, à Civa qui dort sur le mont

Kaïlàça et porte en main le trident ; j'ai recours aujourd'hui ! »

VII.

Samdjaya dit : Après avoir arrêté cette décision, le fils de Drona, ô roi ! descendu du siège de son char, se tint incliné vers le maître des dieux.

— Açwatthâman dit : —

« O Çiva, (nommé aussi) Ougra (formidable), Sthânou
« (inébranlable), Çarva (qui détruit), régulateur et maître
« qui reposes sur le mont Kaïlàça et accordes les dons,
« qui es la cause de ce qui existe, dieu suprême à la gorge
« noire, qui n'as pas de commencement, et qui produis par
« toi-même ; toi qui as détruit le sacrifice de Dakcha, ô
« Hara ! aux formes multiples, aux trois yeux, aux manifestations multiples ; époux de Dourgâ, toi qui habites
« les cimetières ; ô maître plein de fierté, chef des grandes
« troupes célestes, qui portes la massue à tête de mort ;
« Roudra aux cheveux nattés, occupé à l'étude du Véda, je
« t'adore avec un esprit entièrement pur, engagé dans une
« œuvre difficile, et hors d'état de raisonner ; (je t'adore)
« avec un entier abandon de mon être, toi qui as détruit l'Asoura roi de Tripoura, (dieu) loué et digne de
« louanges, célébré par des hymnes, divinité infaillible,
« dont la peau de tigre est le vêtement ; (dieu) à la
« couleur rouge, à la gorge bleue, irrésistible, et que rien
« ne fait reculer ; toi le dieu fort, le créateur du Véda,
« (qui est Brahme) et Brahme lui-même, attentif à l'étude

« et à la pratique du Véda, voué aux œuvres pieuses, ap-
« pliqué aux austérités (qui donnent la puissance); dieu
« éternel, la voie des ascètes, dieu multiple, chef suprême
« des troupes célestes, aux trois yeux, cher aux brahmanes
« assemblés pour le sacrifice, dispensateur suprême des tré-
« sors ; toi par qui commence la destruction d'un monde,
« dieu tendrement aimé de la déesse Pârvatî (Gaôrî), père
« du dieu de la guerre Kartikéya (Koumâra); Civa à la cou-
« leur jaune, dont la monture est un excellent taureau; dieu
« grandement redoutable, au vêtement léger, toujours oc-
« cupé de veiller aux ornements de Pârvatî ; éminent par-
« mi les choses éminentes, si excellent qu'il n'existe rien
« au-dessus de toi; qui as pour armes des flèches choisies;
« toi, la limite et le gardien des points de l'horizon ; dieu
« à l'armure d'or, dont le front est orné du croissant ; je
« me réfugie en toi avec une profonde et entière dévotion !
« Si je suis aujourd'hui même délivré de cette infortune
« terrible si difficile à surmonter, je t'adore avec le pur et
« entier abandon de tout mon être, toi qui es pur ! »

Ainsi (il dit ; et le dieu) ayant connu par l'effet de l'abstraction méditative d'Açwatthâman dont l'œuvre était dûment accomplie, ce qu'il était résolu de faire, un autel d'or parut devant le héros magnanime ; sur cet autel, ô roi ! le feu fut produit et remplit presque de ses clartés enflammées tous les points de l'horizon ainsi que le ciel. Alors apparurent aussi les troupes célestes des serviteurs de Civa, lançant le feu par la bouche et par les yeux, avec bien des pieds, des bras et des têtes, ornés de bracelets embellis de pierres précieuses, levant tous les mains, pareils à des éléphants et à des montagnes. Ils ont des formes de chien, de sanglier, de chameau, des faces de cheval, de chakal, de vache, des figures d'ours et de chat ; d'autres ont des faces de tigre et de panthère, des becs de corneille, des visages de plongeon, des figures de perroquet; ceux-ci ressemblent à de gigantesques boas, ceux-là ont des becs de cygne; ils brillent faiblement ; les uns ont des becs de pie ; ceux-là des becs de geai bleu ; il y en a à face de tortue, de crocodile, de dauphin, à tête de singe ; il y en a qui ont des becs d'oiseau aquatique et de héron, des faces de grenouille, des becs de pigeon, des figures de grands monstres marins, et de baleine.

(Alors apparurent aussi des êtres) ayant de très larges oreilles, mille yeux et de gros ventres; d'autres privés de chair ont des becs de corbeau ou des becs de faucon, ô Bhârata ! Ceux-ci n'ont pas de tête, ceux-là portent des têtes d'ours ; on en voit dont les yeux et la langue sont enflammés, ô grand roi ! dont les oreilles lancent du feu. Ceux-ci, le front couvert de flammes au lieu de cheveux, ô grand roi ! ont tous les poils incandescents et quatre bras ; ceux-là ont des faces de bélier, ces autres encore des figures de chèvre.

(Là arrivent par troupe) des serviteurs de Civa semblables à des conques, ayant des conques au lieu de bouches, des conques pour oreilles, des guirlandes de conques et rendant ensemble un son pareil à celui de la conque. Ceux-ci, les cheveux nattés ou divisés en cinq mèches ou bien rasés, sont maigres ; ils ont quatre dents, quatre langues, des oreilles en pointe et des aigrettes ; ceux-là portent le cordon fait d'herbe brahmanique, ô grand roi ! les cheveux retombant sur le front; ils sont décorés de turbans, de diadèmes, de beaux ornements ; leurs visages sont gracieux; il y en a qui portent des guirlandes de lotus et de nymphéas bleus, des tiares sur la tête ; ils vont par centaines, par mille avec majesté. Les uns encore sont armés de masses fusées d'artifice (?) ou portent à la main des pilons, des dards à la mèche inflammable, des nœuds coulants et des bâtons ; sur le dos des autres sont liés des carquois et des flèches de diverses couleurs ; ils ont des bannières, des étendards, des cymbales, des haches ; ceux-ci lèvent leurs mains armées de grands lacets (pour saisir l'ennemi), et portent des massues ferrées ; ils brandissent des épieux et des poignards ; sur leurs fronts se dressent des crêtes déployées comme celles des serpents ; à leurs bras sont liés des bracelets pareils à de gros reptiles, ils sont revêtus d'ornements brillants, leur bannière est souillée de poussière ; eux-mêmes ils sont salis de fange et tous portent des vêtements blancs et de blanches guirlandes ; il y en a qui ont les membres bleus, les membres jaunes, d'autres aussi dont la face est rasée.

Cette tourbe joyeuse, étincelante comme l'or, fit résonner les tambours, les conques, les tambourins, les grands instruments guerriers de diverses espèces et les cornes de bœufs ; ceux-ci se mirent à chanter, ceux-là à danser ; ces guerriers sautent, bondissent, s'élancent en l'air ; ils courent d'un pas rapide ; leur menton est rasé, leur chevelure flotte au vent. Pareils à de grands éléphants ivres (au temps de l'amour), ils poussent des cris à plusieurs reprises ; effroyables, hideux à voir, armés de piques et de haches, parés de vêtements de diverse couleur, ceints de belles guirlandes, portant aux bras des bracelets ornés de pierres précieuses, ils lèvent leurs mains en l'air.

Ce sont des héros qui immolent leurs ennemis, qui résistent par leur courage à toute attaque, qui s'abreuvent de flots de sang, et de graisse, qui se repaissent de chair. Ils

portent une aigrette, leurs oreilles sont pendantes ; ivres de joie, ronds comme des pots, ceux-ci très petits, ceux-là très longs, très allongés ; tous sont horribles à voir ; ils ont de grandes dents, des lèvres noires et pendantes.............
Les uns sont embellis de divers ornements précieux, ceux-là sont rasés, ces autres ont les cheveux nattés. Ils feraient crouler sur la terre le soleil, la lune, les astres, les planètes ; ils auraient assez de puissance pour anéantir la collection des quatre espèces d'êtres.

Ces monstres sans frayeur affrontent toujours la colère qui fronce le sourcil de Civa ; serviteurs agissant au gré de leurs désirs, ils sont les maîtres du maître des mondes. Animés d'une joie éternelle, parlant bien, dénués d'envie, ils ont acquis les huit puissances surnaturelles et ne sont plus sujets au trouble qui résulte de la surprise. De son côté, le bienheureux Civa se réjouit toujours par leurs œuvres ; le dieu est aussi sans cesse honoré à propos par leurs pensées, par leurs paroles et par leurs actions ; et ces êtres qui l'honorent ainsi par (cette triple condescendance, de) pensée, de parole et d'action, il les chérit comme des enfants qu'il aurait eus de Dourgâ. Toujours en colère, les uns boivent le sang et la graisse des ennemis des brahmanes ; les autres boivent sans cesse le *Soma* qui a quatre propriétés ; par l'étude des textes sacrés, par la chasteté de leur conduite, par la mortification et par l'empire sur leurs sens, honorant Civa, dont le trident est l'emblème, ils sont parvenus à l'identification avec le dieu lui-même. Aussi par ces êtres devenus de même nature que lui, par ces grandes troupes d'êtres surnaturels, faisant résonner divers instruments, poussant des cris joyeux, des cris terribles et retentissants, ainsi que par la déesse Pârvatî, se réjouit le dieu suprême, le bienheureux Mahàdéva, maître du passé, du présent et de l'avenir.

Alarmés (par l'évocation), ils arrivèrent tous vers Açwatthàman, en célébrant les louanges de Mahàdéva, pleins d'un éclat et d'une splendeur qui se répand au loin, désireux d'augmenter la majesté du magnanime fils de Drona, avides de connaître sa puissance et de contempler le carnage nocturne; ils portaient en main des bâtons ferrés, des brandons ardents, des javelots, des haches, armes terribles et formidables; ces multitudes d'êtres épouvantables à voir se réunirent de tous côtés; eux qui feraient trembler de peur les trois mondes, rien qu'en se montrant, il les regarda en face, le grand héros, et ne ressentit pas même de trouble. Alors, le fils de Drona, tenant en main l'arc et le cuir qui protège le poignet contre la vibration de la corde, lui-même et de lui-même, fit (au dieu) l'offrande de sa personne. Dans ce sacrifice l'arc est le bois destiné à alimenter le feu, les flèches acérées sont les divers ustensiles propres à la purification, et l'offrande est cette ame volontairement faite ; puis ajoutant une prière telle qu'on la récite à la préparation du *Soma,* Açwatthàman, plein de majesté, accablé de douleur, s'offrit lui-même en holocauste.

Après avoir célébré les louanges du terrible Roudra, aux œuvres redoutables, de (Civa) magnanime et éternel dans ses actions qui inspirent la crainte, Açwatthàman dit, en joignant les mains :

— Açwatthàman dit : —

« Cette ame qui est mienne, née dans la famille d'An-
« guiras, je te la sacrifie aujourd'hui dans ton propre feu,
« ô bienheureux ! accepte mon offrande ! Par mon dévoû-
« ment à ta personne, par la complète absorption de ma

« pensée en toi, ô Mahâdéva ! je m'immole devant toi,
« dans cette calamité, ô esprit universel ! En toi sont tous
« les êtres et tu es en tous les êtres ; car l'ensemble de
« toutes les qualités qui constituent la nature réside en
« toi. O maître, refuge de tous les êtres, me voilà déposé
« devant toi comme l'offrande; reçois-moi, ô divinité !
« dans l'impossibilité où je me trouve de te sacrifier autre
« chose ! »

Ainsi dit le fils de Drona : debout sur l'autel où brille la flamme, faisant monter l'offrande qui est sa propre personne dont il fait l'abandon, il s'introduit par en haut au milieu du feu; et quand il vit ce héros, les bras levés (comme un ascète), plongé dans l'abattement et déposé là comme une offrande, le bienheureux Mahâdéva lui dit en face et presque avec un sourire :

Par la vérité, par la pureté, par la sincère pratique des observances, par l'abandon de soi-même, par la mortification, par la restriction des sens, par la patience, par la réflexion, par la fermeté, par l'intelligence, par la parole, je suis honoré, autant qu'il convient, de la part de Krichna dont les œuvres ne se ralentissent jamais; aussi, il n'y a personne qui me soit plus cher que Krichna. Moi qui te rends hommage et désire te connaître, j'ai sans cesse protégé les Pântchâliens et j'ai fait pour eux bien des illusions (propres) à tromper l'ennemi. Mais tu es honoré par moi qui protégeais les Pântchâliens; ceux-ci sont désormais au pouvoir de Yama (le dieu de la mort), et ils ne doivent plus vivre. »

Ayant ainsi parlé, Mahâdéva entra dans le corps magnanime du guerrier qui s'offrait à lui et lui donna un glaive à la lame brillante, d'une vertu suprême. Rempli du dieu qui venait de pénétrer en lui, Açwatthâman resplendit d'un nouvel éclat et devint impatient de combattre par l'effet de ce feu créé en lui par la divinité. Les êtres invisibles, les Rakchas l'escortèrent dans sa marche, tandis qu'il s'élançait de l'autel vers le camp des ennemis, pareil à Civa lui-même.

VIII.

Dhritarâchtra dit : « Quand le vaillant fils de Drona se fut élancé vers le camp ennemi, ses deux compagnons Kripa et Kritavarman ne retournèrent-ils pas en arrière, vaincus par la frayeur? ne furent-ils pas tous les deux empêchés et découverts par de vils gardiens ? Les deux héros ne revinrent-ils pas en arrière en se disant : L'entreprise est impossible ! Après avoir porté le ravage dans le camp, et massacré les Pàndavas, de la race des Somakas, prirent-ils tous les deux, dans cette mêlée, la route funèbre suivie par Douryodhana ? les deux guerriers tombèrent-ils sous les coups des Pàntchâliens ? s'endormirent-ils sur le sol de la terre ? enfin que firent-ils ? raconte-le-moi, ô Samdjaya ! »

Samdjaya dit : Quand le magnanime fils de Drona fut arrivé près du camp ennemi, Kripa et Kritavarman se tinrent à l'entrée des retranchements ; regardant ses deux compagnons pleins d'énergie, Açwatthàman tout joyeux, ô roi, leur dit d'une voix lente :

« Vous deux qui êtes héroïques et capables de consommer la ruine de tous les Kchatryas, combien il vous sera facile d'en finir avec ce qui reste ici de guerriers endormis ! Moi, après avoir observé le camp, (je me glisserai) furtivement et je le parcourrai, pareil au dieu de la mort; vous, agissez de telle sorte qu'aucun homme ne puisse s'échapper vivant; tel est mon plan arrêté ! »

Ayant ainsi parlé, Açwatthâman pénètre dans le grand camp des princes; il escalade la porte, mettant de côté toute crainte; puis une fois entré, le héros, qui connaît toutes les localités, s'avance furtivement vers la tente occupée par Dhrichtadyoumna. Or, fatigués d'avoir accompli de grands exploits dans cette bataille où il a fallu déployer sa valeur, (les Pàntchâliens) dorment profondément percés de bien des blessures, et groupé ssans ordre en un même lieu. Etant donc entré dans cette tente de Dhrichtadyoumna, ô Bhârata ! Açwatthâman aperçut le Pàntchâlien endormi, là tout près, sur sa couche très grande, faite d'une belle toile blanche, garnie tout autour de riches tapis, ornée d'un rideau de feston, parfumée d'encens et d'aromates. Le héros magnanime qui reposait ainsi plein de confiance sans prévoir aucun péril, (le héros) étendu sur sa couche, ô grand roi ! il le réveilla d'un coup de pied; et arraché au sommeil par le contact du talon qui le heurte, le redoutable Pàntchâlien dont l'ame est grande reconnut le valeureux fils de Drona; puis, comme il se levait de dessus sa couche, le vigoureux Açwatthâman le saisissant par les cheveux, de ses deux mains broya sa tête sur la terre. Par l'effet du choc violent qu'il ressentit, du saisissement et du sommeil, ô Bhârata ! le Pantchâlien ne put faire aucun mouvement de défense.

Alors, ô roi ! mettant le pied sur son ennemi, Açwatthâman foule du talon sa gorge et sa poitrine; le prince qui pousse des cris et se débat convulsivement, il le fait mourir de la mort d'une bête fauve. (Le Pàntchâlien) déchirant le fils de Drona avec ses ongles, ne peut l'arracher de dessus lui. « Fils de brahmane! s'écrie-t-il, triomphe de moi par le glaive; fais vite, que par ta main j'aille dans le monde de ceux dont les actions ont été belles, ô toi le meilleur des êtres qui vont sur deux pieds! » Après ces paroles, il se tut, le redoutable fils du roi des Pântchâliens, vaincu et subjugué par son puissant adversaire.

Quand il eut entendu les paroles à peine intelligibles (de Dhrichtadyoumna), Açwatthâman répondit : « Non, les mondes (dont tu parles) ne sont pas pour ceux qui tuent des brahmanes, ô toi, la honte de tes ancêtres ! voilà pourquoi tu ne mérites pas de mourir par le glaive, ô insensé ! » Puis, à ces mots, pareil au lion (attaquant) un éléphant aveuglé par la colère (au temps de l'amour), plein de rage il brisa par de terribles coups de pieds toutes les articulations de son corps.

Au bruit que fait le héros égorgé dans sa tente, ô grand roi ! s'éveillèrent les femmes et les gardes de sa tente; mais cet Açwatthâman qu'ils virent accomplissant un tel acte de violence, une œuvre au-dessus de l'audace et de la force d'un mortel, ils le prirent positivement pour un être surnaturel, et dans leur frayeur, ne songèrent pas à l'arrêter; et le fils de Drona, grâce à cet (effroi général), ayant fait aller son ennemi dans l'empire des morts, regagna son char magnifique et y monta plein de splendeur. Une fois hors de la tente du Pântchâlien, ô roi! il fit retentir l'horizon (du bruit de ses roues). Il courut avec son char vers (une autre partie du) camp, impatient de massacrer ses ennemis; et comme il se retirait, le vaillant et héroïque fils de Drona, les femmes et tous les gardes assemblés poussèrent des cris; à la vue du prince royal égorgé, ô Bhârata ! tous ces hommes de la caste des Kchatryas, accablés de douleur, pleurèrent à haute voix sur lui !

Au cri des femmes, les chefs des guerriers (qui dormaient) dans le voisinage (s'éveillent et) revêtent leurs armures, au plus vite, en demandant : « Qu'y a-t-il ? » Et les femmes qui regardaient avec épouvante le fils de Drona (se retirant sur son char), répondirent d'une voix entrecoupée de sanglots : « Le voilà qui s'enfuit au galop !... Rakchas ou mortel, nous ne savons qui il est ! après avoir tué le roi des Pântchâliens, il est remonté sur son char et s'y tient debout ! » Alors, les chefs des guerriers se pressent à sa poursuite, mais lui, avec son glaive donné par Civa, il renverse tous ces ennemis qui se précipitent sur ses pas.

Après avoir tué Dhrichtadyoumna et les guerriers de sa suite, il aperçoit, non loin de là, Outtamaôdjas endormi sur sa couche ; avec son pied terrible il foule la gorge et la poitrine de ce (nouvel ennemi), et tue aussi ce héros victorieux qui pousse des cris. Youdhâmanyou qui survient croit que celui-ci a été mis à mort par un Rakchas ; il lève rapidement sa massue et frappe au cœur Açwatthâman qui, s'élançant sur lui, le saisit, le renverse à terre et étouffe comme une gazelle (le vaincu) se débattant à ses pieds.

Après avoir fait périr celui-ci, le héros court après de nouvelles (victimes) ; les guerriers, ô grand roi ! endormis çà et là, (il les immole) dans la mêlée, se débattant et palpitant, comme des animaux dans le sacrifice. Puis, prenant son glaive, il en tue d'autres encore successivement ; lui qui est célèbre par son habileté à manier le glaive, il parcourt l'une après l'autre les routes du camp. Dans un lieu occupé par un corps d'armée, il aperçoit tous les soldats d'une division endormis, harassés, sans armes, et tous il les tue à l'instant. Guerriers, chevaux, éléphants, il perce tout de son excellent glaive ; le corps rouge de sang, il est pareil à la mort que produit le dieu Yama. Par les mouvements convulsifs de ses ennemis (frappés à mort), par le mouvement extraordinaire qu'il faisait avec le glaive et avec le poignard, Açwatthâman fut trois fois teint de sang ; l'arme étincelante et toute rougie de ce héros combattant ainsi, brillait comme un signe surnaturel et épouvantable.

Ceux qui s'éveillent, ô fils de Kourou ! sont troublés par ce bruit; ils se regardent les uns les autres, et la peur les prend à mesure qu'ils voient (ce qui se passe). A la vue de cette forme (étrange) qui va détruisant ses ennemis, les Kchatryas croient avoir devant les yeux un Rakchas, leurs paupières s'ouvrent et se referment rapidement; Açwatthâman, sous cet aspect formidable, sillonne le camp comme le dieu de la mort, et aperçoit les enfants de Draôpadî (et des Pândavas), ainsi que le reste des héros de la race lunaire. Alarmés par le tumulte, les guerriers courageux avaient pris leurs arcs; à la nouvelle de la mort de Dhrichtadyoumna, ô roi ! les enfants de Draôpadî percent hardiment Açwatthâman de leurs flèches innombrables ; éveillés par le bruit, les Prabhadrakas (?) et Çikandî avec eux pressent le fils de Drona de leurs traits aigus. Dès qu'ils les voit faire pleuvoir sur lui des grêles de flèches, le vaillant Bhâradwâdja (Açwatthâman) poussa un cri, dans son désir de les tuer. Alors, dans sa rage, rappelant à son souvenir le meurtre de son père, il descend rapidement de dessus son char pour courir à leur rencontre ; saisissant dans cette lutte son bouclier pur comme mille disques de lune, et son glaive divin à la lame polie, tout embelli d'or, il court vaillamment au-devant des fils de Draôpadî et les renverse avec son arme. Il frappa dans la poitrine Naraçârddôula qui cherchait à lui tenir tête dans cette grande attaque, et celui-ci tomba mort sur la terre.

Le terrible Soutasoma perce Açwatthâman de son javelot dentelé et s'élance à sa poursuite, le glaive en main; mais le héros ayant abattu à la fois le glaive et le bras de Soutasoma, frappe d'un second coup porté dans le dos ce guerrier qui tombe, traversé jusqu'au cœur. Le vigoureux Çatànîka, fils de Nakoula, (levant) à deux bras la roue d'un char, la lance rapidement (contre Açwatthâman) et le frappe au milieu de la poitrine, mais le fils du brahmane frappa Çatànîka qui venait de lancer la roue; celui-ci étant tombé sans connaissance, il lui arracha la tête. A son tour, Çroutakarman l'attaque avec un épieu ferré dont il s'est armé; il court avec force au-devant du fils de Drona, le bouclier au bras gauche; mais blessé au milieu du visage par le glaive excellent de son ennemi, Çroutakarman tombe à terre, privé de sentiment, la face renversée. Accouru au bruit, Çroutakîrti, héros plein de valeur, fait pleuvoir sur Açwatthâman des nuées de flèches qui le blessent, et Açwatthâman, repoussant ces grêles de traits avec son bouclier, fait sauter loin du corps la tête de celui-ci, qui s'en va roulant avec ses pendants d'oreille. Celui qui avait contribué au meurtre de Bhîchma, le vaillant (Cikandî) et tous les Sabhadrakas (?) avec lui, le brave Açwatthâman les harcela de toutes ses armes à la fois; d'une autre de ses flèches, Cikandî blesse entre les deux sourcils l'héroïque fils de Drona qui, transporté de rage, s'élance sur lui, le traverse, le coupe en deux avec son glaive; puis après avoir immolé leur chef, plein de fureur, semant la mort autour de lui, Açwatthâman se précipite d'un pas rapide contre tous les

Prabhadrakas (?) réunis en troupes. Il harcèle avec impétuosité ce qui reste de l'armée de Virâta (roi des Trigartiens), et à mesure qu'il porte ses regards sur eux, il fait, par sa valeur, un horrible carnage des fils, des petits-fils et des amis de Droupada (roi des Pântchâliens). Bien d'autres guerriers encore, successivement abordés, le fils de Drona les abattit avec son glaive, lui qui est habile à en diriger le tranchant.

Alors une *Kâli*, (manifestation de Dourgâ) la face et les yeux rouges de sang, à la ceinture, aux guirlandes sanglantes, portant des vêtements sanglants et une corde à la main, pareille à une femme du peuple, se montra visiblement ; cette *Kâlarâtrî* descendue d'en haut chantait, marchait devant, liant avec des nœuds terribles hommes, chevaux et éléphants ; elle entraînait à sa suite diverses espèces de fantômes garrottés aussi et privés de chevelure. Ainsi, dans d'autres nuits, ô roi ! les chefs des guerriers l'ont toujours vu emmener des héros sans armes, plongés dans le sommeil, et le fils de Drona semer la mort de tous côtés. Depuis le temps du combat entre les deux armées des Kourous et des Pândous, on a vu cette apparition de femme et Açwatthâman avec elle. Tous ceux qui étaient tués d'avance par le destin, le fils de Drona les renversa dans la suite, épouvantant par ses cris terribles tous les êtres au milieu de la mêlée ; et les héros qui succombent, victimes du destin, se rappelant cette apparition d'une époque antérieure, supposent que la chose se passe ainsi.

Cependant, au milieu du camp des Pândous, (attirés) par le bruit, les archers combattent par centaines, par milliers ; à celui-ci Açwatthâman coupe les deux pieds, à celui-là les hanches et les reins ; il brise cet autre en le frappant au côté, pareil à la mort fille du temps ! La terre fut jonchée (de combattants), les uns horriblement brisés sous les pieds, poussant des cris et pleins de fureur; les autres, broyés par les chevaux et par les éléphants, ô roi ! « Qu'y a-t-il ?... Quel est cet ennemi ?... D'où vient ce bruit ?.... Qu'est-ce, que se passe-t-il ?.... » Ainsi ils crient, et le fils de Drona qui est (un autre) dieu de la mort s'avance au milieu d'eux. Les troupes de Pândavas qui se présentent pour l'attaquer sans armes et sans cuirasses, le fils de Drona, le meilleur de ceux qui manient des armes, les repousse dans le monde des morts. Epouvantés de ce glaive, ils s'élancent ; la frayeur les glace, le sommeil les aveugle; l'esprit perdu, ils tombent çà et là évanouis; leurs jambes sont paralysées; privés de tout éclat par l'effet de cette faiblesse, ils poussent des cris et s'abordent les uns les autres tout tremblants.

Açwatthâman cependant remonte sur son char dont le roulement sème la terreur, prend son arc et envoie bien d'autres guerriers dans l'empire de Yama ; bien d'autres guerriers excellents qui, à une grande distance, se levaient devant lui ou marchaient à ses côtés, il les livra à l'apparition de Dourgâ. Ainsi il court en broyant les ennemis avec l'éperon de son char, et fait pleuvoir sur eux des nuées de flèches de diverse grandeur; puis avec son bouclier aux belles couleurs, aux cent disques de lune, avec son glaive étincelant comme l'azur du ciel, il marche, le fils de Drona; dans sa folie terrible, il accable tous les guerriers dans le camp qu'il agite, comme l'éléphant (bouleverse avec sa trompe) une grande pièce d'eau, ô roi ! A ce bruit, ô monarque ! les combattants se lèvent sans savoir ce qu'ils font; troublés par le sommeil, accablés par la crainte, ils courent çà et là dans des directions opposées. Les uns jettent des cris discordants, les autres balbutient des phrases incohérentes;

ils ne peuvent mettre la main sur leurs armes, ni sur leurs vêtements. Ceux-ci, les cheveux épars, ne peuvent se reconnaître les uns les autres ; ceux-là se sont levés, mais ils tombent de fatigue, ou bien ils errent d'un pas incertain ; il y en a qui. . . . .

. . . Les chevaux et les éléphants brisent les liens qui les retenaient, ô grand roi ! quelques uns de ces animaux s'élancent tous ensemble en avant et sèment autour d'eux un grand désordre. Des hommes se sont couchés là par terre dans leur frayeur, et ainsi étendus, ils sont broyés sous les pieds des chevaux et des éléphants.

Au milieu de tout cela, ô roi des hommes ! les Rakchas pleins de joie expriment leur allégresse par de grands cris ; et ce bruit, ô excellent roi de la famille des Bhâratas ! s'accroît encore par les cris que poussent dans leur ivresse d'autres troupes d'êtres (surnaturels). Cet immense tumulte remplit tous les points de l'horizon et même le ciel ; épouvantés par les clameurs discordantes de ces (êtres malfaisants), les chevaux et les éléphants, dès qu'ils les entendent, galopent en liberté, ô roi ! et foulent aux pieds les hommes à travers le camp ; la poussière que soulèvent leurs pas dans cette course rapide redouble encore, au milieu des groupes de l'armée, l'obscurité de la nuit ; et comme ces nouvelles ténèbres se répandent de tous côtés, les soldats frappés de stupeur ne se reconnaissent plus de père à fils, de frère à frère. L'éléphant sans maître passe sur le corps des éléphants ; le cheval sans cavalier sur le corps des chevaux ; ces animaux se heurtent violemment, se brisent, se foulent aux pieds, ô Bhârata ! ils s'abattent tout rompus et se tuent les uns les autres ; ils font tomber ceux qu'ils rencontrent et les foulent à leur tour après les avoir renversés.

Privés de connaissance, tout endormis et tout enveloppés de ténèbres, les hommes se frappèrent eux-mêmes comme si le dieu de la mort les eût poussés; les gardes ont quitté leurs postes à l'entrée du camp, les corps d'armée, la place qui est assignée à chacun; (les soldats) courent de toutes leurs forces, et fuient comme des insensés; dans leur anéantissement, ils ne se distinguent plus les uns les autres, ô maître! Dans l'égarement où les plonge l'influence de Civa, ils crient en pleurant : « O mon fils ! » Au milieu de ces hommes qui fuient et se dispersent sur tous les points en abandonnant leurs propres parents, il y en a qui s'entre appellent avec désespoir par le nom de leur famille. Ceux-ci poussent des cris de détresse et tombent sur la terre; mais le fils de Drona qui les sait dans la mêlée les perce de ses coups; tandis que d'autres Kchatryas couverts de blessures réitérées, tout hors d'eux-mêmes cherchent, dans la peur qui les accable, à sortir du camp. Mais à mesure que tout tremblants et cherchant à sauver leur vie ils se précipitent hors des retranchements, Kripa et Kritavarman les immolent aux portes de ce camp (où ils sont restés à veiller).

De ces guerriers qui ont perdu leurs armes et délié leurs cuirasses, dont les cheveux flottent détachés, joignant les mains pour demander grâce, palpitants et tremblants à leurs pieds, il n'en laissèrent pas échapper un seul; aucun de ceux qui s'élançaient hors du camp ne put éviter leurs coups; car Kripa, ô grand roi ! et son compagnon sont entrés dans les desseins pervers d'Açwatthâman; désirant même tous les deux faire ce qui lui est agréable, ils mettent le feu au camp par trois côtés. Alors à travers ce camp illuminé (par l'incendie) Açwatthâman, qui réjouit les mânes de son père, erra en tous sens, ô grand roi! maniant son glaive avec habileté. Ceux qui viennent à sa rencontre ou qui fuient devant lui, il leur arrache la vie avec son cimeterre, lui le meilleur de ceux qui appartiennent aux castes régénérées; ceux qui osent combattre, il les partage en deux avec son glaive, le puissant fils de Drona, et les fait tomber ainsi dans sa colère comme un brin de sésame : et la terre est jonchée d'hommes, de chevaux, d'éléphants renversés, produisant des bruits terribles. Parmi ces milliers d'hommes tués et abattus, on voit bien des troncs sans tête qui se relèvent, se tiennent debout (un instant) et retombent; les bras encore armés et parés de bracelets, les cuisses solides comme des trompes d'éléphants, les mains, les pieds, les têtes aussi, Açwatthàman tranche tout (avec son glaive), ô Bhârata! à ses ennemis, le magnanime fils de Drona fait de profondes blessures dans le dos, dans les côtes, dans la tête; à d'autres il renverse la figure (en les frappant au cou). A ceux-ci, il entr'ouvre le ventre; à ceux-là, il brise le crâne à la hauteur des oreilles; il frappe les uns sur les épaules; à d'autres, il fait rentrer la tête dans le corps; et tandis qu'il sillonnait le camp, immolant un grand nombre de guerriers, une nuit hideuse, horrible par son obscurité, s'étendit au loin.

Ces milliers d'hommes, les uns encore vivants, les autres morts (tous mutilés), cette multitude d'éléphants et de chevaux (étendus), donnent à la terre (qui en est jonchée), un aspect effroyable. Au milieu de cet épouvantable désordre de chars, d'éléphants, de chevaux, qu'augmentent encore les Yakchas et les Rakchas (êtres surnaturels et malfaisants), les guerriers mis en pièces par le cruel fils de Drona tombent sur la terre. Les uns appellent en criant leurs frères, les autres leurs pères; ceux-là encore leurs enfants!.. Il y en a qui disent :

« Non, jamais dans les batailles les fils de Dhritarâchtra (les Kourous) même en fureur n'ont commis une action pareille à celle que commettent les Rakchas aux œuvres cruelles, contre nous tous en proie au sommeil !... Et c'est à la faveur de l'éloignement des Pândavas qu'un tel carnage a été semé parmi nous, car ni les Souras, ni les Yakchas, ni les Gandharvas, ni les Rakchas ne peuvent vaincre le fils de Kountî, Ardjouna que Vichnou protège (sous l'apparence de Krichna), héros ami des brahmanes, véridique, aux sens réprimés, plein de compassion envers tous les êtres ! Non ce n'est pas lui, le prince Dhanamdjaya (Ardjouna) qui tuerait un ennemi endormi, hors de lui, mettant bas les armes, joignant les mains ou déliant ses cheveux (en signe de reddition), ou fuyant devant lui ! Ce sont les Rakchas aux œuvres cruelles qui ont porté ce carnage au milieu de nous ! »

En exprimant ainsi leur désespoir, bien des guerriers se couchent sur la terre; puis bientôt s'apaisa le grand et bruyant tumulte de ces hommes se plaignant à haute voix et poussant des gémissements inarticulés; bientôt aussi, ô roi ! dans cette terre tout imprégnée de sang, l'effroyable poussière soulevée par le tumulte s'absorba entièrement. Ceux qui se meuvent et s'agitent terrifiés, ceux qui ne résistent plus, Açwatthâman les renverse par milliers, comme dans sa colère, Çiva, maître souverain des créatures, détruit les animaux. Ceux qui dorment en se tenant embrassés, ceux qui courent éperdus, ceux qui gisent sur le sol, ceux qui combattent, le fils de Drona les écrase tous; les guerriers atteints par le feu de l'incendie, ou qui se tuent les uns les autres par suite du désordre, il les envoie aussi dans le royaume de Yama. Dès la moitié de cette nuit, le fils de

Drona, ô grand roi! avait fait aller dans l'empire des morts la nombreuse armée des Pândavas; et la nuit, qui fait la joie des êtres marchant dans les ténèbres, causa une grande et effroyable destruction d'hommes, d'éléphants, de chevaux!

Alors, on vit les Rakchas et les Piçàtchas (vampires) d'espèces distinctes manger la chair des hommes et boire le sang. Des êtres énormes, de couleur jaune, aux dents de pierre, à la figure de buffle, les cheveux en désordre, l'os frontal proéminent, aux cinq pieds, au gros ventre, aux doigts tournés en arrière ; des êtres repoussants, difformes, aux cris horribles, portant tous une multitude de clochettes sonores, à la gorge bleue (comme Civa dont ils sont les manifestations), et effrayants à voir, se montrent là avec leurs femmes et leurs enfants, tous sans pitié, bien effroyables au regard, et de mauvais augure; là aussi, se montrent diverses formes de Rakchas. Ceux-ci, après avoir bu le sang, dansent par troupes joyeuses en disant : « C'est ce qu'il y a de meilleur, c'est un mets digne de l'autel, un mets délicieux! » Bien repus de graisse, d'os, de sang, de moëlle, ces êtres carnivores, avides de chair, mangent les cadavres. D'autres, après avoir humé le suc des os, courent çà et là le ventre plein, avec diverses figures toutes horribles; êtres carnivores qui vivent de la chair des hommes! Là parurent par millions, par milliards, les armes de ces gigantesques Rakchas horribles en leurs formes, cruels en leurs œuvres ; comme ils se réjouissaient et bondissaient avec ivresse au milieu de ce grand carnage, là aussi, ô grand roi! se réunirent bien des esprits surnaturels.

Or, dès le matin, Açwatthâman voulut sortir du camp; la poignée du glaive de ce héros ruisselant de sang humain était collée à sa main, et semblait ne faire qu'un avec elle, ô maître ! Après avoir marché dans une route difficile à suivre, le glaive brillait au milieu de ce carnage d'une armée, comme à la fin d'un âge le feu qui a réduit en cendres toute la création. Après qu'il eut accompli, selon sa promesse, l'œuvre entreprise par lui, le fils de Drona, ô roi ! marchant dans une voie difficile, fut délivré du chagrin cuisant (qu'il ressentait de n'avoir pas vengé) son père; et comme il était entré la nuit dans le camp où tous sommeillaient, ainsi, après avoir accompli son œuvre de mort, le héros sortit au milieu du silence.

Une fois hors de cette enceinte, le vaillant Açwatthâman se réunit à ses deux compagnons ; et dans son contentement, il les réjouit par le récit de tout ce qu'il venait de faire. Eux aussi, ô prince ! qui avaient agi dans le but de lui plaire, ils lui racontèrent bien des choses agréables, (à savoir) : l'immolation de mille et mille Pàntchâliens avec leurs soldats. Dans leur ivresse, tous les trois ils poussèrent de grands cris et agitèrent leurs mains ouvertes. Ainsi se passa cette nuit grandement terrible, (consacrée) à l'extermination des *Somakas* endormis et troublés par l'épouvante ; et sans doute ainsi l'avait marqué le temps, contre lequel l'homme ne peut rien : en sorte que dans cette nuit périrent de tels héros qui, eux-mêmes, avaient causé le carnage de notre armée.

Dhritarâchtra dit : « Que n'avait-il auparavant accompli un aussi grand exploit pour donner la victoire à mon fils, cet Açwatthâman, héros plein de fermeté !..... Pourquoi aussi le fils de Drona, dont les pensées sont vastes, a-t-il accompli cet exploit quand le reste de l'armée était détruit ? Tu dois me le faire connaître. »

Samdjaya dit : C'est par crainte des Pândavas assurément, ô monarque descendant de Kourou! (qu'il n'a pas plus tôt rendu ce service à ton fils); c'est parce que les Pândavas, le prudent Krichna et son cocher Sâtyaki se trouvaient loin de là, que le fils de Drona a pu accomplir cet exploit; quel Indra même pourrait massacrer ces soldats à la face (des héros et du dieu que je viens de nommer)? Aussi a-t-il fait un tel carnage de guerriers, ô roi! au milieu du camp plongé dans le sommeil. (Ayant porté la mort) au milieu des enfants des Pândavas, les trois héros se réunirent et se dirent l'un à l'autre : « Victoire! victoire! » Félicité par ses deux compagnons reconnaissants, Açwatthâman les embrasse, et dans l'excès de son bonheur il leur dit cette imposante et excellente parole :

« Tous les Pântchâliens ont péri et les fils de Draôpadî avec eux, tous les Somakas et ce qui restait de Matsyens ont péri également sous mes coups! Maintenant que notre œuvre est accomplie, allons vite vers notre roi Douryodhana, et s'il est vivant encore, racontons-lui notre exploit! »

IX.

Samdjaya dit : Après avoir tué tous les Pântchâliens et les enfants de Draôpadî jusqu'au dernier, ils allèrent tous les trois là où gît leur roi (l'aîné des Kourous) frappé à mort; arrivés en cet endroit, ils virent que ce prince des hommes avait encore un reste de vie; et descendant de leurs chars, ils se placèrent autour de ton fils Douryodhana, ô grand roi! Ils le virent là les cuisses brisées, respirant à peine, privé de connaissance, vomissant le sang par la bouche, étendu par terre, entouré de bêtes féroces hideuses à voir, et aussi de chakals qui se tenaient près de lui pour le dévorer bientôt; il pouvait à peine se défendre contre ces animaux, contre ces bêtes avides de le dévorer, couché sans force sur le sol, en proie à une bien cruelle agonie. Et l'ayant vu étendu sur la terre, tout inondé de sang, les trois héros Açwatthâman, Kripa et Kritavarman Sâttwata qui survivent seuls à tous les leurs, l'entourèrent avec un profond chagrin; et entouré de ces trois guerriers teints de sang et hors d'haleine, le roi resplendit comme l'autel au milieu d'un triple feu. A la vue de leur prince étendu sur une couche si peu digne de lui, saisis d'une insurmontable douleur, ils pleurèrent tous les trois; puis essuyant avec leurs mains le sang qui sortait de sa bouche, ils déplorèrent ainsi le triste sort de leur roi couché sur le champ de bataille.

Kripa dit : « Non, il n'y a pas de plus cruelle destinée que celle de Douryodhana qui, roi de onze armées complètes, gît couvert de sang et blessé à mort! Voyez!..... auprès du guerrier brillant comme l'or et à qui cette arme est chère, est tombée sur le sol la massue tout ornée d'or; la massue qui n'a jamais quitté le héros dans aucun combat, elle ne l'abandonne pas quand il s'en va, plein de gloire, vers le ciel! Voyez-la toute resplendissante d'or, qui repose avec le héros comme dans le palais l'épouse chérie auprès du maître endormi sur sa couche! Lui, le premier né de ceux dont le front a reçu l'onction royale, lui, si terrible à ses ennemis, il mord la poussière, frappé d'un coup fatal! voyez quelles vicissitudes le temps apporte avec lui!.... Celui qui, triomphant de ses ennemis, les faisait dormir sans vie sur le champ de bataille, étendu sans vie sur le champ de bataille par les coups de ses ennemis, il dort, ce roi de la famille de Kourou! Celui devant lequel se courbaient avec frayeur tant de centaines de rois, il gît sur la couche des héros entouré de bêtes féroces! Celui que jadis assiégeaient les brahmanes comme un maître, pour en obtenir des dons, il a pour cortège aujourd'hui des animaux carnassiers, avides de sa chair! »

Samdjaya dit : Considérant à son tour le meilleur des Kourous étendu devant lui, ô Bhârata! Açwatthâman exprima ainsi sa compassion.

Açwatthâman dit : « O roi des hommes! on t'a appelé le meilleur de ceux qui se servent de l'arc; (on t'a dit) l'égal de Kouvéra dans le combat et le disciple de Baladéva; comment Bhîmaséna, ô roi! lui qui n'est qu'un pervers, a-t-il pu trouver l'endroit faible en toi, pur héros! qu'on disait toujours si vaillant et si habile! (?)..... Sans doute, ô roi! le temps est la plus grande puissance en ce monde, si tu es ici frappé à mort dans le combat par Bhîmaséna ! Comment ce pervers et stupide Pândava au ventre de loup t'a-t-il immolé après t'avoir vaincu, toi qui connais tous les devoirs? Le temps fixé par les dieux est difficile à éviter!.. Dans un combat où tu agissais loyalement, tu as eu les deux cuisses brisées par la massue, toute puissante à cette lutte, de Bhîmaséna, qui commettait ainsi une action déloyale à la face des guerriers! Honte à celui qui a vu (sans indignation le Pândava) fouler du pied, dans sa colère, la tête de ce roi immolé dans la bataille contre la loi des combats ; honte à Krichna! honte à Youdhichthira!.. Certes, les guerriers le feront rougir dans les combats, ce ventre de loup, tant qu'il existera des mondes, car tu as été renversé par trahison. Car Râma qui fait la joie de Yadou, ô roi! t'a toujours dit : « Il n'y a personne qui puisse se mesurer avec Douryodhana armé de la massue! » Car Krichna, ô roi descendant de Bhârata! t'a célébré dans les assemblées en disant : « Ce fils de Kourou est mon élève dans l'art de manier la massue! »

» La route que les sages ont déclarée la plus désirable pour un Kchatrya, celle que prennent les héros tués dans la lutte, en faisant face à l'ennemi, il t'est accordé de la suivre!..... Douryodhana!..... Ce n'est pas toi que je plains, ô prince! je pleure sur Gàndhàri (ta mère) et sur son époux (Dhritaràchtra ton père) dont les enfants sont tués! Comme deux mendiants, ils erreront sur cette terre, accablés de chagrin ; maudit soit Krichna, maudit soit le pervers Ardjouna ! ces deux pécheurs t'ont vu tuer (contre la loi des combats), que tu suivais et qu'ils ont méprisée ; que diront tous les Pàndavas, ô roi des hommes? oseront-ils bien dire sans honte : « Nous avons tué Douryodhana ! »

» Bonheur à toi, fils de Gàndhàrî! tu as succombé dans la mêlée; tu as toujours loyalement fait face à l'ennemi, ô héros! Gàndhàrî dont les enfants ont été tués, dont les parents et les alliés ont succombé, et le hautain Dhritaràchtra qui ne voit que par les yeux de l'intelligence, quelle voie leur reste-t-il à prendre? Honte à Kritavarman, honte à moi, honte au vaillant Kripa ! puisque nous ne t'avons pas suivi dans la route qui mène au ciel, toi notre prince, qui accordais le plus de dons à tous les désirs, et qui veillais le mieux sur tes sujets objet de ton affection! Honte à nous, les derniers des hommes, qui ne te suivons pas (hors de la vie)!

» C'est par ta valeur, ô héros ! que nos maisons, celle de Kripa, la mienne, celle de mon père aussi, prospéraient avec celles de nos serviteurs; par ta bonté, nous, nos amis et nos parents, nous obtenions d'offrir des sacrifices importants en grand nombre dans lesquels nous faisions bien des largesses aux brahmanes! Pécheurs que nous sommes! comment pourrons-nous arriver à cette condition à laquelle parvenu toi-même, tu comblais de dons tous les princes!(?) Nous trois, pour ne t'avoir pas suivi dans la route suprême où tu t'engages, ô roi! nous périrons; privés du ciel, privés de ce qui faisait notre richesse, si nous songeons à cette voie que tu suis, qui nous empêcherait d'aller vers toi! Nous parcourrons sans doute cette terre dans la douleur, ô chef des Kourous! Pour nous ainsi privés de toi, ô roi! quelle consolation, quel bonheur possibles!

» Quand je serai allé auprès des guerriers et que je me serai réuni à eux, ils devront respecter ma parole comme étant celle de l'aîné, comme étant la plus sage. Pour honorer mon père, le maître des Kourous et des Pândous, le meilleur de tous les archers, sache que j'ai tué Dhrichtadyoumna aujourd'hui, ô prince! et réjouis-toi; accueille mes paroles avec transport; le roi de Bâhlika si puissant, le roi du Sindh, Somadatta et Bhouriçravas aussi avec bien d'autres excellents princes sont partis avant toi pour le ciel; après m'avoir serré dans tes bras, apprends de notre bouche ce qui guérira tes blessures. »

Samdjaya dit : Ayant ainsi parlé, Açwatthâman regarda attentivement le prince (qui gisait-là) les cuisses rompues, privé de sentiment, puis il lui dit encore.

Açwatthâman dit : « Douryodhana! tu vis encore; écoute une parole douce à ton oreille; il reste en tout sept guerriers du côté des Pândavas, et nous sommes trois du côté des fils de Dhritarâchtra. Les sept sont les cinq frères Pândous, Krichna et Sâtyaki son cocher; les trois sont

Kripa, Kritavarman Sâttwata et moi. Les enfants de Draôpadî sont tous égorgés ainsi que ceux de Dhrichtadyoumna; les Pântchâliens ont tous péri ainsi que ce qui restait des Matsyens, ô Bhârata! Vois!.... la pareille leur a été rendue; ils n'ont plus d'enfants non plus, les Pândavas! Dans le sommeil de la nuit, leur camp a été anéanti, hommes, chevaux et éléphants. Ce pécheur de Dhrichtadyoumna, ô monarque! moi-même, après être entré de nuit dans son camp, je l'ai fait périr de la mort d'une bête fauve! »

Ayant entendu cette parole agréable à son cœur, Douryodhana y répondit en disant :

Douryodhana dit : « Ils n'en a jamais fait autant pour moi, le fils de la Gangâ, Bhîchma, ni Karna non plus, ni même ton père, Drona! (ceux-là n'ont jamais fait) ce que tu as fait pour moi aujourd'hui, avec Kripa et Kritavarman. Ce vil chef des armées a été tué avec Çikandî!..... Cette nouvelle me soulage et remet le calme dans mon esprit, il me semble! Bonheur à toi, obtiens la félicité; nous serons de nouveau réunis au ciel! »

Samdjaya dit : Puis, après ces paroles, le prince magnanime se tut; il quitta la vie, ce héros! en causant la douleur de ses amis. Il monta vers le ciel séjour des ames pures; son corps entra dans la terre. Ainsi Douryodhana, ton fils, est arrivé à l'anéantissement (de son corps), ô roi! Après avoir marché le premier dans la bataille, il a fini par succomber sous les coups de ses ennemis. Après avoir embrassé leur roi qui les avait aussi serrés dans ses bras, ils le regardèrent plusieurs fois tous les trois, puis montèrent sur leurs chars; et dès qu'ils eurent entendu la parole compatissante du fils de Drona, au matin, ils se dirigèrent rapidement vers la ville, accablés de chagrin.

Tel fut le désastre effroyable de l'armée des Kourous et de celle des Pàndous, le terrible carnage qui eut lieu par suite des mauvais conseils qu'on te donnait ; ton fils étant parti pour le ciel, désormais, dans ma douleur, ô pur monarque ! j'ai perdu le don de lire dans l'avenir, (don) qui m'avait été accordé par les richis.

Vaïçampâyana parle.

Après qu'il eut entendu le récit de la mort de son fils, le (vieux) roi poussa un soupir long et brûlant ; puis il resta plongé dans ses pensées.

FIN.

HYMNE AUX AÇWINS. [1]

« Vous deux qui allez en avant, qui êtes nés les premiers,
« qui avez un éclat surprenant, je vous célèbre par la voix
« et certes aussi par la mortification ; vous deux, êtres
« éternels, divins, (qui devancez l'aurore comme des) oi-
« seaux ; vous deux, exempts de passions, exempts d'or-
« gueil, qui laissez derrière vous les êtres divers ;

« Vous deux dont l'or est l'essence, qui êtes les deux
« parties du jour lunaire, vous qui faites arriver (le ma-
« lade) au-delà (de la souffrance, à la santé); vous deux, ô
« Açwins, dont les paroles sont véridiques (les prescrip-
« tions efficaces); êtres au beau visage (au beau nez), êtres
« victorieux; vous deux qui ayant une belle trame, tissez
« rapidement le blanc (le jour) et tissez de nouveau le noir
« (la nuit) par dessus le soleil;

« Vous avez délivré pour la rendre à la félicité, ô Aç-
« wins ! la caille saisie par la puissance de Souparna ; aussi

(1) Voir page 9.

« devant ces deux (divinités) aux belles œuvres, profondé-
« ment versées dans la magie, s'inclinent les vaches (les
« rayons) fauves qui s'élancent en haut.

« Trois cent soixante vaches, comme une (seule) vache
« laitière (1), mettent au jour un seul veau et l'allaitent;
« réparties chacune dans des étables diverses et n'ayant à
« nourrir qu'un seul petit; les deux Açwins traient le li-
« quide chaud (qui est) l'hymne.

« Dans un seul moyeu sont réfugiés sept cents rais; vingt
« autres sont déposés dans la circonférence (de la roue); la
« roue sans limite extérieure tourne éternellement, et la
« magie manifeste les deux Açwins, êtres virils.

« Une roue tourne ayant douze rais et six moyeux, ne
« formant qu'un seul disque et portant avec elle les rites
« (qui dépendent des saisons); sur cette roue se tiennent at-
« tachés les dieux (dits) Viçwas; les deux Açwins la lancent
« comme un disque; (ô vous!) ne fléchissez pas!

« Les deux Açwins dont les œuvres sont abondantes ont
« fait disparaître, en la cachant, l'eau (qui est) l'ambroisie;
« eux qui ont des esclaves pour femmes (?), ayant aban-
« donné (la caverne de) la montagne de Bala (Vritra), con-
« duisent avec joie les vaches (les rayons, et répandent) la
« pluie de cette (eau), s'étant mis en marche dès le matin.

« Vous deux faites connaître (en les illuminant) les dix
« points de l'horizon, lesquels traversent sur (notre) front
« la route unie (que vous suivez) avec vos chars; les richis
« suivent cette route des points de l'horizon, ainsi que les
« Dieux; quant aux hommes, ils marchent sur la terre!

---

(1) Au lieu de *dhana* il faudrait sans doute lire dans le texte *dhéna*.

« Vous transformez les couleurs aux aspects variés de ces
« (points lumineux), qui laissent loin derrière eux les êtres
« d'espèces diverses; ces soleils, les Dieux mêmes les sui-
« vent dans leur route; quant aux hommes, ils marchent
« sur la terre !

« O Açwins dont les paroles indiquent des remèdes sûrs !
« je vous glorifie, ainsi que la guirlande de lotus que vous
« portez; ô vous, Açwins véridiques, immortels, qui aug-
« mentez le fruit du sacrifice dans l'offrande à laquelle les
« Dieux assistent arrivant vers le Soma qui coule comme
« sur une pente rapide.

« Que ces deux êtres pleins de jeunesse prennent avec
« leur bouche ce fruit (du jour) dès que le soleil est obtenu;
« (qu'ils le prennent) au milieu du sacrifice où le Soma
« coule comme sur une pente rapide; à peine produit, ce
« fruit (qui est le jour) détruit sa mère (qui est la nuit) ;
« vous deux, ô Açwins! vous délivrez les vaches (les
« rayons) pour qu'elles vivent ! »

D'après la mythologie hindoue, les deux Açwins, fils du soleil *Soûrya*, et de la nymphe *Açwinî*, sont les médecins du ciel ; voilà pourquoi le disciple Vatsa s'adresse à eux pour obtenir de recouvrer la vue ; mais ils sont aussi les deux pôles, les points lumineux qui précèdent à l'horizon l'Aurore dont on les regarde comme les messagers. Le mot *Gaô* bœuf, signifiant aussi *rayon*, on a donné pour monture aux Açwins des taureaux de couleur fauve, comme symboles des rayons jaunissants que lance le soleil à son apparition ; de plus, les Açwins arrachent, pour ainsi dire, le jour du sein de la nuit, *cet enfant dont la naissance cause la mort de sa mère* ; delà, ils sont appelés *accoucheurs*. Chargés de présider aux deux pôles, ils lancent, font tourner dans l'espace cette roue *sans limite*, aux sept cent vingt rayons, c'est-à-dire, aux trois cent soixante jours et aux trois cent soixante nuits ; cette année qui est le produit, le *veau*, des trois cent soixante jours, des trois cent soixante *vaches*, distribuées en diverses stations ou saisons, est comme un disque sur lequel sont attachés les dix dieux Viçwas auxquels on offre journellement le beurre clarifié dans le Çraddha.

Quant aux légendes auxquelles il est fait allusion dans cet hymne, les expliquer serait chose difficile. Dans plusieurs passages du Rigvéda, l'oiseau délivré par les Açwins est mentionné, mais sans aucune explication, bien qu'un fait si souvent reproduit puisse renfermer une donnée curieuse. Le mythe de Bala ou Vritra est plus intelligible ; d'abord : c'est un démon, l'opposé des dieux, de la pure clarté divine par les ténèbres de son esprit ; puis il devient au propre, les ténèbres, l'absence de la lumière, puis enfin le nuage que le dieu du jour, du firmament, Indra tue avec sa foudre pour dissiper l'obscurité et ramener dans le ciel la splendeur d'un soleil tropical. Il est dit aussi que Bala a caché les vaches, (les rayons) dans sa caverne, qu'il masque l'astre du jour : de-là, ce départ matinal des Açwins qui comme des bergers vont paître ces troupeaux jaunissants du soleil, c'est-à-dire, conduisent à l'horizon ces lueurs fauves de l'aurore. Bala a dérobé l'eau, l'ambroisie, ce breuvage d'immortalité qui rend la terre éternellement féconde ; dans les masses compactes de ces nuages, le démon des ténèbres tient en effet le trésor des pluies : il faut qu'Indra, c'est-à-dire la foudre, brise les nuées pour les forcer à répandre ces torrents qu'elles semblent, à l'œil de l'Hindou dont le champ est desséché depuis tant de mois, emporter vers d'autres climats, comme un voleur fuit avec le dépôt qu'on lui a confié.

On le voit, entre ces stances mystérieuses et les chants épiques du Mahâbhârata, il y a une différence sensible, l'intervalle de bien des siècles.

TABLE.

Dédicace	v
Préface	vii
Paôchyaparva	4
Paolomaparva	25
Astikaparva	47
Djatougrihaparva	167
Swayambaraparva	197
Gangavataram	227
Fragment du Goharanaparva	249
Saoptikaparva	284
Hymne aux Açwins	555

FIN DE LA TABLE.

ERRATUM.

Page 141, ligne 26, ajouter la phrase suivante qui correspond au distique 1957 du texte sanscrit, page 71, vol. 1 : dans l'épaisseur des bois, à pied, ceint du glaive, armé du coutelas et du carquois; et dans la forêt, le roi ton père n'atteignit pas la gazelle.

———

Nota. Au moment de faire paraître ce volume déjà entièrement imprimé, nous apprenons qu'il arrive de Calcutta un erratum assez considérable. Il est trop tard pour que nous puissions profiter de ce secours; les personnes versées dans l'étude du sanscrit voudront bien, à l'aide de ces corrections du texte, rectifier les passages où nous avons pu être induit en erreur malgré nous, et diminuer d'autant le nombre encore trop grand des fautes qu'elles auront à nous reprocher.

78 87 98 119 129 137 141 140 149 156 170
179 173 226

www.ingramcontent.com/pod-product-compliance
Lightning Source LLC
Chambersburg PA
CBHW050306170426
43202CB00011B/1801